基礎肌力訓練
解剖聖經

La méthode Delavier de musculation Ⅰ

附訓練動作
肌群解剖圖

居家阻力訓練超過 200 種動作與 50 套課表

鍛鍊肌肉最佳指南
20 個步驟量身打造訓練計畫

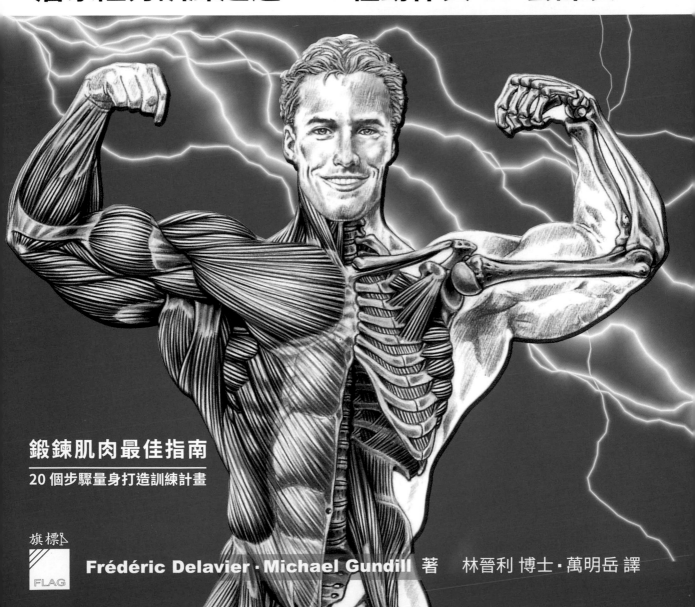

旗標
FLAG

Frédéric Delavier・Michael Gundill 著　林晉利 博士・萬明岳 譯

目　錄

PART 1

PART 2

PART 3

前言
從事居家訓練的優點

要討論居家訓練的優勢有兩個最主要的切入點：訓練的現實面考量以及居家訓練所帶來的效益，本書的兩位作者之一 Micheal Gundill 基於這兩個論點選擇在自家完成所有的阻力訓練內容，而另一位 Frederic Delavier 則是採取居家對健身房以三比一的比例分配來完成全部的訓練內容。

居家訓練的現實考量

1 找到適合的健身房其實並不容易

坊間多數的大型連鎖健身房側重於以瘦身減脂為主的心肺與有氧團體課程，所以在阻力訓練的設備數量與種類上大多不夠完備，針對個別學員以改善肌力為主的阻力訓練課程也比較少。

2 節省時間與會員費

對多數人來說，要規律地上健身房運動通常頗為耗時，你必須準備好必要的訓練裝備從自家出發移動到健身房，換上適合的運動服裝開始訓練。在訓練結束後，前面所有的流程必須反過來再做一次直到回到家中，這些移動與準備的流程很有可能就超過實際訓練的時間，更別提會被定期扣繳的會員費。思考一下你最初的健身目的，如果只是想每週規律完成 2 到 4 小時的阻力訓練，那又何必在訓練以外的瑣事上額外多費時間與金錢？

3 享受隨時開練的自由

選擇在健身房訓練，勢必會受到場館營業時間與其他使用者的影響，有時甚至會被影響到訓練的心情。相對地從事居家訓練就能排除這層限制，你可以自由選擇在早晨或傍晚，甚至配合自己的作息與生心理狀態隨時調整訓練時程，讓訓練能更有效率地融入日常生活之中。

4 打破年齡限制

多數連鎖健身房會設定加入會員的年齡門檻，但這並不代表青少年或兒童不適合從事肌力訓練，基本上只要有適當的處方編排與安全的訓練監控，從事阻力訓練並不會影響青少年的生長發育。對於許多競技項目來說，越早介入肌力訓練對青少年的運動表現及傷害預防越有助益，因此在沒有適合環境的情況下，居家訓練才會是最好的替代方案。(譯註：近年肌力訓練的推廣與普及已經有所改善，兒童與青少年介入肌力訓練的相關議題也開始受到重視)

為何居家訓練是最好的選擇？

❶ 首要因素：達成訓練目標

阻力訓練與一般常見興趣嗜好的不同之處，在於任何訓練計畫都會有預設的目標與成果，過程中必須藉由規律的訓練內容讓自己朝目標邁進，並非只是單純打發時間。但可惜的是坊間多數連鎖健身房所設計的課程，未必能完全切合每位學員的目標，同時商業性的訓練課程會過度強調動作本身的趣味性，多過能帶給學員的實際效果，這也是為何多數連鎖健身房選購的訓練器材相對華而不實的主要原因。

❷ 打造適合的訓練環境

當然比起從事居家訓練上，健身房運動更有機會滿足部分學員的社交需求，但這些交際互動未必能對訓練有正向幫助，很可能以反效果居多。許多健身房會員參與團體訓練課程的目的在於社交與打發時間，這會讓學員彼此間對於訓練目標與成果的期待有所落差，更有可能使得部分健身房經營者認為訓練或許不是學員參與課程的主要目的，在認知上產生偏差。

❸ 讓自己避開器材迷思

健身房在商業化經營的前提下，選購訓練器材難免會有價格成本優於實際效果的考量，所以常會遇到相對無效或不符合解剖動作模式的訓練器材，除了無法達到訓練效果之外，更容易造成肌肉關節的慢性損傷。

❹ 提升訓練專注力

從事居家訓練最大的優勢在於可以屏除來自外界的干擾，不會有人在你訓練時聊天或者推銷課程，讓你可以在訓練過程中維持最高的專注度，並讓訓練的品質與效率大幅提升。

❺ 確保自己完成所有訓練內容

在健身房訓練很多時候你的組間休息長短，會受到當下場館使用人數影響，同時也必須配合當下的場地空間或器材數量改變原本的訓練動作，這些因素都會讓你原先設定的訓練內容無法完整執行，尤其在阻力訓練中最常見的循環訓練課表，在健身房的環境下就非常容易因為某些器材被佔用而受到影響，相對地從事居家訓練就不會遇到這些問題。

❻ 避免自尊心作祟

在健身房的環境訓練也容易受到旁人目光的影響，部分人可能擔心重量用得太輕會被旁人投以不屑的眼神，因而增加過多的反覆次數或重量，但這樣不僅無法完成預定的訓練進度，還會因為過度訓練增加運動傷害風險。從事居家訓練就可以免除旁人多餘的壓力，讓自己更能專注在完成每次規劃的訓練進度而不必在乎旁人目光。

❼ 你手上已經有更好的訓練指引

本書兩位作者的健身指導經驗加起來超過70年，比起多數在健身房遇到想給你建議的教練或其他會員，從本書獲得的訓練知識與動作指引肯定相對專業可靠。即使您選擇在健身房運動，本書仍然會是很好的指引。

編註：當嚴重的疫情發生時，健身房有可能停業而影響會員原訂的健身計畫，此時也可以看出居家健身的優點。

PART 1

如何規劃肌力訓練課表

對初學者來說，設計個人的肌力訓練課表似乎是個困難又相對繁瑣的挑戰，但只要有合理且明確的目標配上循序漸進的進度編排，其實人人都有機會完成屬於自己的訓練計畫，在接下來的內容會為各位讀者詳細說明。

訓練器材

本書採用徒手訓練或使用啞鈴、彈力帶等器材，無論在健身房或居家都適合，主要有下列兩個考量：

1. 可以免費取得或者價格相對親民合理。

2. 不會佔據太多室內空間。

如果想要在居家訓練，雖然也可以選擇完全徒手的肌力訓練方式，但若能搭配幾種最基本的訓練器材，可以增加更多動作選擇與整體的訓練效果，本書建議至少需要：

- 一對重量適當的啞鈴
- 室內單槓 (門框槓)
- 適當阻力的彈力帶

再配合座椅與門框就能組成適合的居家訓練環境。

▌啞鈴

可調式啞鈴在一般運動用品店或網路電商均可購得，原則上需要成對的啞鈴與槓片才能增加動作選擇與效率，接下來就可以按照自身肌力進展於日後添購更多的啞鈴槓片。

使用可調式啞鈴的關鍵在於能增加負荷提高訓練強度來增進肌力，如果長期訓練都沒有提高負重 (例如完全採取徒手訓練)，即使增加再多的反覆次數，肌力的進展也很容易達到平原期而停滯不前。肌力訓練的核心觀念在於超負荷的效果，配合啞鈴負重改變訓練強度就是最好的做法之一。

如果基於某些原因未能添購啞鈴，也可以用裝水密封的容器作為輔助器材 (訓練負荷由水量來控制)，例如寶特瓶或有握把的大容器 (家庭號牛奶罐等) 都是很容易入手的選擇，當然一定要注意抓握時是否順手。

▌室內單槓

室內單槓是可以裝置在門框上緣或者走廊兩側牆面之間的訓練器材，訓練完畢後也可以縮短收納不影響室內空間，訓練動作除了最常見的引體向上以外，也可以衍生出其他許多訓練動作。

室內單槓一般來說會有短版 (長度約略1公尺) 與長版的室內單槓 (超過 1 公尺)，在室內空間足夠的情況下，可以選擇長版的室內單槓來增加更多訓練動作選擇與編排。

固定彈力帶
的兩種方式

▌彈力帶

常見的彈力帶有條狀或環形，在運動器材專賣店或電商均可購得。隨著彈力帶運動的盛行，廠家也提供不同阻力的彈力帶供消費者選擇。

　　彈力帶的優勢在於可以提供足夠的阻力，同時又比其他訓練器材輕巧方便，不管是出門攜帶或平時收納都非常簡單。最理想的做法是準備不同直徑或厚度的彈力帶，來針對不同訓練動作提供最適當的彈性阻力。

　　彈力帶提供的彈性阻力與一般徒手或槓片啞鈴的負重感受相當不同。依照彈性係數，當彈力帶被拉得越長則阻力就會越大，也就是阻力會隨著動作的進程有所變化，但如果

今天用的是一顆 20 磅的啞鈴，從動作的起始點到結束位置所承受的絕對負重都是固定的。

　　在漫長的訓練過程中必須避免自己對單一動作或訓練器材的依賴，不管是啞鈴提供的絕對阻力或彈力帶的彈性阻力都有個別對應的訓練效果，並非單純孰優孰劣的簡單區別，所以最理想的方式就是盡量在訓練課表中，結合兩種不同阻力特性來達到最好的效果，同時也補足兩者各自缺乏的訓練要素，等於結合出另一種兼具兩者之長的阻力形式。

　　上述結合不同阻力特性的訓練概念，我們會在之後的內容繼續延伸說明。

透過多樣性阻力刺激讓訓練效益最大化

訓練中給予肌肉越多樣性的強度刺激,對肌
力與肌肥大的發展越有助益。基於這個論
點,我們在訓練計畫中結合下列五種對肌肉
的阻力刺激方式:

1. 徒手訓練
2. 額外負重
3. 彈性阻力
4. 增強式阻力
5. 伸展

▍徒手訓練

徒手訓練是阻力訓練最基本的入門方式,最
大的優點在於可以不需要任何負重器材就能
訓練全身各大肌群,但相對地隨著身體各方
面的素質提升,單靠徒手訓練所能產生的訓
練刺激就會開始降低,在肌力與肌耐力的進
展就會遇到瓶頸。

　　如同所有訓練規劃的基礎原則,想要有所
突破就必須適時增加難度。在徒手訓練中最
直接的做法就是增加每組動作的反覆次數,
但當反覆次數增加到超過 25 下時,訓練刺
激的主要效果就會逐漸從肌力轉換到肌耐
力,因此如果你的目的是以增進肌力或肌肥
大為主時,增加額外負重就會比增加反覆次
數更有效率。

▍額外負重

在訓練中增加難度讓肌肉獲得更多刺激的做
法就是提高訓練負荷,配合啞鈴進行訓練就
是最簡單有效的方式之一。多數的啞鈴組合
都可以讓你配合每次力量的進步增加最少 1
磅 (約 0.5 公斤) 甚至更多的負荷,比起單純
負荷體重的徒手訓練,這樣的調整更能符合
訓練漸進性的要求,即使初學者剛開始還無
法完成標準的伏地挺身或引體向上等強度較
高的徒手動作,還是可以搭配適當重量的啞
鈴與替代動作去訓練相對應的肌群。

　　雖然啞鈴等其他額外負重是徒手訓練後續
延伸的訓練方式,但對於剛接觸阻力訓練的
初學者來說,有許多需要一定肌力基礎與核
心穩定的徒手動作反而相對困難,這時候就

非自主收縮肌力：
人體潛藏的肌力存款！

一般來說，人類無法靠自主意識發揮出肌肉百分百的極限力量，有過抽筋經驗的人應該可以理解。當肌肉不自主收縮的情況下所產生的力量，其實遠大於正常運動自主收縮下的力量，所以從生理學角度定義下的最大肌力，是由一個人最大自主收縮的力量 (maximal voluntary strength) 與肌肉潛在非自主收縮的力量 (absolute involuntary strength) 總和，而這兩者之間的差距稱為肌力缺失 (strength deficit)。

可以搭配其他啞鈴基本的替代動作，來對目標肌群提供足夠的刺激。而對於進階的學員或運動員來說，啞鈴與其他負重器材則是可以有效量化與漸進訓練強度的強大利器。

▎彈性阻力

前面已經提過彈性阻力是有別於一般啞鈴負重與徒手負荷的獨特阻力，要控制彈力帶產生的阻力主要有兩種方式：

1. 改變彈力帶長度：依照彈力帶本身的彈性係數，當長度延展越多時所產生的阻力越大。

2. 搭配不同粗細材質的彈力帶：彈力帶會因為材質與直徑粗細而有不同的彈性係數，彈性係數越高就表示每單位延展所產生的阻力越大。

雖然彈性阻力對比啞鈴與其他負重方式而言很難精準量化，但卻可以大幅增加訓練課表的變化性。在啞鈴或徒手訓練的過程中，負重帶來的強度刺激主要都是針對個人自主收縮的肌肉力量，加上彈性阻力後就會開始增加非自主收縮的肌力參與。

彈力帶回縮的力量會增加動作離心階段的速度，進而刺激向心階段有更大的力量輸出，而這樣的肌肉收縮模式就相對貼近之後介紹的增強式 (plyometric) 訓練動作，因此彈性阻力訓練可說是介於典型負重訓練與增強式訓練間的橋樑，更進一步的說明可以參考 p.60 有關離心訓練的內容。

而為了讓訓練的效益最大化，你必須設法增進肌肉輸出力量的能力，同時增加其中非自主收縮力量的佔比 (換言之就是設法減少肌力缺失比例，請參考上面非自主收縮肌力的說明)，而彈性阻力與接下來介紹的增強式訓練就是誘發非自主收縮肌力最好的介入方式。

▌增強式阻力

增強式阻力主要是應用到肌肉組織本身彈性，配合動作快速回縮的能力 (又稱做伸展收縮循環)，當動作經過離心階段到停止後快速反向進入向心收縮時，就會有增強式的效果。最典型的例子就是由跳箱上跨步落地後立即快速反向起跳，起跳所表現的爆發力，就是下肢肌肉在落地離心時所儲存的彈性位能與向心自主收縮的力量總和。快速衝刺時，腳掌在地面短暫接觸與反彈推蹬也是運用相同的原理，因此藉由增強式訓練可有效改善衝刺或彈跳等爆發力動作的運動表現。

增強式的應用對於需要快速反應肌力的運動項目特別重要，其背後的生理機轉在於藉由快速短暫的離心動作，延展肌肉來誘發保護性的反射機制，也就是肌梭反射 (myotatic reflex)。當肌梭偵測到肌肉瞬間的長度變化時，會反射性收縮保護肌肉，而這一瞬間的反射性收縮就是屬於非自主收縮肌力。

在田徑賽事中很常看到起跑線上的選手會做快速原地彈跳暖身，即便只有下肢關節小範圍的動作，也可以產生相當程度的速度與高度，選手通常會藉由這樣的暖身，讓全身主要肌群適應增強式動作的發力節奏，讓自己的爆發力表現能在賽事中充分發揮。

增強式訓練的優勢在於能夠讓選手將藉由阻力訓練增強的肌力，更有效率地轉換到賽場上的運動表現。舉例來說，一個將肌力鍛鍊到極致的健力選手並不代表他能投出大聯盟般的高速直球，除了技術要領之外最大的差異在於健力選手的訓練過程中並沒有針對肌力與爆發力的轉換做強化，他的肌肉雖然有足夠的力量卻還不足以適應高速運動下的收縮模式。他將手臂往後蓄力到投球的過程中，肌肉由離心轉換到向心的協調不夠流暢，就無法整合自主與非自主收縮的肌肉特性，使得肌力不能過渡到爆發力表現上，這也就是需要介入增強式訓練的主要訓練目標。

除了最常見的跳躍或衝刺表現，增強式訓練可以幫助整合由下肢傳遞到上肢動力鏈的許多爆發性動作，例如傳球或投球的動作表現。

在執行增強式動作時，維持腳掌短暫的觸地時間是非常重要的關鍵，如果觸地時間過長就無法誘發肌梭保護性收縮的反射機制。肌肉從離心轉換到向心自主收縮時，就無法藉助到非自主收縮的肌力 (也就是伸展反射以及肌肉肌腱本身的彈性位能)，同時過長的觸地時間 (肌梭反射時間一般在數毫秒之內) 也會使地面反作用力與反向起跳的力量過於分散，導致伸展收縮循環無法在適當的時間範圍內觸發。因此非自主收縮的效益在銜接到自主收縮的向心動作之前就會消失，使動作缺乏爆發力。

對應到投球等上肢爆發性動作也是一樣，肩部肌群將球從身體後方快速由離心轉換到向心的過程也必須非常迅速，過多的轉換時間只會讓離心動作產生的增強式效益無法轉換到向心動作上，最後導致球速變慢。

重點提示

下頁的伸展運動從 1970 到 1980 年代就已經非常流行，但 30 多年來經過許多運動科學研究後，發現伸展對運動表現的影響其實不完全是正面效益。

- 基本上，如果伸展對個人有明顯的放鬆緩和效果，就可以在訓練後盡量伸展各個目標肌群。
- 但如果你發現伸展對自己的運動表現並沒有助益，甚至有負面影響時，不需要懷疑自己的感受與判斷，可以斟酌減少伸展次數與時間或者用動態伸展等方式替代，伸展的效果好壞主要取決於使用的時機與訓練量多寡。

！注意 增強式訓練相對於其他典型阻力訓練方式來說，對骨骼肌肉造成的負荷與強度更高，所以在訓練過程中的疲勞監控就成為不可或缺的環節，這時候觸地時間就是很好的監控指標之一。 當運動員觸地的時間明顯變長，就代表伸展收縮循環的彈性效益開始逐漸降低，動作的爆發性也會開始明顯下滑，如果沒有立即停止動作，除了會增加潛在傷害風險外，更容易讓運動員無意間對相對較慢的動作產生適應 (也就是反應肌力變慢) 使動作品質降低。

所以在觸地時間明顯延長的時候，就要立即結束這組增強式訓練動作，這也可以作為評斷各組增強式動作訓練量的依據。某些強度較高的動作以每組 1～3 下完成 3～4 組的訓練量其實就已經非常足夠。

基於上述的原因，在做任何增強式動作時，過多的反覆次數很容易會造成反效果。以短跑選手為例，在充分暖身的情況下搭配幾下原地的增強式彈跳可以幫助活化神經肌肉連結，提升賽事中的爆發力表現；然而如果在平常高強度的下肢阻力訓練後，就非常不建議再進行額外的增強式動作來收操，因為肌肉的疲勞會顯著影響非自主與自主肌力間的協調轉換，會讓增強式的動作品質大打折扣，更容易提高運動傷害風險。

編註：對增強式訓練有興趣者，可參考《運動員增強式訓練解剖精解：強化爆發力、敏捷性、整體運動表現》(旗標科技出版)。

伸展

伸展主要是以被動的方式帶給肌肉阻力，長時間的肌力訓練可能會造成肌肉緊繃使關節活動度下降。某些爆發性或力量型的運動項目必須維持一定的肌肉張力，但過多的張力除了會限制活動度，更有可能提高潛在傷害風險。然而這並不表示加強柔軟度是唯一的做法，良好的柔軟度或關節活動度或許可以幫助完成某些特定動作，但過度追求柔軟度而忽略肌肉控制，同樣會對運動表現造成不良影響。

!注意 我們認為伸展對於運動表現絕對是把雙面刃，所以在編排伸展運動時，同樣也必須仔細考量使用的時機與適當的訓練量。

因此在訓練中必須找到適合自己肌肉張力與柔軟度互相協調的平衡點。前蘇聯的健身大師曾經說過：為了預防運動傷害，肌肉必須保持足夠的柔韌性，使活動範圍能略多於運動之所需，但又不致於多到會影響肌肉力量，這就是肌力與柔韌性最佳的平衡位置。

基本上，伸展運動會在下列四個訓練中的時間點執行：

1 暖身階段

延展橡皮筋數秒後會使橡膠匯聚熱能而升溫(扭熱效應)，同樣的原理，伸展肌肉肌腱也能有提升溫度的效果，但如果橡皮筋延展超過一定範圍，同樣會導致彈性疲乏失去原本回縮力，甚至有撕裂或斷裂的可能。對應到

肌肉組織也非常類似，所以在暖身階段必須先採取相對緩和的伸展方式。

事實上，過去研究顯示在運動前採取長時間的靜態伸展有可能反而使運動表現降低，特別是針對爆發性的動作表現影響更為明顯，因為長時間的靜態伸展會影響肌肉伸展收縮循環的反射機制，使爆發力動作需要的反應肌力速度下降，雖然這個影響會在伸展後數小時內消失，但即便只減少些許反應肌力，還是會影響訓練中的整體動作品質，所以務必避免自己在暖身階段執行過多不必要的靜態伸展動作。

2 組間休息

在訓練過程中進行伸展通常會有下列兩種情況：

1. 最理想的狀況是肌肉可以藉由組間伸展加快肌力的恢復，縮短組間休息長度進而提高訓練效率。
2. 最不樂見的情形就是組間伸展反而加劇肌力的流失。

兩種情況雖然相對極端，但在實務訓練中其實都有可能發生，兩者的差異有很大的比例取決於訓練當下累積的疲勞程度，很有可能相同的組間伸展在訓練剛開始幾組非常有效，但到中後段就開始產生反效果。但因為每個人的體能條件有所差異，某些人反而在訓練後期疲勞程度較高時，才會感受到組間伸展有所幫助。

當然，因為伸展的效果可以在完成的當下立即得到回饋，所以無論組間伸展對你的肌肉疲勞狀態是否有立即的幫助，你都可以依照個人感受與狀態來決定是否需要在每組動作結束後立即進行伸展。即便多數人在以往運動的經驗中都對伸展抱持相對正面的認同，但因為訓練內容、對象與時間點等變項，伸展的效果終究還是存在個人差異。

3 訓練結束後

相對於前面兩個時間點，在結束所有的訓練後就是最適合伸展的時候，可以不需要擔心伸展可能會暫時影響肌力表現的問題。此外肌肉在剛結束訓練時也已經有足夠的血流循環與體溫，可以進行更全面性的伸展運動，但同樣地也不要忽略前面所提過的主要原則：過度追求柔軟度或超出範圍的關節活動度同樣也會影響到運動表現，所以務必在充分伸展的同時，確保維持適當安全的關節活動度來達到預防傷害的效果。

4 兩次訓練間

過去普遍認為在兩次訓練間額外進行伸展運動有助於加速恢復肌肉疲勞，但這種方式很常會因為沒有確實提高肌肉組織溫度與血液循環就進行伸展，導致潛在的拉傷風險。實際在研究上有關伸展運動對於疲勞恢復的效果也尚未有統一定論，所以是否要在下次訓練前額外加強伸展，還是需要以個人身體恢復情形與感受作依據，並確保充分的暖身降低傷害風險。

如何伸展

這裡我們會介紹兩種最主要的伸展技巧：靜態伸展 (static stretch) 與彈震式伸展 (ballistic stretch)。

1 靜態伸展

做法是將伸展的目標肌群固定在肌肉的延展位置，並靜止一段時間 (通常在 10 秒到 1 分鐘不等)，肌肉拉伸的力道可以依照個人目標與耐受程度調整強度大小。

優勢	以規律且穩定漸進的方式執行靜態伸展，可以有效改善柔軟度，同時受傷的風險也相對較低。
缺點	訓練或競賽前的靜態伸展，很有可能會影響肌力與速度表現。

2 彈震式伸展

彈震式伸展 (ballistic stretch) 是讓肌肉在接近關節活動範圍終點的位置，以動態方式反覆做小範圍的延展收縮動作。通常每組伸展會持續 10～20 秒左右，背後的原理接近前面提過的增強式動作，同樣會運用到伸展收縮循環與肌梭反射性的保護機制。藉由小範圍反覆的彈震動作，讓關節活動度與肌肉長度略為超出自然延展時的範圍來達到伸展效果。

優勢	在訓練前採取彈震式的伸展方式，相對不會影響訓練時的肌力表現，但執行前務必確保充分暖身避免肌肉拉傷。
缺點	比起靜態伸展來說，彈震式的做法對肌肉牽拉的強度更高，潛在的傷害風險也相對提升。

一般來說，必須針對各大主要訓練的目標肌群進行 1～3 組的伸展運動。

結語

藉由上述的五大阻力要素 (徒手負重、額外負重、彈性阻力、增強式阻力與伸展) 可以涵蓋肌肉產生肌力對抗阻力的各種形式，在訓練中整合的阻力形式越多元，肌肉受到的刺激就越全面，成長進步的速度就會大幅提升。

肌肉如何增加力量？

在多數人普遍的認知中，肌肉的體積越大則力量也就跟著提升。然而在你的生活經驗中或許也看過某些肌力強大的人，在肌肉的外型上並不特別發達，這樣的矛盾又該如何解釋呢？事實上肌肉的尺寸外型只是決定力量的其中一個原因，實際影響整體肌力表現的生理機轉主要包含下列五個要素：

1. 徵召的運動神經元數量

要在相同的動作中產生最大的力量，代表必須在單位時間內盡可能活化最大數量的肌纖維，這裡就必須從人體中樞神經如何與骨骼肌肉系統產生神經肌肉連結開始探討。

一切動作的起點來自於大腦運動皮質產生的收縮訊號：接著收縮指令沿著脊髓往下傳遞，再藉由運動神經元將訊號傳遞到神經元

分支底下連結的肌纖維產生收縮。運動神經元在人體各部位分別支配數量不等的肌纖維細胞，該部位活化的神經元數量越多，產生收縮的肌纖維數量也跟著提升，這也是為何阻力訓練必須配合一定程度的大重量來提高強度。當該部位肌群負荷的強度越高，同時間啟動的運動神經元與對應受到刺激的肌纖維就越多。

2. 動作電位的頻率與強度

肌肉是藉由運動神經元傳遞的動作電位，刺激神經傳導物質釋放產生活化收縮，而肌肉收縮的力量會受到動作電位的頻率與強度影響。首先，必須有足夠的強度才能達到產生收縮的最低閾值 (全有全無定律)，接著頻率會影響肌纖維受到刺激收縮產生力量的疊加次數，因此在訓練中編排高強度的阻力負荷與增強式動作，便能有效提升動作電位的編碼頻率，提高肌纖維收縮加乘的效果，增加整體肌力與爆發力表現。

3. 肌肉大小

肌肉能產生的力量與肌纖維本身的大小有非常直接的關聯性，在相同頻率強度的動作電位刺激下，肌纖維的截面積越大所產生的收縮力量就越強，在實務上你可以藉由最大肌力 80% 的訓練強度來達到肌肥大的適應效果。

4. 肌內協調 (intramuscular coordination)

一般來說，沒有經過規律阻力訓練適應的運動神經元，在產生動作電位的時序與頻率較為紊亂，導致對應的肌纖維無法有穩定的收縮節奏，會降低整體力量輸出的效率；但透過長時間的阻力訓練適應，可以提高運動神經元傳遞動作電位的同步性，讓其支配的肌纖維可以產生更加協調穩定的收縮，進而提升力量表現。研究顯示採取接近最大肌力強度的阻力訓練，可以有效改善肌內協調。

5. 肌間協調 (intermuscular coordination)

接下來將視角放大到肌群間的相互作用機制。人體絕大多數的動作都無法只依賴單一肌群收縮來完成，通常必須由不特定的複數肌群共同收縮才能有穩定控制的效果，所以當外部阻力提升時，未經訓練的個案在不同肌群間共同收縮的效率上就容易受到影響。例如當初學者剛開始做引體向上訓練時，身體很容易因為左右兩側肌肉收縮時序力量不對等而產生偏移，同時也會因為前側與背側肌群無法完全相互協調拮抗，使引體向上的過程容易產生過多的前後位移代償。

但在介入阻力訓練的過程中，上肢與背部肌群的收縮時序會開始找到最有效率的平衡點，同時左右兩側肌群的同步性也會跟著提高，讓引體向上的動作品質有初步的提升。

隨著主要參與肌群間收縮效率的提升，就能連帶增進肌力表現，這樣的適應過程會出現在個案初次接觸的所有訓練動作中，所以關鍵就在於指導者或課表設計者如何編排適當的訓練量與反覆次數及組數來有效增進肌間協調。

當然隨著規律訓練的時間增加，運動員或個案身體主要大肌群間都已經建立一定的基礎協調能力，在學習新動作或更換組合編排時的適應速度也會跟著提升，相較初學階段就可以有更多處方編排上的變化選擇。

我們透過上面統整的內容，可以理解肌肉的外型尺寸只是影響力量表現的其中一個因素，要能有效提升整體肌力與爆發力表現，你必須在訓練編排中將其他四個有關神經肌肉連結與協調導向的因素都納入考量，才能讓整體的進步更加快速與完備。

▋肌力訓練的實務成效

在理解前面有關肌力表現的基本生理機轉後，接下來就可以進一步解釋這些生理機轉如何影響肌力訓練的實務成效：

1 在介入阻力訓練初期，肌力快速成長的主因通常來自於肌間協調與肌內協調的適應，與肌肥大的關聯性佔比相對較低。

2 因此對多數人來說，可以預期肌力在訓練初期表現會有一定程度的提升，但並不代表這個訓練計畫本身沒有瑕疵，同時也無法保證肌力可以持續成長，所以對於個案或教練來說還是得將焦點集中在提升訓練動作的品質，並持續維持監控與訓練作息。

3 雖然訓練初期肌力的成長無法作為絕對正向的回饋，但肌力提升對初學者還是相當關鍵的適應指標。相反地，如果在訓練介入後，肌力不增反減，就代表訓練內容編排可能存在問題。

4 在經歷一段時間的訓練後，個案通常會發現有某些時期肌肉的外型尺寸雖然沒有顯著變化，但肌力仍然繼續穩定成長，這就可以從神經徵召適應的角度來解釋肌力的波動變化。所以如果中樞神經系統可以在最好的狀態下，有效整合並提升運動神經元的徵召效率，就能穩定維持肌力與爆發力表現。相反地，如果因為過度訓練等因素導致中樞神經處於疲勞狀態，在進行相同強度的阻力訓練時，就容易感覺比平常更加吃力。

5 然而，中樞神經系統與肌力表現兩者間的波動變化在實務訓練上有時容易誤導個案或教練的判斷，例如會有在訓練前自我感覺體能狀態良好，但實際執行時卻沒有特別突破性進展的情況；相對地也會有主觀意識感覺較為疲憊，但在實際訓練時反而意外有力的情形。這兩種衝突情境都與中樞神經的恢復或疲勞狀態有很大的關聯性。

6 總和上述的說明，我們可以知道中樞神經與周邊肌群的疲勞與恢復狀態未必會完全同步發生，兩者間的落差會提升訓練計畫實際執行上的難度，所以在過程中必須隨時做好疲勞監控與訓練量的調整，來避免產生過度訓練的問題。

肌肥大的生理機轉

肌肉受到的張力大小，決定生長的走向。

在失去重力的情況下，因為肌肉承受的負荷降低使得肌肉量流失，這是太空人長時間在宇宙作業必須面臨的課題。而阻力訓練是藉由額外的負荷來增加肌肉承受的張力，迫使肌纖維生長肥大來適應外在更強的阻力挑戰。

肌肥大的效果主要來自肌原纖維中的肌凝蛋白 (myosin) 與肌動蛋白 (actin) 這兩種基礎收縮結構的數量改變而導致 (肌凝蛋白又稱粗肌絲；肌動蛋白又稱細肌絲，兩者透過橫橋連結形成肌節，是肌肉中最小的收縮單位)。此外人體也可以透過特化的幹細胞來增加肌纖維細胞的數量，這些特化的幹細胞 (又稱做衛星細胞) 在受到阻力訓練刺激適應後，會與原有的肌細胞結合分化出新生的肌細胞。

然而肌肥大的過程在實際訓練上其實並不簡單，單靠一兩次的訓練並無法產生肌肥大的適應，尤其在最初的幾次訓練通常都會造成較高比例肌纖維的微小損傷，同時也說明為何初學者容易在剛接觸訓練後感到數日的肌肉痠痛。而阻力訓練本身就是一種破壞與重新建構的過程 (也就是肌纖維的分解代謝)，這也是為何要確實監控，避免過度訓練的主要原因。

> **！注意** 當身體處於過度訓練的狀態時，肌力不但不會上升，反而有可能連同肌肉量一起流失 (在休息狀態檢測肌肉量，可以避免受訓練充血的影響)，因此在編排課表時務必確保訓練間有充分的時間讓肌肉徹底恢復並成長。

幸運的是當人體面對外在壓力挑戰時會產生一定程度的適應性，身體會自動修復阻力訓練後產生微小損傷的肌纖維，同時也會因應訓練的強度做進一步的結構補強 (也就是超補償效應)，所以除了修復回到原本的狀態，肌肉組織還會繼續生成新的肌凝蛋白與肌動蛋白，使整體肌肉量上升達到肌肥大的適應，來因應下一次阻力訓練帶來的挑戰。

自我保護機制

雖然經過長時間的訓練提高了肌肉的適應性，但超補償的效應同樣也會讓接下來肌力突破的門檻跟著水漲船高，這也是為何初學者容易在初期肌力顯著提升後，進步的幅度就逐漸趨緩的原因。面對這道人體自然適應保護的門檻，在實務訓練上通常可以有幾種做法：例如增加每組動作的反覆次數，來提高對肌肉的刺激就是最常見的一種方式。

當然隨著反覆次數或負荷重量的提升，對疲勞恢復能力的挑戰也會增加，因此在規劃針對特定肌群的高強度訓練課表時，務必確保兩次訓練間有充分的恢復時間，讓肌肉盡可能從疲勞狀態恢復以避免過度訓練。

舉例來說，以初學者常見每週三次的訓練頻率在適應後如果要增加每次訓練的強度，就可以將頻率調降到每週兩次，來讓主要肌群有充分的休息時間。

有關增肌常見的小迷思

坊間有許多關於增加肌肉量的迷思，如果你曾經試圖尋找輕鬆快速的增肌捷徑，就很容易陷入各種迷思的圈套。

配合前面解釋的生理機轉可知，增肌簡單來說就是身體為了應對外在負荷需求所產生的適應成果，肌肉量增加的目的是為了讓身體可以承受更高的阻力負荷，所以絕對沒有任何捷徑或公式可以讓人快速增肌，唯有付出努力維持規律訓練才是增肌的鐵則。

在增肌的過程中，恢復日的重要性不亞於訓練日做的所有內容。在肌肥大遇到瓶頸的人，很多都是因為沒有做好足夠的恢復策略，實際上研究也指出在訓練中肌肉的合成效率其實非常有限，因此如果個案持續數週

每天不間斷地訓練，反而更容易因為恢復不足而導致肌力衰退，也會影響肌肉修復受損組織與合成肌纖維的效率。所以訓練的編排務必要能在有效進步與充足恢復間取得最佳的平衡點，這點對於競技運動員來說更是關鍵。

當你發現自己進步停滯的同時，肌肉量又有流失的傾向，就代表課表的訓練量可能超出自己目前身體恢復能力的承受範圍，這時候最基本的做法就是先拉長兩次訓練相隔的恢復時間來做調整。

如何增進肌肉肌耐力

肌耐力主要為肌肉運用能量以維持或再次收縮的能力。

在人體主要的能量來源中，醣類只能供應短時間的運動表現所需，要維持長時間反覆收縮的耐力表現，主要仰賴的就是體內的脂肪，因此肌耐力在某個程度上也代表肌肉運用與燃燒脂肪的效率。

而燃燒的基本要素就是：

- 氧氣的供應能力
- 肌纖維將脂肪轉換為能量的效率

以上這兩個條件所對應的生理機轉，都可以藉由規律的阻力訓練獲得進步：

1 提升心血管對肌肉的供氧能力

氧氣是燃脂不可或缺的元素，在缺氧或氧氣供應不足的情況下，肌力表現就會明顯衰退。而阻力訓練的其中一個適應效果，就是增加肌肉組織微血管的密度。而體內氧氣的運送又以紅血球為主要的攜氧媒介，因此隨著肌肉組織間的血液灌流增加，就代表有更多攜氧紅血球進入肌肉組織，進而提升整體心血管對肌肉的供氧效率。

2 提升肌肉燃脂效率

肌纖維細胞中主要的燃脂酶活性 (燃脂反應的催化酵素) 與粒線體數量 (主要運行燃脂反應的胞器) 都會隨著長期規律的耐力及阻力訓練而增加。

藉由上述這兩種機轉，可以讓肌肉在有氧狀態下維持更長時間的運動，或者提升有氧區間能承受的運動強度。從運動生理表現的角度來說，代表達到無氧閾值 (主要能量來源從有氧代謝轉換到無氧代謝的交界點) 的時間可以往後延長，增進運動員的耐力表現。

當身體進入無氧代謝為主的狀態時，體內能量的主要供應源就會從脂質轉換到醣類，但由於醣類在體內的存量無法提供身體在高強度下維持長時間運動，更容易因為無氧代謝產生的乳酸使血液酸鹼值下降，而影響身體對氧氣的運用，這就是耐力運動需要盡可能讓能量代謝維持在有氧區間的主要原因。

阻力訓練相關的禁忌症

與所有的身體活動一樣,從事阻力訓練前同樣必須留意可能的禁忌症。

在從事任何高強度的運動前,應該先諮詢受過專業訓練的個人教練甚至心臟科相關醫療人員做健康評估,特別是如果你有下背疼痛、心血管疾病、關節問題乃至於過度肥胖等病史,更應該在運動前進行更全面性的健康評估與檢查。

設立明確的訓練目標

編排訓練課表最關鍵的第一步,就是設立明確的訓練目標。

預期能透過阻力訓練達到的目標不外乎以下這些:

- 改善肌力或增加肌肉量
- 減少體脂肪比例
- 增進特定運動表現
- 維持健康狀態

當然也很有可能會同時涵蓋上述所有的目標,但如果不在初期就設立相對明確的達成要件,就很難量身打造出適合自己的訓練計畫。建議讀者可以在每個階段的訓練前,都用紙筆整理出心裡預期的目標,再進一步衡量可行性作出調整。

量化你的訓練目標

最理想的做法是將訓練目標轉化為可以量化的參數。

舉例來說,你可以將這次的訓練分成三個目標走向:

- 在 6 個月內增加 5 公斤的肌肉量
- 在 3 個月內增加 40% 的肌力
- 在 1 個月內減掉 2 公斤的體脂肪

接下來就是檢視進步幅度與對應的時程是否能夠合理執行。很少有個案可以完全按照自己的預期達到目標,也不會有人認為自己的肌力或肌肥大進步過於神速,反而在實際經驗中,多數人的問題都會是遭遇訓練的高原期,然而只要透過合理的規劃與調整,這些瓶頸通常只是暫時性的。所以只要能確實量化出每個月預期的目標,就能有效監控自己的進步幅度,在每個階段完成目標的成就感也能作為繼續維持訓練的動機。

一般而言,以改善個人體格外型為主的訓練計畫是最容易編排與上手的。在本書第 3 篇會詳述基本訓練計畫編排的模組,讀者可以依照這些模組與個人訓練需求來編排適合自己的訓練計畫。

當然如果是針對特定運動項目的阻力訓練,內容就更需要專項與個別化的編排技巧,首先你可以藉由下列問題檢視自己的專項需求:

- 在我從事的專項運動中最主要使用的肌群有哪些?
- 這些肌群需要哪種類型的動作表現特質 (肌力、爆發力、外型或耐力表現)?
- 影響或侷限個人運動表現最大的因素為何?

上述這些評斷與詳細的訓練編排方式,會在本書第 3 篇內容說明。

20個步驟量身打造屬於自己的訓練計畫

經過前面的內容，我們已經掌握了編排阻力訓練計畫的基礎理論，接下來我們將藉由以下這 20 道提問與解答來實際規劃出自己的訓練課表。相信讀者讀完之後，所有有關課表內容編排的疑惑將能迎刃而解，同時也可以讓讀者了解為何我們必須不斷調整訓練內容，來讓肌力可以持續進步的背後原因。

▌1. 每週應該進行幾次阻力訓練？

這是許多人在編排計畫時最常遇到的第一個問題。基本上，訓練的頻率絕大多數還是取決於個案的生活作息，即便只有一週一次的訓練時間，只要搭配合理的編排方式還是能維持一定程度的進步效果，長期下來也會顯著優於完全不運動的個案。

對於平常就從事高強度專項訓練的運動員來說，一週一次的阻力訓練可能就已經非常足夠，但一般在非賽季期還是會盡可能維持每週最少兩次的阻力訓練頻率。

當然如果個案本身除了阻力訓練以外沒有從事其他休閒運動的習慣，那一週三次的阻力訓練頻率就相對理想。這裡我們也要提醒讀者避免一週安排超過四次的訓練時段，因為過度訓練對一般人的負擔有時候甚至會比訓練不足更加嚴重，只有少數的高階競技運動選手在某些情況需求下，才會需要從事每週四次以上的阻力課表。

> **！注意** 很多初學者在剛接觸阻力訓練時，常會因為一開始的熱忱與衝勁想盡可能拉高訓練頻率來增加進步幅度，但短時間內拉高的訓練量反而容易導致熱忱快速消磨，同時累積大量的疲勞（增加過度訓練風險），使得從事阻力訓練的動機因此降低。
>
> 　所以最好的訓練方式同時也包含心理狀態與動機的調適，初學者必須學會如何保持耐性維持平穩的訓練節奏，以最安全有效的方式達到預期的訓練目標並持續保持。

進階方式

通常我們不建議初學者一開始就採取每週三次的訓練頻率。在這之前，個案至少得先能夠完成每週兩次的訓練持續一到兩個月，讓身體完全適應後再拉升訓練頻率。在進入一週三練的階段後，如果能穩定維持三個月甚至半年以上，如果認為有需要增加訓練量就可以考慮編排每週四練的訓練規劃。

▌2. 訓練日與休息日該如何安排？

通常最理想的做法是兩次訓練間至少必須穿插一天的休息日做調整，當然這個先決條件有可能會與個案的生活作息有所衝突，所以下面我們提供幾種編排方式來因應不同的訓練頻率做選擇：

- **每週訓練一次**：個案可以選擇任何一天做訓練日。

- **每週訓練兩次：**兩次訓練的間隔必須盡可能拉長 (例如將訓練日安排在週一與週四或者週二與週五的方式)，盡可能至少穿插一天以上的時間來休息恢復。常見的例外是個案只能在週末從事阻力訓練，雖然連續兩天的訓練編排並不理想，但好處是可以運用剩餘的時間盡可能充分恢復。

- **每週訓練三次：**基本上每週三練的頻率最好的編排方式是讓訓練日與恢復日互相交替，例如將訓練安排在週一、週三與週五，還能空出完整的週末時間。當然如果你必須有兩天連續的訓練日 (例如週末兩天)，那第三個訓練日就建議安排在週三來增加恢復時間。

  最不理想的情況當然就是連續三天的訓練編排，這樣會增加身體的負擔並影響訓練動作的品質，所以如果作息上沒有不可抗力之因素，這裏還是建議讀者盡量避免安排兩天以上的連續訓練日。

- **每週訓練四次：**每週四練的進階編排很容易出現至少兩天連續的訓練日，同時休息時間也會被大幅壓縮，如果你採取的是上半身與下半身肌群分開訓練的編排方式，就必須確保兩大部位的訓練可以互相交替，來增加肌肉休息恢復的效果，盡量避免連續兩次訓練內容有太多的重複肌群。

  日程的編排以連續兩週循環為例，建議是週一、週三、週五、週日再來到下週二、週四、週六與第三週的週一，以此類推就能讓訓練與休息有相對理想的比例。

當然如果你的作息相對具有彈性，就建議打破星期的單位，而是以八天為一個最小週期來編排，這樣能確保所有的訓練日都能搭配至少一天的休息日，長期訓練下來就能有更理想的恢復效果，唯一比較需要適應之處就是連續兩週之間的訓練會落在不同時間。

3. 每週個別部位肌群的訓練比例該如何分配？

對高強度的競技運動員來說，每週至少會有一次完整的阻力訓練課程，在編排上就必須盡可能涵蓋所有與運動表現相關的大小肌群。但全身性的阻力訓練對初學者來說，動作變化複雜同時單次的訓練強度也相對較高，因此在時間允許的情況下，建議先增加每週的訓練頻率，將各部位肌群分配到不同訓練時段來執行。

對於想要積極提升肌力與訓練量的讀者來說，編排上建議讓各部位的主要肌群能有每週二到三次的訓練頻率來維持足夠的刺激與適應。

重點提示

阻力訓練的編排在增肌改善體態與提升專項運動表現這兩者間，在本質上有很大的差異，後者因為多數的運動項目都需要全身性的肌肉協調，所以編排時會在單次訓練中盡可能整合所有專項相關的主要肌群。

但如果是為了追求個別肌群在肌肉量與外型的效果，編排上就能以部位區分將各肌群安排在不同的訓練日，來提高肌肥大並增加恢復時間。

進階方式

建議剛接觸阻力訓練時以每週二練的頻率，在每次訓練中加強全身主要大肌群的基本素質，維持這個訓練頻率二到三週後在時間與適應狀態良好的情況下，就可以準備提升到每週三練的訓練節奏。

在轉換的期間可以先採取一週二練與一週三練隔週相互交替的方式，讓身體在訓練量提升的轉換階段可以更加適應。但對於原本就有固定休閒或專項運動的個案來說，必須特別留意每週三練的阻力訓練與原本運動項目間的平衡，避免因為恢復不足而導致過度訓練。

但隨著肌力表現與動作技術的提升，在某個階段個案會開始發現要在一次訓練中兼顧所有目標肌群變得越來越困難，這個時間點就必須採取另一種編排方式來維持訓練進步的效果，通常會以每週三到四次的訓練頻率來執行。

每週三練的訓練編排

這種編排方式可以同時兼顧首要目標肌群與補強弱鏈區塊。

第一天：上半身肌群
第二天：休息日
第三天：下半身肌群
第四天：休息日
第五天：強化主要目標肌群並補強進度落後部位
第六天：休息日
第七天：休息日

在這種編排方式中，多數的肌群每週會有一次完整的訓練刺激，部分需要額外補強或者個案特別著重的目標部位可以累積兩次的訓練量。

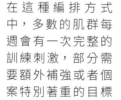

每週四練的主題編排

這種編排方式可以讓上下半身的主要肌群，每週個別維持兩次的訓練頻率。為了避免每週四練的高訓練量造成過度訓練的風險，基本上拆解部位後，個別的訓練頻率建議不要超過三次，以確保有足夠的休息恢復時間。

如果個案的生活作息能夠以兩週為一個週期編排訓練（參考前頁每週四練的說明），在這 14 天中個別部位的主要肌群就能維持三次的訓練頻率，相同部位肌群在兩次訓練間便可以有三到四天的休息恢復。但如果你是採取全身性訓練的方式，就不建議配合每週四練的編排方式，這樣的頻率會讓肌肉承受更高的訓練量，同時訓練間的恢復期也只剩下一到兩天，相對容易提高過度訓練的風險。

首先是上下半身主要肌群平均訓練的編排方式：

第一天：上半身肌群
第二天：休息日
第三天：下半身肌群
第四天：休息日
第五天：上半身肌群
第六天：下半身肌群
第七天：休息日

另外一種是增加上半身訓練比例的編排方式：

第一天：上半身肌群
第二天：休息日
第三天：上半身肌群
第四天：休息日
第五天：上半身肌群
第六天：下半身肌群
第七天：休息日

> **!注意** 當你在思考一週能擠出多少時間訓練時，也千萬不要忘記在訓練間安排足夠的休息日，因為肌纖維的修復生長，主要發生在休息恢復的期間而非訓練的當下，所以良好的恢復策略與訓練內容本身一樣重要。
>
> 而不同肌群在訓練後的恢復速率也不盡相同，實際訓練的經驗裡，個案一定會有某些肌群的肌力或肌肥大進步大於其他肌群，在訓練量相當的前提下，就代表這些進展較緩慢的肌群可能沒有得到足夠的休息恢復，因此就必須在課表編排上作出調整。

4. 一天可以做幾次阻力訓練？

頂尖的競技運動員即便在非賽季的時候，一天都很有可能會有兩次以上的訓練時段，但這是基於專項需求與特定目的的訓練考量，對多數人來說還是建議以一天一次為限，同時也不要連續多天的原則下去編排阻力訓練計畫。

然而如果個案每週真的只有一天的訓練時間，或許將訓練拆解成兩個獨立的時段就是個折衷的方式 (當然一開始建議還是先以一週一次的方式適應一段時間)，這種做法雖然可以讓整天的訓練內容更加完備，但最理想的作法還是建議將每週的訓練量盡可能平均分配。

5. 該在一天當中的什麼時候進行訓練？

有些人習慣早起運動，有些則喜歡將訓練安排在下午或晚上，不同的時段都有個別的擁護者。而實際上，人一天的肌力確實會隨著時間有所變化，有些人在上午的力量表現優

於下午，有些人則在晚間有最好的運動表現，很少有個案或運動員可以在一整天的所有時段都維持固定的肌力表現，但這種基於神經肌肉徵召所導致的變異，其實不論在哪個時段都是正常的。

最理想的情況當然是把訓練安排在自己一天最有力量的時段，統計顯示多數運動員在晚間 6 到 7 點有最佳的力量表現，這同時也是目前多數人偏好的阻力訓練時段。

> **!注意** 通常實際訓練的時段會先取決於你一天的作息狀態。剛開始未必每次都能在肌力狀態最好的情況下進行訓練，但最簡單的原則就是盡量保持在每次訓練日的相同時段進行訓練，肌肉在經過長期規律訓練的適應後，自然就能在訓練時段有更好的力量表現。

6. 如何編排每次訓練的目標肌群？

這裡我們先將人體主要肌群區分為六大部位：

1. 手臂 (肱二頭肌、肱三頭肌、前臂肌群)
2. 肩部肌群
3. 胸部肌群
4. 背部肌群
5. 腹部肌群
6. 下肢肌群

那麼每次訓練是否都要涵蓋這六大區塊，還是可以選擇不同部位進行組合？這個問題的答案主要取決於你每週可以有多少訓練時間。以訓練初期為例，通常每週的訓練頻率

會落在三次以內，基本上會建議個案在每次訓練盡可能涵蓋到全身主要肌群，雖然每個肌群可以重複的組數較少，但都可以得到相對平均的訓練刺激，每次課表的訓練總量也較容易控制。

隨著時間累積，個案會依照個人需求與各部位肌群進展來增加反覆組數，當訓練量增加到難以在單次訓練中練完全身肌群時，就可以考慮將各部分開組合來調整訓練編排。

隨著個案肌力與經驗的提升，最終勢必會需要將全身各部位的目標肌群拆解分組，這種編排方式也稱作「分段訓練」（split）。比起初期建議的全身性訓練來說，分段訓練雖然減少了各部位肌群每週原有的刺激頻率，但相對可以藉由分組的方式來增加該部位肌群在單次訓練的負荷強度與訓練量，提升各部位肌群在訓練上的專注力與成效。一般而言，會建議個案完成二到三個月規律的全身性訓練後，再轉換到分段訓練的編排方式。

而分段訓練最基本的條件是個案必須每週至少能有兩次以上的訓練時段，例如原本需要在單次訓練涵蓋的六大訓練部位，現在就能拆解成一次包含四個訓練區塊，其餘的兩個部位則在下一次的訓練日完成課表。

下面是一週二練的分段訓練編排：

訓練時段 1	訓練時段 2
上半身肌群（肩部、胸部、背部與手臂）	下肢肌群、腹部肌群

重點提示

因為上半身的肌群部位較多，所以將腹部肌群與下肢肌群安排到同一個時段，來平衡上下半身的訓練量與完成時間。但如果腹部肌群是首要加強的重點部位，也可以在兩個時段都安排腹部的肌力訓練。

每週三練的分段訓練編排：

訓練時段 1	訓練時段 2	訓練時段 3
上半身肌群（肩部、胸部、背部與手臂）	下肢肌群、腹部肌群	上半身肌群（胸部、背部、肩部與手臂）

這種編排方式是以上半身肌群為首要強化目標，中間穿插一次下肢與腹部肌群的訓練來調整與維持，適合非下肢主導的運動項目用來作輔助訓練。

重點提示

在接下來的章節會說明為何要在不同的訓練時段，改變某些肌群的訓練順序。

每週四練的方式最適合以分段訓練的做法進行編排，個案可以有足夠的訓練時段來分配各部位肌群的訓練量，讓上半身與下半身肌群的進展可以取得更好的平衡。

訓練時段 1	訓練時段 3
上半身肌群（背部、肩部、胸部與手臂）	上半身肌群（胸部、肩部、背部與手臂）
訓練時段 2	訓練時段 4
下半身肌群（股四頭肌、腿後肌群與小腿肌群）	下半身肌群（腿後肌群、股四頭肌與小腿肌群）

當然如果下肢肌群不是主要目標區塊，也可以採取以下的分段編排：

訓練時段 1	訓練時段 3
胸部與背部	胸部、背部與手臂
訓練時段 2	訓練時段 4
肩部與手臂	肩部與腿部肌群

這裡讀者需要理解的是，所有表現的進步都來自於訓練本身漸進性的規劃原則，編排時必須盡可能維持每次訓練有相對平衡的訓練量、持續時間與訓練強度，在這個前提下分段訓練的內容，就可以按照個案的偏好與需求做出許多不同的變化。

7. 如何決定訓練時不同肌群的動作順序？

單從數學的角度來說，六大區塊的肌群可以有非常多變化的順序組合編排，但其中有許多順序在實務訓練上其實並不理想，因此接下來我們會說明如何排除這些不適用的順序，並幫助讀者建立符合個人需求的合理編排。

一個合理的訓練動作順序應該有以下四個特點：

1. 簡單明瞭的編排邏輯
2. 各部位肌群明確的優先順位
3. 強化個人弱鏈肌群
4. 可以有輪替變化

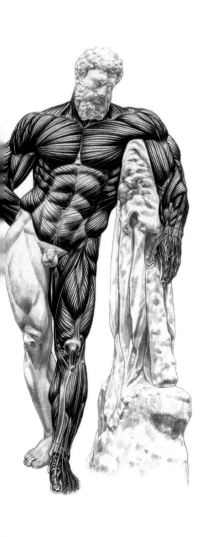
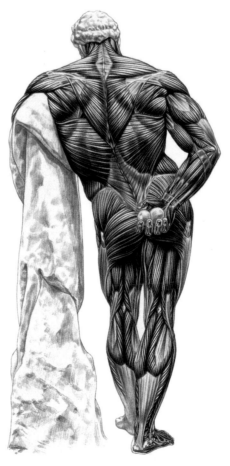

1 順序編排原則

對於想要增加肌肉量的個案，我們在這裡提供幾個最關鍵的動作編排邏輯：

- 避免在胸部、肩部或背部訓練之前先訓練手臂，因為前面這三大肌群的訓練動作都會需要手臂力量的輔助，如果手臂肌肉過於疲乏，很有可能會間接限制了上半身近端大肌群的表現，因此除非運動員或個案對手臂肌力有明確高於其他部位的優先需求，否則建議盡量將手臂為主的訓練動作安排在其他上半身肌群之後。

- 同樣的道理也可以說明為何在下肢訓練時必須盡可能將小腿肌群的動作排到後方，因為在進行深蹲或硬舉等大重量訓練時，如果小腿肌群過度疲乏便容易降低下肢關節穩定度使動作產生晃動，這些晃動除了會影響力量表現外，更容易增加下肢骨骼肌肉潛在的運動傷害風險。

- 對於一般追求健康勻稱體態的人來說，我們會建議將上半身的動作安排在下肢訓練之前，主要原因在於兩者肌肉量差異所導致疲勞程度的不同。如果上肢訓練緊接在下肢大重量動作之後，前面產生的中樞與周邊疲勞很難在短時間內恢復，進而影響到上肢動作的肌力表現。

  因此除了以下肢力量為優先表現的特定專項選手之外，多數人還是建議在同次訓練中盡可能先完成上半身動作再進行下肢訓練，將疲勞造成的交互影響降到最低。

- 儘量不要以上下半身交錯的順序來執行訓練 (例如：胸肌、股四頭肌、肩部肌群、腿後肌群再回到背部肌群)，這種訓練方式基本上是針對有特定專項需求的選手所設計，對於一般以增加肌肉量為主要目的的個案來說，還是建議先完成相近部位的肌群訓練 (例如上半身肌群以胸部、肩部再換背部的順序來執行)。

> **! 注意**　上述的原則主要是依照不同肌群間的力量與耐力差異來解釋，但這些原則並不適用於循環訓練 (circuit training) 的方式，兩種訓練方式的效果與編排邏輯基本上是完全不同的 (可參考 p.72)。

2 不同肌群的優先順位

第二個決定動作編排順序的考量，就是個人對不同肌群的優先順位。

如果是以增加肌肉量來改善體態為目標，實際訓練時並不需要所有的部位都編排相同的訓練量，例如最常見的做法是將上半身各部位肌群的訓練比例提高，同時下肢肌群則維持最基本的訓練量，這樣的編排在經過一定時間的規律訓練後，外型上就會有很明顯的肌肉量差異。

如果個案想要加強腹肌線條的雕塑，可以在每次訓練開頭都安排腹部的訓練動作作為部分的暖身前置。當然如果腹部肌群並非個案最首要的訓練目標，也可以將順序安排到訓練的後段來執行。基本上，腹部訓練的強度與訓練量可以依照個案當下的體能狀態與訓練剩餘的時間來做調整。

對競技運動員來說，建立出符合自己專項需求的訓練優先順位更是關鍵，以鉛球運動為例，肩部、肱三頭肌、股四頭肌與腹部核心肌群就是非常重要的目標肌群。

如果是足球運動員，下肢股四頭肌的重要性就會優於上半身肌群；若是游泳選手，上半身的各大肌群就是主要關鍵，但同樣也不能忽視下肢肌力與爆發力的維持，來達到最好的訓練效果。

> **！注意** 訓練計畫的架構必須能清楚反映出個案需要的優先順位，但同時讀者必須理解，由於每個人能承受的訓練量與恢復能力有限，所以當你提高了某些肌群在訓練強度上的優先順位，就勢必會壓縮到其他肌群原有的訓練比例。

3 改善弱鏈肌群

各部位肌群的進步幅度在實際訓練時通常很難完全一致，因此你必須隨時關注個人進度較緩的弱鏈區塊。以增加肌肉量為例，即便個案本身以胸部肌群為主要訓練目標，但如果肩部肌群的發展相對較緩屬於弱鏈部位，便建議將肩部的訓練動作安排在胸肌之前進行補強。

以鉛球選手為例，在肌力訓練常見的動作順序通常會是股四頭肌、肩部肌群最後到肱三頭肌結束。但如果手臂肌力是影響該名選手運動表現最大的限制因素，就可以對調動作，以反向的順序先進行肱三頭肌的訓練動作來補強運動員的弱鏈區塊。

當然如果想增加編排上的彈性，可以在每週的第一次訓練從手臂肌群開始達到補強的效果；接著在第二次訓練時回到原本股四頭肌開頭的順序強調下肢肌力。

透過順序的變化讓不同肌群間的進展可以更加平衡，同時也符合順序編排所需具備的第四個特點，也就是輪替的概念。

4 順序的輪替原則

順序輪替的做法，可以幫助初學者解決剛開始接觸阻力訓練遇到的許多問題。最基本的做法就是改變每次訓練的動作順序，尤其是針對第一個執行的動作內容做調整。這樣的做法，可以避免長時間相同順序練習造成的疲乏，同時也可以幫助個案在初期對訓練可以維持更久的新鮮感來增加訓練動機。

承接前面內容輪替的做法，也可以用來暫時補強某些進展較緩的弱鏈肌群，例如安排一個月的時間專注補強胸部肌群，並暫時減少三角肌的訓練量來避免肩關節過度負荷，一個月後再交換順序將重點轉移到以三角肌為主要目標來執行。

訓練編排範例

下頁提供的幾個範例可以讓讀者應用到自己需要特別強化的肌群中，會以每週不同數量的訓練時段來做為分類依據，更詳細的編排內容會在本書第 3 篇做說明。

計畫內容

每週一練

在每週最低限度的訓練次數下,第一順位的肌群選擇就更加關鍵,因為實際訓練時,體力與專注度會隨時間逐漸消耗,順位越後面的肌群能承受的強度與表現就會產生落差,因此要在有限的訓練次數下維持進步的成效,就得審慎考量動作的順位。

第一步就是先定位出明確的首要目標肌群,如果胸肌是個案想強化的區塊,胸肌的訓練動作便可以安排在每週訓練時的第一個環節;但如果個案同時有肩部與胸部肌群強化的需求,那以交替的方式第一週以胸部訓練作開頭,下一週則從肩部動作開始就是有效的折衷方式。

但如果個案首要的目標為手臂肌群,就必須留意前面提到因為臂力消耗而影響上半身其他肌群表現的情況。因此在編排上會建議個案選擇手臂肌群獨立的訓練動作來減少對其他上半身動作的影響,同時也可以在完成手臂訓練動作後,先接著訓練腹部肌群,讓上肢有更多休息恢復的時間。

每週二練

如果是每週兩次的訓練頻率,就能更輕鬆地應用順序輪替的方式,基本上如果能讓每次訓練都以不同的肌群做開頭,可以讓順序輪替的效益最大化。

以上半身為例,就能分別以胸部、背部與肩部來輪流做為每次訓練的第一個重點內容;在下肢的部分就能以股四頭肌和腿後肌群相互輪替做開頭,當然個案也可以將臀部肌群動作放在優先順位,但必須注意多數的臀部訓練動作也容易影響到其他下肢肌群的力量表現,所以必須確認個案是否有明確臀部訓練的優先需求。

每週四練

通常到了每週四練的階段,代表個案已經有相當程度的訓練經驗。以分段訓練的編排來說,通常上下半身每週都能個別有兩次的訓練時段,當然依照個人優先需求也可以將上半身訓練拉高到每週三次;下肢動作則集中到一次訓練內完成。而在這種高頻率多分段的訓練規劃中,同一天訓練內肌群順位的輪替效果就不會特別顯著,因為訓練週期本身已經有一定程度足夠的變化性。

每週三練

每週三練基本上的編排邏輯與前面相同,但更多訓練次數的優勢就在於個案可以有更多動作輪替的機會,可以讓不同肌群間都得到相對平衡的強度刺激來提升訓練效率。

8. 每個肌群該做多少反覆次數及組數？

一般而言，各部位肌群基本的訓練量會由以下兩個參數組成：

1. 每項訓練動作的反覆次數與組數
2. 每個肌群的訓練動作數量

名詞定義

一個組數 (set) 是指反覆執行相同訓練動作到特定次數 (repetitions)，為一個完整的計算單位。組數與反覆次數反映出整體訓練量的多寡 (若 1 組反覆次數 8 次，5 組就有 40 次)，對於肌肉的生長有非常關鍵的影響力。過多的訓練量容易因為肌肉過於疲勞導致過度訓練；但相對地如果訓練量不足，就無法對肌群產生足夠的刺激，使得肌肉生長適應的成效無法體現。

接著再依照個案目前的體能狀態與訓練進度來決定這些參數的大小。

初學階段

小肌群每次訓練建議控制在 2 到 3 組以內；大肌群則建議控制在 3 到 4 組以內。

訓練一個月後

小肌群每次訓練控制在 4 組以內；大肌群可以增加到 5 組以內的訓練量。

訓練兩個月後

小肌群訓練量建議控制在 5 組以內；大肌群則是以 6 組為上限。

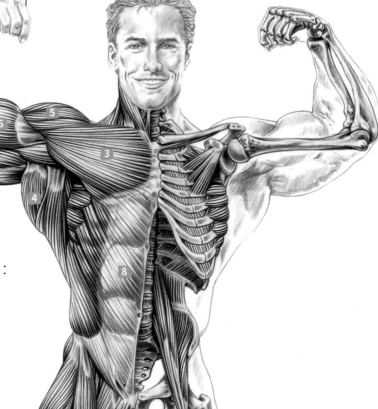

人體肌肉在結構大小上可以粗分為兩類：

1.大肌肉群：
1 股四頭肌
2 腿後肌群
3 胸部肌群
4 背部肌群
5 肩部肌群

2.小肌肉群：
6 肱二頭肌
7 肱三頭肌
8 腹部肌群
9 前臂肌群

訓練三個月後

小肌群最多以 6 組為限；大肌群則需要控制在 7 組以內。

　　基本上在規律訓練三個月後，個案可以按照自己當下的體能狀態需求與恢復能力，來決定個別肌群適合的反覆次數與組數。

重點提示

在進入正式訓練前，建議個案至少先做一到兩組強度較低的暖身準備 (p.48)，這兩組的前置暖身由於強度較低，不會計入正式規劃的訓練量內，主要目的是為了幫助個案提高身體準備程度並降低傷害風險。

!注意 當你發現自己可以毫不費力地完成前面提到的反覆次數時，很有可能就表示該動作的訓練強度已不足夠。動作負荷的強度基本上會隨著訓練的時間穩定提升，你並不需要在單一組的動作內把反覆次數推到極限，也不能一直維持輕鬆的強度。

　　最理想的作法是在每一組的動作中，都確保有足夠的強度刺激來達到合理的反覆次數，並將組數控制在不影響訓練節奏的合理數量之內。

次數及組數調整的彈性

反覆次數與組數通常是調整該部位肌群訓練量的第一個參數，對初學者而言，比起增減特定肌群的動作數量，不如直接調整次數及組數可以更精準的控制訓練量。

　　所以在訓練初期，必須先學會如何配合身體回饋來調整合適的次數及組數，隨著肌力提升後再來增加各個訓練動作的次數及組數。

在實際訓練時，也可以透過肌肉感受的回饋來調整動作次數及組數的編排。如果相同的動作在兩組間的肌力有明顯下滑，就代表該動作組數的編排可能超出當下所能承受的訓練量，確實記錄後在下次訓練時就可以立即作出調整。

　　此外由於訓練與運動表現會有週期波動的情況，不同訓練時段間的力量表現也會出現差異，所以可以在狀態良好的時候適時增加組數來提高訓練量；同時在疲勞狀態尚未完全恢復時，也要記得減少組數避免陷入過度訓練的惡性循環。

　　因此我們會建議個案需要有訓練記錄的習慣，如果你在這次訓練增加了組數或重量，就得預期到下次訓練前身體可能會需要更多的時間來恢復。通常多數人的經驗會出現一次狀態很好的訓練後到下次表現反而不如預期，這就代表兩次訓練間的休息恢復不夠充裕，疲勞的狀態影響到訓練時力量的發揮，所以在時間許可的情況下都會建議在兩次阻力訓練間預留一天以上的休息日好好恢復。

　　多組數編排的方式對競技運動員有另一層益處，可以幫助選手模擬實際競賽中肌肉會經歷的感受與強度變化，以常見三組反覆的編排為例：

- 主要參與肌群在沒有任何疲勞、狀態良好的情況下進行第一組動作
- 到了第二組，部分肌群可能維持相同的狀態，但同時疲勞也開始累積
- 接著肌肉會在有部分疲勞程度的狀態下，繼續進行第三組動作

單組與多組訓練的迷思

肌力訓練領域對於特定肌群或動作該做多少組數一直有不同的說法，某些觀念認為只要一組強度夠高的動作就足以達到訓練刺激與適應的效果，這種方式對於少部分運動員來說確實有可能，他們的中樞神經系統可以在單一組的高強度動作中達到極高程度的神經肌肉徵召，讓肌力或爆發力表現完全發揮，但在完成後短時間內就無法恢復到第一次的表現水準。

對這類型的運動員來說，勉強進行兩組以上的動作可能就適得其反，但其實中樞神經能在單組內發揮最高徵召的運動員並不常見，研究顯示約有 70% 運動員還是適合典型的多組訓練編排；其他 30% 會因為不同的神經肌肉徵召特性而相對適合單組訓練。

多數運動員適合以多組漸進的方式來達到更高強度的訓練負荷，如果採取單組訓練的方式反而容易因為起始強度過高而難以發揮，同時又無法累積到足以產生肌肉適應的訓練量而使整體進度緩慢，因此對多數運動員與一般規律訓練的個案而言，採取多組數編排的方式才能以相對安全的節奏達到足夠的訓練適應效果。

這樣的歷程是許多運動員在比賽時都必須反覆經歷的，很少有運動項目在賽會中只需要進行單次最佳的運動表現，即便是短跑或舉重在決賽前也會經過數次的預賽來淘汰部份選手。

因此如果在平時的阻力訓練只採取單組編排的話，雖然可以在第一輪有最佳發揮，卻容易在之後的賽事中表現快速下滑，因為肌肉在平時沒有先做好需要反覆維持表現的適應，就無法在第二、第三輪賽事發揮出相同甚至超越的運動能力。

9. 每個肌群該編排多少訓練動作？

在剛開始接觸訓練的初期，我們會建議個案針對目標肌群選擇單一的訓練動作 (以最符合個案需求的動作優先，選擇的方式會在接下來的內容中說明)，並在每次訓練中針對所有主要肌群採取相同的方式，直到進階到各部位拆解的分段訓練後，再開始增加每個肌群所需的動作數量。

增加動作數量的方式也常被用來提高全身主要大肌群的訓練量。因為肌肉尺寸的差異，顯然大肌群要達到適應進步的效果也需要更高的訓練量，而在增加動作的同時，通常也會連帶提高鄰近小肌群參與的程度，如果同時搭配每個動作組數的調整 (參考前面的內容)，很快就能看到增加動作數量所帶來的差異。

即便對於相對進階的個案，我們仍會建議編排上每個大肌群不要超過三種訓練動作；而小肌群則以兩種訓練動作為限。

有些人偏好頻繁地更換動作種類來維持訓練的樂趣，只要掌握正確的動作技術與合理的訓練量規劃，基本上並不會有問題。但多數人通常會選擇先維持相對固定的訓練動作與流程，這在初學階段是合適的做法，初學者可以透過反覆大量的練習來提高自己對每個動作的掌握程度。

基本上任何肌群對於新的訓練動作都需要經歷一段適應時期學習，並整合各部位發力的協調性，如果動作更換過於頻繁，有可能會因為肌肉沒有足夠的學習適應而導致訓練時很難完全發揮應有的力量強度。

此外當肌肉頻繁將時間花在適應新動作，同時也會壓縮到原本可以用來產生足夠刺激適應的訓練時間，反而容易拖累整體肌肥大或肌力進步的效率。所以在編排動作時，務必要讓新動作的學習適應與反覆練習維持訓練量這兩者的時間比例達到適當的平衡。

名詞定義

反覆次數 (repetition) 是指在特定組數內反覆執行相同動作的次數 (有關組數的定義可以參考 p.31)，一下完整的反覆次數通常可以再細分為三個階段：

1. 向心收縮階段 — 舉起負重的過程
2. 等長收縮階段 — 停在動作終點維持約 1 秒靜止的收縮
3. 離心收縮階段 — 放下負重回到起始位置

初學者通常會對每組動作該做多少反覆次數有所疑問，但可以先了解的是：反覆次數的多寡會因為動作本身的強度以及不同訓練目的而有所變化。

---

10. 每組動作該做多少反覆次數？

反覆次數並不是決定肌肉適應方向最直接的因素，在編排訓練計畫的過程中，反覆次數主要是由動作的強度或是訓練的負荷來決定，所以在決定好訓練方向訂出適合的負荷強度後，才會接著產生相對應的反覆次數與組數。

例如以增加肌肉量為目標的訓練負荷所對應的反覆次數通常在 6～12 次之間，但假設你在某次訓練中發現自己可以在同一組內完成 15 次以上的反覆次數，也不需要刻意保留，代表肌肉已經產生一定程度的適應與進步，記得在下次訓練時增加負重來提高強度。

如果不單純強調肌肥大，而是以增加肌力為主要目的的條件下，會建議個案編排反覆次數落在 1～4 次以內的強度負荷。

另外，若是以提高肌耐力為首要目標的族群，則建議將強度維持在能夠進行 20 次以上的反覆次數，甚至在某些特定情況下會需要有超過 100 次以上的反覆次數。

肌力訓練的金字塔

一個完整的肌力訓練流程必須像建造金字塔般循序漸進，一開始會先以低負荷的強度配上較高的反覆次數 (例如 20 次) 來讓主要目標肌群達到暖身活化的效果。同時低強度與高反覆次數的編排，更可以幫肌肉在初期建立起足夠的肌耐力來因應日後的訓練。

接下來將負重增加到以能做到 12 次反覆次數為主的強度，開始進入肌肥大的訓練循環。前面提過在明顯有餘力的情況下即使超過 12 次也可以繼續執行 (當然前面的暖身組除外)，但要記得在下次訓練時將負荷往上調整到更精準的強度。

到了第三組繼續將負荷往上增加到以 8 次反覆次數為主的強度。對小肌群來說，從一開始到現在這個強度已經接近完成了整個訓練的金字塔進程。

對大肌群來說，還可以繼續將負重往上增加到 6 次反覆的強度作為第四組的訓練，讓個體訓練金字塔的進程更為完整。接著到後面第五、第六組便可以依照個人需求選擇繼續增加負荷強度 (以增加肌力為主的訓練規劃)，或者再將負荷降低到 15～20 的反覆次數強度 (以增加肌肉量與補強肌耐力為主的訓練規劃)。

以最後一組動作來說，也可以採取在不同訓練時段互相輪替增加肌力與增加肌耐力這兩種訓練策略，這樣可以增加在兩個同性質策略的訓練時段間讓身體可以休息恢復的時間，使整體的訓練適應的效果更好。

11. 如何決定每次反覆動作的速度？

我們從前面的名詞定義內容可以知道，每次反覆動作通常會由三個連續的階段組成。為了讓初學者可以更準確地提高每次動作肌群收縮的感受度，剛開始都會建議以相對較慢的速度節奏來執行每一次反覆動作。

初學者最應該避免的是在尚未掌握肌肉正確收縮時序前，藉由其他部位的力量產生慣性來舉起負重，也就是所謂的「代償動作」。代償的方式容易讓個案產生依賴，同時也會阻礙目標肌群的進步，如果動作執行不當，更有可能提高潛在的運動傷害風險。所以在完全掌握任何訓練動作之前，寧可用更慢的速度來確保目標肌群的啟動與關節活動角度都在正確安全的軌跡上。

> **！注意** 上述基本原則主要是針對肌力與肌肥大為主的阻力訓練，如果是以爆發力表現為主的增強式訓練，就必須強調每次動作執行的速度與爆發性。

為了完全運用到目標肌群的力量，必須以相對較慢的速度來準確感受每次動作在各階段的發力情形：

- 以 1～2 秒的時間向心收縮肌肉舉起負荷。
- 到動作終點時停留 1 秒的時間並維持肌肉強力穩定的收縮。

- 接著以 2 秒的時間離心收縮平穩地放下負重回到起始點。

因此每下反覆動作基本上會需要 4～5 秒的時間來完成，如果時間過短則代表沒有完全發揮目標肌群應有的力量，甚至可能出現動作代償的情形。

進階方式

在進階之前，個案必須依照上述基本原則反覆練習各項訓練動作，直到整體動作控制的穩定性提升後，再試著加快每項動作的速度與節奏，加入爆發力表現的元素。但要留意提升動作速度並不等於可以忽略原本的動作控制，即便是爆發性動作也要儘量避免任何代償動作的產生，所以才會再三強調在提高動作速度前，必須先打好穩定的動作控制基礎。

爆發力動作的表現是許多競技運動項目必備的要素，實際上也很少有任何項目只需要慢速穩定的動作表現，多數運動都會強調速度與力量兼具的動作模式，這也是為何要在阻力訓練計畫中加入爆發性元素的原因。

多數的爆發力訓練動作會在不到一秒的時間內完成向心收縮階段，接著立即以半秒左右的時間離心收縮快速回到起始點，中間不會有原本慢速動作時等長收縮停留的過程。

以速度與爆發力為主的阻力訓練編排，對運動員可以更有效地提升運動表現，但對於以增加肌肉量為主要目標的一般個案，維持原本慢速穩定控制的動作模式才是最有效的方式。另外必須留意爆發與速度的動作模式必須建立在穩定控制的基礎上，任何的代償動作加上大重量與速度不僅對表現毫無助益，反而更容易增加運動傷害風險。

12. 理想的訓練時間是多久？

理想的阻力訓練編排是在最短的必要時間內盡可能充分刺激主要目標肌群，因為訓練的成效取決於整體動作的強度而非花費的時間長短。

實務上，一次訓練的總時段往往會與個案的生活作息與時間規劃有關。如果你每週的訓練時間有限，就必須更傾向在短時間內涵蓋全身各大主要肌群的編排方式，以循環訓練為例，通常只需要 15～20 分鐘的時間就可以完成 (可參考 p.54 增加訓練強度的技巧以及本書第 3 篇的內容)，但考量到訓練的完整性與節奏，還是會建議編排至少 30 分鐘以上的訓練內容。

理想的訓練規劃會建議編排至少 45 分到至多 60 分鐘的時段，如果發現自己的訓練時間經常超過一個小時，有可能表示整體的強度不夠集中，一般肌肉在規律負重 45 分到 60 分的時間內就會開始出現明顯的疲勞感。

> **！注意** 進行阻力訓練前會需要一定程度的暖身活動，但暖身的時間不應該計入原定45 至 60 分鐘的主要訓練內容。例如在冬天訓練時可能需要更長的時間暖身來活化肌肉，因此編排上必須在不縮減主要訓練時間的前提下，往前預留更多的暖身時間。

基本上一個完整的訓練時段是由以下兩者組成：

1. 完成所有訓練量的時間 (動作數量乘上各別的次數及組數)
2. 組間休息時間的總和

在時間不足的情況下，組間休息通常會是優先調整的變項，一般主要訓練時段會超出一小時主要是因為：

- 單次訓練編排過多肌群
- 單一肌群編排過多動作
- 動作反覆次數及組數過高
- 組間休息時間過長

13. 兩組動作間應該要休息多久？

正常完成一組動作到進行下一組之間會有一段喘息恢復的時間，通常稱作「組間休息」，其休息長度會因為動作的難度以及使用的負荷不同，從最短 5 秒到甚至 2 分鐘以上，基本的編排原則如下：

- 執行深蹲、硬舉、挺舉、伏地挺身或引體向上等難度或複雜度較高之動作，應增加組間休息時間。
- 執行上肢、小腿或腹部肌群之單關節動作，可以縮減組間休息時間。
- 執行大重量或高強度動作時，應增加組間休息時間。
- 輕負荷或低強度之動作，可以縮減組間休息時間。

再配合個人訓練的主要目標來調整組間休息長度：

1 以增加肌肉量為主的訓練規劃，會建議組間休息平均落在 1 分鐘左右。

2 如果純粹以提升肌力為主要目的，便不建議過度限縮組間休息時間，必須讓目標肌群在完成一組動作後有充分的時間恢復力量。因為過度密集的組數，對於提升力量的效益不大，但也要避免休息過長拖累整體訓練節奏。

如果訓練強度接近個案的最大肌力，更要確保兩組動作間有充分的組間休息，基本上會建議將組間休息延長到 2 分鐘左右。

3 如果想同時兼顧力量與肌耐力，就必須適度縮減組間休息的長度。理想的漸進方式可以在每次訓練中以相同 (甚至更高) 的負重下逐步縮減組間休息時間來提升耐力表現。

例如你在這次的訓練中編排 20 秒的組間休息時間，下次訓練便可嘗試在相同的負荷強度下將休息時間縮減到 15 秒，如果到後面幾組開始覺得吃力，可以再將組間休息回復到 20 秒完成剩下的組數。下次訓練時可以考慮增加組數或者繼續嘗試以 15 秒的組間休息來完成所有動作，以漸進的方式確實提升個案的肌耐力，同時也能為之後的循環訓練打好基礎。

4 如果想更進一步提升肌耐力，循環訓練 (沒有實際組間休息，連續輪替不同動作的訓練方式) 是最理想的編排方式之一。

基本上如果有下列的情況，代表可以考慮增加更多的組數：

- 呼吸快速回復到正常狀態
- 繼續訓練的心理狀態完全蓋過疲勞感

在增加組數或調整任何訓練量之前，必須再次確定自己的訓練目標與這些調整背後的原因與效益 (例如在兩個月內增加 1 公分的臂圍或者提升肌力)，剛開始可以先訂出合理的時間範圍讓自己可以隨時檢視當下的進度是否符合預期，訓練中的時間規劃也可以避免浪費過多的休息時間拖累訓練節奏，善用時間這個參數讓自己可以更精準的掌控訓練的進程。

！注意 如果你的力量在兩組間突然出現明顯的下滑，代表可能進行了過多的組數 (參考 p.32) 或者組間休息的時間過短，後者的情況可以試著稍微增加組間休息來恢復肌力，但如果力量流失的情況並未排除，則必須考量其他限制表現的因素。

14. 該如何決定每個動作適合的負荷強度？

比起反覆次數或組數，每個動作所使用的阻力 (或負重) 大小對於整體肌力進展會有更直接的影響力，必須依照個人目標與狀態選擇最適當的訓練負荷。

初學者剛開始通常需要花上一段時間來回調整重量，才能找到適合自己的訓練強度，但這段時間並不會白費，這是肌肉反覆適應新的動作負荷與建構協調的過程，也就是所謂的肌肉記憶。

然而找出個人在每個階段適合的負重強度之所以困難，是因為阻力訓練某種程度上是控制肌肉適應走向的一種方式。舉例來說：在戶外跑步的過程中，你的步伐會自動因應每一步的地形作出調整，這也是肌肉適應最基本的邏輯；但阻力訓練通常是為了達成肌肥大或增加肌力耐力等特定的適應，所以同樣在跑步的例子中，阻力訓練的邏輯反而是設法創造適當的地形 (訓練強度)，讓步態朝著預期目標前進變化。

而隨著體能強度與目標複雜度的提升，就會需要更大的訓練負荷或者更精確的編排規劃才能繼續突破。因此回到開頭對初學者來說，面對各種訓練動作基本的做法就是從最輕的負荷開始漸進，依照訓練的感受度可以將負重大略分為三個區間 (zone)：

- 區間1 的負重通常可以不用特別費力的舉起完成動作。
- 區間2 的負重會讓目標肌群感受到明確的收縮，但依然可以順暢完成整個動作過程。
- 區間3 的負重通常會需要其他肌群協助代償才能舉起負荷，也無法完全專注感受目標肌群的收縮。

通常一個動作的負重選擇是從暖身階段就開始進行，好的暖身流程可以幫助個案針對目標肌群再次確認符合當下體能狀態的負荷強度。所有的動作都從輕負荷的強度開始，第一組的暖身動作負重選擇建議落在區間1 的中段位置，接著下一組最多可以提升到接近區間1 上段極限的重量。

暖身結束後進入主要訓練的強度，基本上有四分之三左右的訓練量會以漸進的方式在區間2 的強度中完成，每組動作的重量會從區間2 的最低負荷一路往上增加到接近該區間上限的負重。

如果個案的經驗與動作技巧夠純熟，可以加入一到兩組以區間3 下段重量為主的反覆動作，藉由稍微超出目標肌群負荷的大重量訓練強度，可以增加中樞神經對肌肉徵召的刺激，也可以作為日後訓練週期進階到高強度的前置準備 (更多內容可以參考 p.54 增加訓練強度的技巧)。

> **！注意** 在訓練當下才開始思考每個動作適合的負重，其實相對浪費時間且容易拖累整體訓練的節奏，所以在找到適合的強度後，務必做好重量與次數及組數的記錄（參考 p.51），到下次訓練時試著在相同的負荷下增加一到兩次的反覆次數。

15. 什麼時候適合增加負重？

阻力訓練中的每項動作使用的負重會隨著時間不斷調整，最理想的情況當然是希望肌力能隨著負重不斷往上提升，但往往會因為操之過急導致負重增加的速度快過肌力成長的幅度。在負荷過重的情況下更容易破壞動作應有的協調與品質，使目標肌群無法獲得適當的收縮感受度，最終更有可能因為動作強度過高，消磨掉對訓練的熱忱與動機。

因此掌握正確增加負重的時機，是持續進步最主要的關鍵。基本上針對個別肌群與動作是否能增加負重，可以從以下兩個條件來看：

1 反覆次數

當你可以輕鬆完成預設的目標反覆次數時 (例如以增加肌肉量為主的 12 次反覆或者以改善肌耐力為主的 20 次反覆)，就可以考慮增加負重來提高訓練強度。

2 對負重的掌握程度

在達到目標反覆次數的同時，也必須檢視自己能否維持相同的動作品質。一般來說，個案在考慮是否增加負重時，常會遇到下面的兩種情境，但只有來到第二種的情況下才是適合增加強度的正確時機：

> **！注意** 千萬避免負重增加過快，在某些情況下即便強度只有微幅的增加也有可能改變肌群收縮的感受度，甚至破壞原本正確的動作協調。雖然快速增加負重或許可以讓個案在短期內得到肌力進步的成就感，但為了舉起超出能力範圍的重量，就容易出現許多錯誤的代償方式導致傷害風險提高。最理想的作法還是平穩漸進地提高訓練的強度，並利用開頭負重較輕的組數來確保正確的動作協調。

1. 能夠完成所有目標反覆次數

自然情況下任何人都會期待訓練後可以增進肌力表現，不過，當可以相對不費力地完成動作的目標反覆次數時，先不要急著在下次訓練馬上增加重量，應該再花一到兩次的訓練以相同的重量好好檢視自己的動作品質，確保沒有任何不當的代償動作後再來提升強度。

2. 相同負重下感受度明顯降低

在這種情況下就可以選擇增加訓練負荷，但增加的幅度必須根據自己原先超出目標反覆次數的比例去調整。例如在這次訓練中可以比預定的反覆次數多做一到兩下，下次訓練就可以將負重小幅度上修。一般以啞鈴動作來說，單一次增加的比例建議在 1 磅 (或 0.5 公斤) 左右，除非超出目標次數的比例很高，不然快速增加負重並無助於加快肌力表現的進步。

> **！注意** 強度提高後的暖身。隨著負重不斷增加，到後來即便是訓練中第一組的動作也會有相當程度的重量，這時候前置的暖身作業就更加關鍵，因為初期低重量的負荷，都還在正常肌肉肌腱與關節韌帶組織所能承受的範圍之內，但隨著肌力與重量的提升，這些負荷的強度就會越來越接近相關軟組織所能承受的極限，相對地就會需要更多的暖身時間來提高目標肌群的準備程度。

16. 不同部位肌群間的動作轉換也需要休息嗎？

在同一次的訓練中，並沒有特別強調一定得在兩個不同部位肌群間安排休息時間，必要時也可以採取和組間休息相同的時間來調整呼吸。在接近訓練後半部，如果疲勞感開始出現，也可以適度地增加休息時間長度。然而在體能狀態許可的情況下，還是建議以相對緊湊的訓練節奏來維持身體熱度與動作的專注度，避免過於頻繁或過長的休息拖累了訓練的節奏。

17. 如何選出適合自己的訓練動作？

在本書的內容中，我們仔細彙整了許多安全有效的肌力訓練動作，這些動作都不需要特別複雜的器材或者任何有傷害風險的身體擺位，但即便如此，所有的動作也未必都完全適合每一位讀者，主要是因為個人體能水準與身體骨骼肌肉結構上的差異，有的人身材高大也有人相對瘦小；有的人肩寬較大也有人肩膀較窄；對應到身體其他部位的肢段也是各有不同。

因此讀者必須找到適合個人身體條件的訓練動作，在本書內容中我們不會宣稱有任何動作可以完全適用在每個人的需求，在加入新的動作編排都必須對個案身體狀態有審慎的評估。

我們可以藉由接下來的兩個例子，了解身體結構差異與動作選擇的關聯性。

動作難度上的差異

因為身體結構不同造成最直接的影響之一就是動作難度上的差異。以伏地挺身為例，上肢比例較短的人由於移動範圍較小，執行上會相對輕鬆；但如果是手臂較長的人就需要作出更大的活動範圍，在兩人體重相當的情況下，臂展較長的人就得負荷相同的重量移動更長的距離，對相關肌群來說作功就會更多，就好比在相同的時間內，一個人得跑 100 公尺但另一個人只需要完成 90 公尺。

動作風險上的差異

動作潛在的風險程度是另一個因為身體結構差異所影響的要素。舉例來說，在負重深蹲的動作中，大腿股骨比例較長的個案相較於比例較短的人，上半身會有更多的前傾角度，這並不是單靠動作技術調整可以解決的問題。股骨比例較短的人在深蹲時，背部相對更容易維持在挺直的角度；但對於股骨比例較長的個案，勢必得增加部分上半身前傾的角度來維持整體動作的平衡。

不過從力學的角度來看，前傾角度的增加會提高下背在深蹲過程中的負荷，因此個案會更需要提升核心控制穩定的能力，才能避免下背傷害風險。

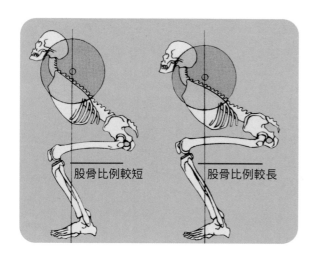

股骨比例較短　　　股骨比例較長

在理解身體結構差異對動作選擇的重要性後，我們就可以開始評估適合自己的訓練動作。在動作選擇上通常可以有下面兩種輔助的篩選方式：

1.刪去法：如果某些動作明顯不適合自己身體的結構比例，千萬不要勉強執行，一定可以找到更理想的替代動作。雖然刪去法可能會錯失掉部分動作的可能性，卻可以幫助個案在第一時間排除掉不必要的傷害風險。然

而只依靠刪去法並不夠，讀者同時也必須主動找出適合自己的訓練動作。

2.主動選擇：要兼顧身體結構差異與訓練效果間的平衡，最直接的做法就是反覆嘗試動作。有時候可以很快就能找到適合自己同時又能達到訓練效果的動作，但大多數的動作在剛開始接觸時通常都會有些許不適應的感受。在排除結構不適的前提下，主要都是因為這些新動作涵蓋到個案之前沒有經常使用的肌群，隨著訓練次數累加與肌肉徵召活化的效率提升，這些違和感很快就會消退，動作的掌握度與肌肉感受度也能夠跟著提升。

學會區分不同動作間的差異

如果你可以明確區分兩種動作的執行技巧與訓練目的的差異，要選出適合自己的動作自然就會容易很多，而每項訓練動作都有個別的優勢與潛在可能的風險，讀者必須讓自己更瞭解每項動作：

- 善用動作的優勢來輔助訓練的主要需求
- 注意動作潛在的風險不會影響到訓練目標

在本書第 2 篇針對各項訓練動作都會列出明確的優勢與潛在的風險，幫助讀者建立基本學理與實務執行上的基礎觀念，提高動作選擇與編排的精準度。

在深入探討各項動作的優缺點之前，這裡先介紹動作分類的基本方式，讓讀者可以更有效率的充實自己的武器庫。

阻力訓練動作主要可以區分成兩大類，這兩個類別都各自有明確的動作優勢與潛在的可能風險，編排處方時可以先以這兩大類的區隔作為分水嶺，讓動作選擇的流程更快、更明確。

阻力訓練動作可以被區分成兩大類

1 多關節動作

意指同時會移動到複數個關節的訓練動作。以深蹲為例 (彎曲雙腿)，下蹲過程中會需要髖膝踝三個關節的屈曲才能完成動作，這就屬於典型的多關節動作。當你設定好主要想強化的目標肌群後，接著就可以更進一步評估是否需要選擇多關節訓練動作。

優勢

多關節動作會比單關節動作 (參考 p.42) 更貼近人體多數的活動方式，同時也有更好的訓練效果，生活中多數的任務都會需要不同肌群間協同合作，單一肌群動作就能夠完成的工作是相對少數，所以藉由多關節訓練的方式可以做到：

- 在短時間內同時刺激大量不同的肌群協同合作。
- 進行大重量訓練。
- 以貼近人體力學的動作模式，發揮最大的肌力與爆發力。

當然，即便多關節動作是阻力訓練的主流，我們還是不能忽略背後潛在的風險：

- 多關節動作參與的肌群更多，增加了動作控制與協調的難度，這也是多數人從事多關節動作容易遇到的第一個困難。
- 因為參與的肌群數量較多，如果想針對其中特定某個肌群做補強就相對困難。

缺點

以伏地挺身為例，是同時運用到肩關節與肘關節的常見多關節動作，主要目標肌群包含胸肌、前三角肌與肱三頭肌，但這三個肌群在同一次反覆中分別作功的比例很難準確衡量，有些人覺得胸肌發揮了大部分的力量；有些人的感受度集中在肱三頭肌；甚至也有人覺得完全都依賴肩部肌群在發力，所以如果個案想鍛鍊胸肌，直接建議他做伏地挺身不一定是最好的選擇。相對於單關節動作來說，多關節動作在不同個案間的差異會更明顯。

- 在多關節動作中個別肌群通常不會有單關節動作中最完整的關節活動度，雖然這些關節活動度未必與你從事的任何專項運動有直接的關聯性，但從另一個角度來說，當一個完整的多關節動作中存在弱鏈，很多時候是因為其中某部分肌群的收縮控制程度不足，而導致部分關節角度的缺失，這種時候往往就需要先藉由特定的單關節動作來喚醒弱鏈肌群才能夠改善問題。

深蹲

伏地挺身

2 單關節動作

動作本身只有一個主要活動關節的訓練動作。以二頭肌彎舉為例 (移動前臂靠近上臂的動作)，是以肘關節屈伸為主的單關節運動。有部分的說法會將二頭肌彎舉歸類為上肢多關節動作，但其實這是不正確的迷思。

二頭肌彎舉

胸部飛鳥

優勢	缺點
■ 由於在過程中只需要單一關節活動與較少肌群收縮就能完成動作，相較於多關節動作所需的能量與力量較少，因此單關節動作對多數人較為簡單容易上手。 ■ 單關節動作可以對特定肌群有更明確的針對性，通常只要有正確的技術指引，都能夠藉由單關節動作來增加特定肌群的感受度與控制能力。 ■ 單關節動作對於提升單一肌群的控制能力更有幫助。 ■ 在多關節動作中，如果其中某些肌群的進展或感受度不如預期，可以獨立出來介入數週的單關節動作訓練，來提高該肌群的徵召控制。接著再重新回到多關節動作訓練時，就能有效提高該肌群的參與程度，幫助提升整體多關節動作訓練的效益。	■ 就長遠增加肌力與肌肉量的表現來說，多關節運動還是有更好的效果。 ■ 單關節動作本質上是阻力訓練中用來因應特定需求與目標的訓練方式，但在運動專項或生活中多數的力量表現，還是會需要多肌群多關節動作的整合，單關節或單一肌群就能完成的任務其實並不常見。 ■ 多關節動作在訓練編排上通常會相對更有效率。舉例來說，如果要將伏地挺身的訓練效果拆解成單關節動作，就必須個別編排胸部、肩部與肱三頭肌這三個區塊的單關節動作，這樣一來就得花上更多時間訓練。 ■ 單關節動作雖然可以有更大的活動度與肌肉感受度，但這些表現通常無法立即轉換到大重量的多關節動作，所以在編排上仍需考慮到兩者間的平衡。

肩部前舉　　　　　　　肱三頭過頭伸展

結論

初學者的訓練課表會建議儘量編排多關節訓練動作，讓個案可以在有限的時間內，以更集中的強度刺激到更多的肌群。維持規律訓練一段時間後再加入單關節訓練動作，來針對進展較慢或者個人希望重點加強的肌群來做改善。

單關節動作在編排上屬於次要順位，主要是用來改善特定肌群的肌肉量與外型尺寸。實際上我們從前面的內容可以知道，在多關節動作中所有的肌群未必都能獲得完全相同的訓練刺激，某些肌肉可能會有更好的感受度與訓練成效，這時候就可以介入單關節動作輔助其他落後的肌群，幫助維持整體的平衡。

維持穩定進步的狀態

在理解動作選擇的概念後，接下來的關鍵就是避免自己的肌力表現駐足不前。通常隨著訓練的經驗累積，即便是相同的動作到現在也會有非常不同的技術心得，這種心境很常會讓自己懊悔為何無法更早掌握更好的觀念或技術，甚至會覺得自己浪費了不少時間。但其實並非如此，肌肉的協調控制與感受會隨著訓練的歷程不斷改變，很多動作的技巧與控制並不是一兩個月以前的自己能夠輕易達到，這些觀念與技術的進步正是來自於過程中規律的投入時間與努力，所以不必為此感到浪費時間或者懊悔。

但相反的情況也可能出現：你會發現某項動作的感受與掌握程度不如從前，雖然在初期有很好的進步效果，但隨著時間到後來反而越練越沒有成效，這也是長期訓練中常會遇見的問題。

所有的動作從接觸到熟練，都會建立一套特定的神經肌肉控制的迴路，但在短時間內過量的反覆執行同一個動作，也會造成中樞神經系統的疲乏，使動作的感受度與訓練成效大幅下降。這時候就應該先將該動作從課表中暫時移除數週，讓神經肌肉的迴路可以休息重整，之後重新加入該動作時就可以再次恢復到應有的訓練效果。

在訓練過程中必須隨時做好調整規劃的準備，讓神經系統可不斷適應這些感受度與控制協調的變化，避免自己陷入難以突破的瓶頸。在接下來的內容，我們會繼續說明有關調整訓練計劃最適當的時機。

▍18. 什麼時候該調整訓練規劃？

某些人可能偏好一成不變的訓練內容，理由通常也很簡單，如果一個訓練方法能夠持續帶來成效，那又何必多花心思去作改變？當然也有另一部分的人傾向多變的訓練規劃，而多數的人可能是介於這兩種極端之間。我們無法得知讀者的訓練習慣，但肌力訓練的成效有時候也會反映到個人的心理狀態上，從客觀的角度來說，要改變訓練規劃主要有下面兩個依據。

1.肌力狀態退步或停滯不前

當肌力表現進展突然陷入停滯時，可能代表肌肉已經產生相當程度的適應，使其中某些訓練的刺激效果開始降低，這樣的瓶頸不會只出現在一兩次的訓練之中，通常會持續至少有兩週以上的高原期才是相對可靠的判斷依據。

2.對訓練感到疲乏

當你開始對某些肌群動作或整個訓練本身失去熱忱，可能就反映出你的訓練內容規劃過於單一，這也是改變訓練內容常見的起因。但要注意的是，必須先理解個案疲乏的程度與原因，這會影響到訓練規劃調整的範圍。下面我們會依照不同的疲乏狀態，從需要大幅調整訓練內容，到只需要修改其中幾個環節就能改善的作法來分類說明：

- **強烈的疲乏感或者對訓練完全失去動機。** 這種情況很有可能代表個案已經步入過度訓練的惡性循環，建議暫時休息或者減輕原本的訓練量，然後重新檢視並編排更適當的訓練內容。

- **對特定的某幾個訓練日感到疲乏。** 出現這個現象，必須先檢視會讓個案出現明顯疲乏感的訓練日所編排的內容，設法釐清問題的根源是來自當天訓練的肌群、特定的動作還是任何改變訓練強度的編排方式。同時也可以對比其他相對有熱忱與動機的訓練日與其中的課表內容，為何在這幾天會特別投入訓練？是否有什麼因素增加了參與訓練的動機？這些因素是否能夠用來改善其他訓練日的疲乏感？

- **對特定肌群的訓練感到疲乏。** 如果個案對某個過去願意主動投入練習的特定肌群開始失去訓練動機，就是一個應該改變訓練動作非常明顯的指標，在維持相同訓練量的前提下，其他部位的訓練內容不必更動，基本上只需要替換該部位肌群的訓練動作就有改善效果。

- **對某特定動作感到疲乏。** 如同之前的內容所述，當你對原本很有興趣且感受度良好的訓練動作開始失去熱忱與掌握度時，很多時候都是該動作反覆的訓練量過高，導致神經肌肉傳導迴路的疲乏，同時也會在心理層面失去原有的動機。這時候最好的方式就是在原本動作模式完全走樣以前，儘快更換不同的訓練動作，讓神經肌肉控制的迴路可以恢復重建。

結論

不會有任何教科書告訴你一定得在什麼時候調整訓練計畫內容。如果這個訓練方式可穩定增加肌力或者讓你完成更多下的反覆次數，又何必刻意多作改變？但在實務訓練上，因為人體會對外界負荷產生適應，到了一定的時間點終究必須調整訓練規劃的內

容。一般來說會發生在肌力表現進步幅度明顯趨緩的時候，差別只在於有經驗的運動員或教練可以比初學者更快察覺這些變化，因此對於獨自做阻力訓練的人來說，養成規律訓練記錄 (p.51) 的習慣，才能幫助自己盡快掌握這些變化並作出調整。

▎19. 如何加入週期化訓練的概念？

週期化訓練 (periodizing training) 的編排方式在競技運動領域早已行之有年，目的是為了讓運動員的身體準備狀態可以因應賽季而有最佳化的運動表現。

多數運動項目不會一年到頭都在比賽，運動員最佳的準備狀態最主要是為了因應其中幾個相對重要的賽季時間，其餘時間 (通稱非賽季期) 通常就會用來進行基礎訓練與恢復。運動員一般在非賽季期可以有三種策略選擇：

1 降低整體訓練量，讓身體從賽季的疲勞狀態恢復。

2 增加阻力訓練的比例來提升基礎體能素質，藉此提高進入備賽期後因應高強度訓練的身體準備程度。

3 不作任何週期調整，盡可能維持與賽季相同的訓練量來加速運動表現提升，從身體恢復適應的角度來說，這是風險最高的策略選擇。

在做這些策略決定前，你必須綜合評估自己的訓練目標、身體恢復的能力甚至於骨骼肌肉相關的傷害病史，將這些因素都納入考量來做出最好的訓練決策。

如果是以增加肌肉量為主要目的的訓練規劃，基本上可以有下面三種策略模式：

1.完全週期化訓練。這種方式會在固定的週期安排完全休息的時間，一年中休息的時段可能重複一到四次不等，例如在連續三個月的訓練結束後安排一週完全休息的時間來重新恢復。

優勢	肌肉與關節周邊的軟組織可以有相對充分的恢復，心理層面也可以得到放鬆重新恢復熱忱，在作息上也可以空出時間安排休假暫時不必煩惱訓練的進度。
缺點	但從休息回歸到訓練狀態需要的是自我要求，並非所有人都能在週期化的規範下按表操課，預定一週的休息可能一不小心就拖到了一個月甚至一年，休息的時間越久要再次回到訓練的門檻就越高，如果你一停下來就很難繼續規律訓練，那就不太適合週期性的休息編排。 此外在休息的那段時間為了避免體脂肪增加，飲食控制也會是另一個需要留意的問題。

2.重點式休息。在訓練上可以將人體分為六大肌群，與其讓這六個部位同時休息，不如先將重心專注在其中一到兩個主要肌群，並減輕其他部位的訓練量，接著再按時間輪替改變訓練的重點。

舉例來說，第一個月先強調腿部的肌力訓練，同時減輕其他部位的訓練量，讓上半身骨骼肌肉關節可以休息恢復。到下個月再將重心轉移到胸部肌群，並減輕下肢訓練量，讓腿部肌群休息。以這樣的方式輪流改變訓練的重點與休息恢復的部位。

優勢	相較於完全停止訓練可能會造成部分肌群的退步，重點式休息的編排就是一個很好的折衷策略，在兼顧關節組織恢復的同時也不會遇到重新啟動訓練的困難，持續穩定的訓練量也可以避免體脂突然增加，並能減少在訓練與休息調配上浪費的時間。
缺點	但長時間規律的訓練可能會使某些人的心理狀態相對緊繃無法完全放鬆，原本重點式的休息是用來針對受傷時期的訓練規劃，例如在膝蓋有傷的情況下繼續維持上肢與核心的訓練量，在關節恢復的同時兼顧其他部位的進度，但實際上，當然不必等到真的出現運動傷害才來做休息規劃，平常訓練時就可以預留時間讓各部位肌群輪流休息。

3.不作特定休息編排。這是最簡單也是最多人使用的訓練規劃，只要在不過度訓練的前提下讓各部位肌群都能平衡進展，就不用特別規劃長時間的休息。

優勢	如果你可以有效控制訓練的節奏，所有肌群都可以持續相對均衡的發展，也不需要煩惱休息太久會遇到的任何問題。
缺點	相對來說，關節韌帶或肌腱等軟組織在長期的訓練下可能會有慢性損傷的風險，很多時候都會等到病灶已經形成才發現為時已晚。

結論

基本上可以依照個人的作息與身體恢復能力來選擇適當的休息策略，困難之處在於決定休息時間的長短在某種程度上需要預判身體可能發生的反應，休息過短容易導致恢復不足，但如果休息太久又會增加回到訓練的難度，這些取捨都需要依照過往的經驗以及對自己或個案的了解來做判斷。

20. 可以給自己安排長假嗎？

在沒有任何不適應的前提下，當然可以一年到頭都進行規律訓練，但以長遠訓練來看這未必是件好事，除了原本預定的週期休息外，給自己安排額外的長假其實會更有幫助，讓自己可以有真正完全休息的時間。

對於肌腱、韌帶或關節等修復較慢的組織也會是很好的復原機會，幫助降低潛在慢性傷害風險。當然休息期間的肌力與肌耐力難免會有些許下滑，但只要在合理的時間內回歸訓練，很快就回復到原本的水平。從超補償與適應恢復的觀點來說，只要掌握良好的週期節奏，甚至有機會可以突破原本的瓶頸。

暫停訓練對肌肉的影響

中樞神經系統是第一個會產生訓練適應的環節，同時也是停止訓練時最早受到影響的地方。在訓練暫停的初期，力量的流失主要來自於中樞神經系統在肌肉徵召的變化。肌肉組織本身並不會那麼早產生反應，因此在兩三週內的力量下滑並不表示肌肉量也一同流失，只要在適當的時間內回歸訓練，神經系統會在數週內回復原本的活動狀態。

進步的速率

重訓後面對的第一件事：惱人的肌肉痠痛。

相信大家在訓練後的隔天應該都有過被肌肉痠痛叫醒的經驗，痠痛的程度會與訓練強度與總量有關，而要加速痠痛消退，可在接下來的幾天以較緩和的訓練強度進行動態恢復。

當身體從痠痛中恢復後，你會發現肌力與肌耐力有明顯改善，這就是訓練後適應與超補償的效果。在經過訓練的刺激，中樞神經系統會對新的強度產生適應，提高神經肌肉徵召的效率來改善肌間與肌內協調，因此在訓練初期，肌力與肌耐力的成長會比肌肉量增加更早發生。

上述的這些適應與進步只要在適當的規律訓練下就會持續發生，但困難之處在於這種長期變化的累積很難衡量出每天的進步程度，當下可能會懷疑自己是不是又遇到瓶頸，但時間拉長才發現衣服確實有因為肌肉量增加變得更緊。因此我們會建議讀者在訓練期間每個月至少拍照一次作為基本的體態記錄。

圖像的效果會比體重等其他數值更有說服力與成就感，因為體脂肪與肌肉量的對比，單從數字上對多數人來說可能不夠具體，尤其對以改善體態為目標的人來說，體脂的多寡在線條外型上的影響就非常顯著。至於在肌肉量的部分只要能維持規律的訓練就能預期會穩定提升，但肌肉量增長的幅度除了取決與訓練內容外，也會因為先天條件不同而有個體差異。

為什麼會肌肉痠痛？

1.乳酸堆積：這是一個常被許多人誤解的觀念。多數時候你所感受到的肌肉痠痛，其實與肌肉中的乳酸 (lactic acid) 濃度沒有關係，這個迷思雖然在運動科學領域上早已被釐清，但直到現在的體育圈還是時有耳聞。在高強度的訓練後，血液中的乳酸濃度確實會提高，但基本上都會在一個小時以內排除回到正常數值。

經由連續的血乳酸檢測實驗顯示肌肉中的乳酸通常都會在運動後的 20 分鐘回歸穩定，但肌肉痠痛通常會在運動後的 24 到 48 小時最為顯著，如果乳酸是痠痛的成因，又怎麼會等到訓練結束後超過一天甚至到兩天才會出現呢？除此之外，因為乳酸快速累積使肌肉產生短時間的燒灼感，其實和訓練後延遲性的肌肉痠痛感受並不相同。

2.肌纖維的微小損傷：目前經由實證認為肌肉痠痛最主要的成因，其實是肌纖維上的微小損傷 (microtraumas)，疼痛的感覺來自於肌肉上無數微小的撕裂與破損。但為何這些疼痛不是在訓練結束的當下馬上出現呢？

首先，肌肉因為訓練中強力反覆的牽張與收縮 (特別是離心收縮) 導致肌纖維中的肌原蛋白與周邊其他組織受損，其中負責釋放肌肉收縮所需鈣離子的肌漿網也連帶受到破壞，使鈣離子無法在肌肉收縮完後正常回到肌漿網，流失到細胞間的鈣離子影響原本酵素的恆定而誘發一連串的發炎反應，這些發炎反應的速度並不會像急性傷害般馬上出現，而是會隨著鈣離子從緩慢流失到停止累積到一定的程度才會感受到痠痛，這就是訓練後肌肉痠痛通常會延遲出現的原因。

飲食規劃扮演的角色

如果要提升運動表現或增加肌肉量，除了訓練之外，飲食規劃也是不可或缺的一環。

想增加肌肉量會連同脂肪一起提升是常見的錯誤迷思，只要有嚴謹的訓練搭配飲食規劃，增肌與減脂是可以同步並行的。

暖身技術的重要性

人體的運作就好比一台汽車，如果在引擎沒有充分預熱的情況下想開快車，不只汽車本身加速的效率不足，更有可能會縮短引擎的壽命，但如果有先發動一段時間讓引擎溫度提升，後面上路後的加速就會更加順暢。

人體運作的道理也是一樣，肌肉會在充分暖身達到一定核心溫度後發揮最佳的運動表現，這也是訓練前做好暖身活動的必要性，暖身活動的好處可以從下面三點說明：

1 降低運動傷害風險

將兩條橡皮筋分別放入冰水與溫水中靜置 15 分鐘，接著取出分別延展到極限，從冰水取出的橡皮筋很快就會緊繃甚至斷裂；但從溫水取出的橡皮筋則會表現出更好的延展性。

肌肉組織也是相同的道理，提高體溫可以改變組織應對外力的延展程度；而低溫則容易使組織相對僵硬，這也說明訓練的暖身對肌肉的重要性，同時也能解釋為何在統計上，冬天會有較高的運動傷害風險，所以在低溫環境下更需要確保充足的暖身活動。

> **重點提示**
>
> 關節囊在身體活動增加時會分泌關節滑液，目的是為了減少軟骨間的摩擦力讓動作更加流暢，同時軟骨細胞也會像海綿一般吸收水分膨脹，來增加吸收關節間碰撞的緩衝能力。但研究顯示關節軟骨膨脹達到最大厚度至少會需要約 10 分鐘的時間，因此暖身活動除了提高核心溫度，同時也是讓關節有充分時間進入最佳的運動狀態，一般來說在訓練結束停止活動後約一小時左右，關節軟骨就會回復到正常厚度。

> **！注意** 初學者經常為了要盡快開始訓練而省略暖身活動的流程，但不做暖身直接訓練絕對會提升潛在的運動傷害風險，不論是過程中的急性傷害或者長時間累積的慢性傷害，都會對未來的訓練造成影響。此外一個好的暖身活動不僅可以降低傷害風險，更能提高肌肉的準備狀態來提升接下來訓練的運動表現。

2 提高運動表現

核心溫度對於肌肉在訓練中的力量表現有非常關鍵的影響，研究顯示藉由充分暖身讓核心溫度提升攝氏 1 度，讓核心體溫從攝氏 37 度升到 38 度，就能有效提升約 7% 的最大肌力表現。而實際上，體內許多與運動表現相關的酵素，通常也都是在略高於正常體溫的狀態下會有最佳的活性表現。

當你開始流汗的時候，就表示身體已經提升到足夠的核心溫度。但就如同引擎過熱會影響汽車運作，在維持身體熱度的同時也要確實補水避免過熱，反而使運動表現下滑甚至產生熱疾病。

!注意 通常人體的最低溫度會出現在清晨左右，到了下午則有相對較高的體溫，這種生理現象某種程度上也解釋了為何多數人在下午有較好的肌力表現。但同時也代表如果你將訓練時間安排在早晨，就必須留意得花更多的時間做好充足的暖身活動。

3 提升訓練專注力

暖身活動除了提高生理上的準備程度，同時也可以讓心理層面從休息漸進轉換到專注訓練的狀態，藉由適當的暖身動作編排，讓生理心理都能預先適應接下來訓練需要的相關素質與技術，做好全方位的準備。

暖身活動常見的問題

進行暖身流程中最困難的一點是找到適當的漸進節奏，如果負重或強度增加過快，肌肉與中樞神經系統會來不及適應增加的強度，同時也會提高受傷的風險；但反之如果漸進的速度過於緩慢，則容易浪費過多的體力在暖身的組數，導致後面大重量的組數無法發揮最好的肌力狀態。

我們建議任何動作的第一個暖身組使用可以完成 20～25 下反覆次數的重量，並在第二個暖身組將重量提升到可以完成 12～15 下反覆次數的強度。當然如果你認為還需要更進一步的暖身確保肌肉充分準備，也可以再增加重量進行第三個暖身組。

暖身的重要性在於它是每次訓練開頭的第一個環節，甚至每個動作的開頭也都會需要編排強度較低的暖身組數，因此要提高整體訓練品質，做好完整暖身流程絕對是不可或缺的。

!注意 訓練前的暖身活動通常也會包含部分肌肉伸展的流程，但不同的伸展方式也會對訓練產生不同的效益與影響，詳細內容請參考 p.14 有關如何伸展的說明。

緩和運動 (收操)

屈膝單槓懸吊

直膝單槓懸吊

如同暖身之於訓練開頭的重要性，緩和運動則是結束訓練最關鍵的一環。

在阻力訓練結束後，最重要的是腰背肌群的伸展，因為多數的負重運動都會增加腰椎的壓力，因此建議在訓練後進行 30 秒靜態的單槓懸吊動作來減輕下背肌群與腰椎關節的壓力。

如果做完下背還是有些微的緊繃感，就表示該部位的肌群尚未完全放鬆，只要持續這些訓練，日後自然會增進肌群的控制與放鬆能力。

另外如果想要加強背部肌群放鬆的效果，建議可以多做一組腹部肌群的訓練後，再立刻接著進行單槓懸吊放鬆，藉由肌肉暫時的疲勞來增加腰椎周邊小肌群放鬆的效果。

腹捲

當然除了訓練以外的日子，在睡前也可以花個 30 秒做單槓懸吊的運動。因為整天或坐或站的活動同樣也會對脊椎產生壓迫，椎間盤中的水分會因為壓力被擠到組織外使厚度變少，這也是為何多數人的身高在傍晚會略矮於剛起床時候的原因，但這些水分對椎間盤吸收衝擊的能力非常關鍵，因為壓迫而流失過多水分同時也是下背痛的成因之一。藉由懸吊運動可以幫助減輕椎體間的壓力，讓睡覺時平躺使水分重新回填到椎間盤的效果更好，同時也能改善睡眠品質。

如果訓練後睡一覺起來下背仍有明顯壓迫感，可能表示下背肌群在睡眠期間並沒有完全放鬆，這些不正常的肌肉張力除了影響睡眠品質，長期下來更會造成下背痛等問題，所以即便是沒有訓練的時候，也可以在睡前多做一些下背放鬆伸展的運動，長期下來也能改善生活品質。

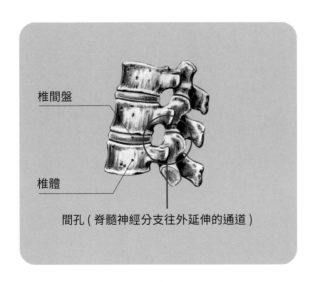

椎間盤

椎體

間孔 (脊髓神經分支往外延伸的通道)

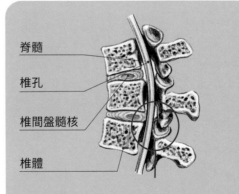

脊髓

椎孔

椎間盤髓核

椎體

當身體前彎時，上下兩個錐體前方 (腹側) 互相靠近，同時後方的間隙變大，椎間盤的髓核會被錐體擠向後方 (背側)，但如果壓迫的力量過大使椎間盤突出椎體後方，就容易壓迫到脊髓 (也就是所謂的椎間盤突出)。

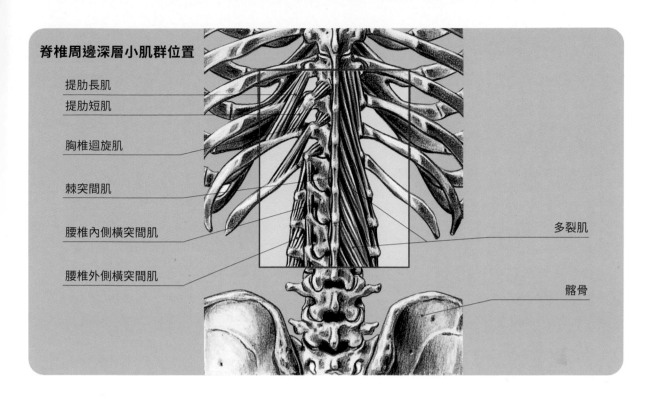

脊椎周邊深層小肌群位置

- 提肋長肌
- 提肋短肌
- 胸椎迴旋肌
- 棘突間肌
- 腰椎內側橫突間肌
- 腰椎外側橫突間肌
- 多裂肌
- 髂骨

做好訓練規劃記錄

做好實體的訓練規劃與記錄是非常重要的習慣，整理每日訓練的目標與內容可以更客觀地檢視訓練帶來的成效。

舉例來說，如果你的訓練頻率是一週三次，那你可以將每頁的記錄分成三等份，這樣就可以很清楚的比較上次相同肌群動作所使用的負荷與反覆次數及組數，來決定這次所需要調整的強度與訓練量。

記錄的內容也必須包含這次訓練開始的時間，並在結束時記下完成時間，這樣才可以清楚比較每次實際的訓練時數。因為如果你無意間增加了組間休息長度，雖然可能會提升力量表現，卻也延長了訓練的總時數，到了下次訓練如果又花了不同的完成時間，就很難客觀衡量兩次訓練肌力的變化幅度，所以記下每次完成的時數對於長期訓練來說非常重要。

好的訓練規劃與記錄必須盡可能準確明瞭卻又不至於過於繁瑣，以下面的內容為例：

肱二頭肌
彎舉
22 磅：15 下
26 磅：12 下
30 磅：8 下
35 磅：3 下
完成時間：8 分鐘

從上面的記錄可以知道訓練的肌群 (肱二頭肌) 與使用的動作 (彎舉)，並依序記下每組使用的負重與完成次數。一般來說，如果左右手使用的負重相同，就只需要記錄其中一邊的重量即可。當然也有人會習慣以雙手重量的總和來做記錄，這兩種方式都可以依照個人習慣去選擇，但要注意的是！在每次訓練確保用一致的方式做記錄以避免日後給自己造成判讀上的困難。

如果左右兩側用相同重量能做到的反覆次數不同，也一樣記錄下來：

22 磅
右手：15 下
左手：14 下

每項動作記錄的下方可以註記該訓練肌群動作 (二頭肌彎舉) 的完成時間，做為每週進度比對的參考依據。隨著動作使用的負重增加，組間休息通常也會跟著延長，因此藉由記錄個別動作的完成時間，可以避免自己在訓練過程中無意間休息太久而拖延訓練節奏。

記錄時儘量將不同肌群與動作分開依序條列，讓自己可以一打開記錄就清楚知道上次的訓練情況與下次訓練需要調整的目標。

做好訓練分析

訓練完成後，必須重新檢視這次練習的狀況並依照下列幾項問題一一釐清：

- 哪些動作狀態不錯？
- 哪些動作狀態不好？
- 不好的原因可能是什麼？
- 下次訓練有什麼做法可以改善？

以前一頁二頭肌彎舉的記錄為例，下面會針對該肌群動作合理分析，以及擬訂下次訓練調整的強度與訓練量：

- 可以增加第一組 (22 磅) 動作的負重，因為上次可以完成 15 下反覆代表該重量可能略微輕鬆。
- 比照相同的邏輯，提高第二組 (26 磅) 與第三組 (30 磅) 的重量。

- 上次訓練中到第三組由於重量提高，使完成次數減少的幅度從 3 下 (15 減 12) 增加到 4 下 (12 減 8)，代表肌肉可能開始出現疲勞，視情況可以增加部分組間休息來幫助恢復。
- 到了上次的最後一組動作 (35 磅) 雖然增加了 5 磅卻也使反覆次數減少了 5 下 (8 減 3)，代表肌肉尚未完全適應這個負重的強度。這裡會建議新課表最後一組暫時維持相同的重量並設法完成更多下反覆。

下面就會是調整後新的訓練內容：

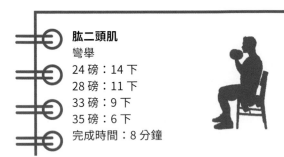

肱二頭肌
彎舉
24 磅：14 下
28 磅：11 下
33 磅：9 下
35 磅：6 下
完成時間：8 分鐘

到了下一次訓練，就是以最後一組增加 2 磅的重量並維持相同的反覆次數為目標。按照這樣的漸進邏輯，就可以很明確的衡量這三次訓練的進度。

建議：藉由咬合提升力量表現

某些人認為在進行阻力訓練時，應該盡量放鬆下顎不做咬合的動作，但這其實違背人在出力時的自然反應。如同前面提過在面對高強度負荷時，人體全身的肌群會更傾向相互合作而非個別作業，這也是多數人在做大重量訓練時，全身肌肉張力都會增加的原因。研究顯示在嘴巴緊緊咬合的情況下可以增加約 5% 左右的最大肌力，雙手拳頭緊握也有類似的效果。因此你需要留意的反而是避免不必要的肌肉過度出力影響到呼吸的節奏，以及咬合的過程中不要讓上下排牙齒有太多碾磨的動作。

！注意 雖然在阻力訓練中，為了舉起大重量可以在合理範圍內維持全身較高的肌肉張力，但這種方式不一定適用於其他運動項目。

肱二頭肌
彎舉
22 磅：15 下
26 磅：12 下
30 磅：8 下
35 磅：3 下
完成時間：8 分鐘

肱二頭肌
彎舉
22 磅：14 下
28 磅：11 下
33 磅：9 下
35 磅：6 下
完成時間：8 分鐘

肱二頭肌
彎舉
24 磅：15 下
28 磅：12 下
33 磅：10 下
37 磅：6 下
完成時間：8 分鐘

只要以上述的模式反覆執行一個月以上，就能慢慢建立出自己調整重量與次數的編排邏輯。如果肌力與耐力可以持續穩定提升，就表示訓練內容符合自己目前的狀態，但如果進步的幅度開始趨緩或遇到瓶頸，就必須立即照情況採取下面其中一種甚至兩種的應對方式：

- 改變訓練動作
- 增加兩次訓練間的恢復時間

但如果肌力不增反減，就必須立即降低訓練負荷，增加更多休息日讓身體充分恢復。

一份完整確實的訓練記錄可以幫助自己客觀地量化所有訓練內容，千萬不要過度依賴自己的記性，即便你可以記住前一兩次的訓練內容，但只要時間拉長到一個月以上就一定會出現遺漏。更何況隨著訓練的進程會不斷更換不同的訓練動作，當輪替到相同動作時很有可能時間又過了數週，詳細的重量與次數及組數很難完全記住，因此幫自己準備一本訓練日誌，不僅可以記下過去進步的歷程，同時也能作為未來訓練內容的編排依據。

善用影像記錄

運用手機或相機記錄訓練過程，可以更客觀地檢視自己動作的品質。

在環境與時間允許的情況下，儘量多從不同的角度進行拍攝，就會發現很多時候自己想像中的動作與實際執行的樣子不完全相同。藉由影像的回饋可以更及時準確地調整動作的細節，這也是許多高階競技運動員常用的輔助方式。

增加訓練強度的技巧

超負荷原則

阻力訓練進步的原理主要就是應用超負荷原則 (Overload principle)。簡單來說，你必須在合理的範圍內讓肌肉承受超出平常適應的負荷，藉此刺激肌肉並經由恢復後產生更強的適應與成長。以伏地挺身為例，如果 10 下的反覆次數對你來說相當容易，每天都編排 10 下的訓練，肌肉就無法產生新的適應，但如果接下來每天提高到 11 下或 12 下訓練量，肌肉就會被迫去適應新的訓練刺激使力量與耐力跟著提升。

當你可輕鬆完成新的訓練量後，就能夠以相同的邏輯繼續提高難度，增加負重與反覆次數是超負荷原則最簡單的作法之一，然而在實務上還是有其他做法，可以在不改變重量或次數及組數的前提下提高動作的刺激強度。

訓練量＆訓練強度？

訓練量與訓練強度的拿捏是許多人編排課表會遇到的難題，這兩個變項存在有部分相互矛盾的特質，如果在相同的目標次數下負荷的強度越高，完成的難度也會跟著提升，因此增加強度的做法應該以在最少的組數內，讓肌肉承受更高負重為主要目的。

但相反地，如果在強度較低的情況下，訓練反覆的次數及組數就可以大幅增加，所以在某些時候為了提高肌力，必須以增加強度為優先考量。而若是為了增加肌肥大或耐力表現，則需要以高反覆次數及組數的編排為主。要釐清每次訓練的主要目標，以免同時拉高兩個變項導致身體過度訓練。

> **！注意** 有許多方式可以增加阻力訓練對肌肉的刺激強度，但必須注意避免同時使用多種方式或者過於頻繁地使用在每次訓練中。這些方法本身都有各自適合的情況與潛在的缺點，讀者也必須理解當身體承受的強度越高，需要的恢復時間也越長，所以必須按照自己的目標與狀態選擇適合增加強度的輔助方式。最後還是要提醒讀者，即便有再好的訓練方式，操之過急同樣會有過度訓練的風險。

消耗成長理論 (Inroad Theory)

消耗成長理論的主要觀點是：肌力的成長是取決於你可以在訓練中消耗掉多少比例的最大肌力。

舉例來說，如果你在某項動作的最大肌力為 220 磅，如果你最終以 154 磅的重量力竭收場，代表總共消耗掉 66 磅的肌力 (220-154=66 磅暫時消耗掉的力量)，這是你此次收穫的進步幅度。但如果反過來，你持續操練到最後只能舉起 66 磅的負重，就表示你消耗掉了 154 磅的力量讓肌肉承受更多的訓練量，這就是消耗成長理論的基本概念。

因此在相同動作中的最後一組做到 110 磅力竭，跟在 154 磅力竭就停止，前者比後者又消耗掉了更多的肌力，讓肌肉得到更大的訓練刺激。

基本上許多以力竭來增加訓練強度的作法，都是為了能在該動作結束的時候達到更高的消耗成長效果 (當然這些消耗是暫時性的，會經由休息得到恢復)。

> **！注意** 對相同肌群來說，如果最後消耗掉的力量越多，就代表過程中承受的訓練量越高，到下次訓練前就需要更多的休息時間恢復肌力。相對地，如果肌力消耗的比例較低，所需的恢復時間也會縮短。
>
> 因此讀者需要注意避免每次訓練都想追求最大程度的力量消耗，這樣會對肌肉產生極高的負擔，同時也會增加過度訓練的風險。避免安排連續性的高強度訓練，並在中間穿插中低強度的課表，才能維持進步與恢復間的平衡。

絕對肌力理論

絕對肌力理論在某種程度上與前面的消耗成長理論相互對立，認為力量成長的關鍵並不在訓練中肌力消耗的程度，而是在訓練中使用的負荷是否能貼近個案的最大肌力。

如果訓練時像金字塔一般由輕到重逐漸增加負重，就可以比較出絕對肌力理論與消耗成長理論兩者的對立之處。如果你每一組負重以適量的反覆次數不做到力竭，肌肉可以保留體力一路往上做到接近最大肌力負重的組數。但如果為了追求力量消耗的效果，從第一組開始就做到力竭，基本上肌肉很快就會因為疲勞無法往上做到大重量的組數。或許某些人可能會認為刻意保留反覆次數是種偷懶的作法，但如果你的目標是放在後面的大重量組數，這就是合理的體能分配。

此外讀者也必須注意！採取接近最大肌力的負重會對關節肌腱等組織造成非常大的負擔，訓練後要預留更多的恢復時間並避免每次都採取相同的強度。相對地，如果是以消耗成長的訓練編排，通常就不會做到極高負重的強度，對關節的負擔也相對較低。

然而無論是絕對肌力或者消耗成長的做法，都是將肌肉推到極高強度或者是力竭的極限，所以中間一定要穿插較低負重強度搭配中高反覆次數及組數 (但不做到力竭) 的訓練來讓身體有喘息的空間，並維持一定基本的訓練量來促進動態恢復，請參考下面的編排範例循環：

第一次訓練：低反覆次數搭配接近最大肌力的負重訓練。

同肌群第二次訓練：採取低負荷強度配合中高反覆次數及組數的訓練，以動態恢復為主，同時避免做到力竭。

第三次訓練：以中等強度負荷配上接近力竭的高反覆次數，盡可能拉高總訓練量。

第四次訓練：與第二次訓練採取相同模式幫助恢復。

第五次訓練：回到第一次訓練的強度次數配置重新開啟循環。

以上述的方式輪流編排各部位肌群的課表，可以同時涵蓋到足夠的訓練量與訓練強度，對於肌肥大與肌力的成長刺激更加全面。

上述的循環主要有兩種應用方式：

1.同步循環：所有的主要肌群採取相同的強度與次數及組數配置 (同步進入高強度日與低強度日)。

2.分組循環：將全身主要肌群進行分組，並將每組各別的循環週期相互錯開，因此在相同訓練日中會同時有部分肌群使用大重量負荷；部分做高反覆接近力竭，而其他部位則採取低強度恢復，這種方式在執行上會相對容易。因為在同步循環的編排中，所有的肌群在高強度日會同時累積大量的疲勞，但到了低強度日又可能過於輕鬆。相對來說，分

組循環的做法可以避免掉這些極端情況,當有部分肌群承受高強度或高反覆到力竭時,同時也有部分肌群輪到低強度的恢復日,對多數人來說可以維持相對穩定的投入程度,也更容易繼續長期訓練。

下面是分組循環的編排範例:
第一次訓練:
1. 胸部:高負重
2. 肩部:高訓練量
3. 背部:低負荷
4. 肱二頭肌:高負重
5. 肱三頭肌:低負荷

第二次訓練,各肌群反向循環:
1. 背部:高負重
2. 肩部:低負荷
3. 胸部:低負荷
4. 肱三頭肌:高訓練量
5. 肱二頭肌:低負荷

訓練需要做到力竭嗎?

力竭的定義是在同一組內反覆執行某特定負荷的動作,直到無法舉起重量為止。

多數人在訓練時會習慣在力竭前一到兩下反覆就停止,這種方式雖然沒有完全耗盡肌肉當下的能量,卻可以讓個案繼續加重負荷進行後面的組數。如果是以更高強度的負重為主,確實需要前面預留部分的體力,這對許多專項運動員來說也是如此,避免因為在阻力訓練力竭而影響到競技運動需要的表現。

另一種方式是在每項動作的最後一組才反覆到力竭,可以同時兼顧訓練量與強度間的平衡。當然你也可以依照消耗成長理論盡可能將每組動作都做到力竭,因為反覆次數的增加使總訓練組數減少,肌肉會由於更密集的訓練量在更短時間內達到疲勞狀態,加快整體的訓練節奏。然而如同前面反覆提醒的重點,只要是有力竭或接近最大肌力的高強度訓練,都會需要延長更多的休息時間讓肌肉得到充分恢復。

超力竭技巧 (Beyond Failure)

在實務訓練上有四種技巧可以進一步增加力竭的訓練刺激:

1. 代償反覆技巧 (cheat repetitions)
2. 強迫反覆技巧 (forced repetitions)
3. 減量技巧 (tapering)
4. 間斷休息技巧 (rest break)

有關消耗成長效果

- 一組動作在力竭前停止反覆,只能得到有限的消耗成長效果。
- 一組動作做到力竭,可以得到該負荷下最佳的消耗成長效果。
- 一組動作搭配超力竭技巧,可以創造額外的消耗成長效果。

代償反覆技巧

當一組動作反覆到力竭不等於力量完全消耗殆盡,只是當下的肌力已經不足以舉起負重。

如果你用 20 磅的啞鈴做二頭肌彎舉,因為你的最大肌力是負重的數倍,所以頭幾下的反覆都可以輕易完成。隨著疲勞累積使得力量逐漸流失,雖然一樣可以繼續舉起啞鈴,但動作的協調與流暢度開始明顯降低。最後當二頭肌的力量消耗到低於負重時,就無法再繼續以原本的方式舉起啞鈴。這是一組動作從開始到進入力竭的基本進程。

然而運用負重本身的慣性搭配軀幹略微往後傾的姿勢,就有機會藉由在合理控制範圍內的代償動作超出力竭的反覆次數。

> **！注意** 代償反覆的技巧只能用在該組動作真正接近力竭的時候 (才能幫助個案突破力竭反覆次數來增加訓練效果),達到力竭以前的反覆次數都應該盡可能維持標準動作規範,避免在還有餘力的狀態下依賴代償使動作強度降低。
>
> 代償動作必須在可控制的範圍內執行,避免過度甩動或完全依靠軀幹慣性來舉起負重,這樣就偏離原本的訓練目的。此外代償動作本身也有相對較高的傷害風險,所以務必確保有適當的動作技術並避免過度使用。

強迫反覆技巧

強迫反覆技巧與代償技巧的目的相同,可以幫助個案在不改變負重的情況下,增加超過力竭的反覆次數。

以單邊的二頭肌彎舉動作為例,做到力竭時空出的另一隻手可以扶住啞鈴,協助主要訓練手完成更多下的反覆次數。但輔助的力量必須維持在最低限度以內,如果是 20 磅的啞鈴,當訓練手只剩 19 磅的肌力,輔助手就只額外提供 1 磅的助力。到下一次反覆時訓練手肌力下降到 15 磅,輔助手就提供 5 磅的助力,避免輔助手的力量取代主要訓練手。

強迫反覆技巧

請同伴扶住啞鈴協助彎舉動作 ▶

強迫反覆技巧可以讓主要肌群維持原本應有的肌肉收縮模式，在本書後面介紹的許多動作，如果有需要超出力竭反覆次數的需求都可以使用這項技巧。

強迫反覆技巧主要有下列兩個優點：

1 可以不用改變任何動作模式，主要的肌肉張力還是維持在原本的目標肌群。

2 潛在傷害風險較低

當然最理想的狀況是可以有輔助訓練的同伴，但如果是單邊訓練的動作則可自己獨立完成 (參考 p.66 內容)。

覆，在第二次力竭後再放掉最後一個啞鈴以徒手方式收尾。

一般來說，一組動作中減量的次數以兩次為限，因為這與每個人做到力竭的耐受度有關，有些人在第一次力竭就已經累積了相當可觀的訓練總量，必須要有非常大幅度的減量才能繼續反覆，對這些人來說減量技巧的效果就不會有太大差異。

然而，如果你在力竭後只需要些許減量就能繼續，代表前面累積的訓練量還有繼續提升的潛力，這是許多還不熟悉自己力竭狀態的初學者常會遇到的情況。這時候減量等其他超力竭技巧就能夠有效幫助個案提升整體訓練量，隨著訓練經驗累積也會提升個案對自我體能狀態的掌握程度。

減量技巧 (Tapering)

如果要避開代償動作或無法執行強迫反覆時，減量技巧就是另一個可行的超力竭方式，藉由減輕重量或動作強度，讓自己可以在力竭後完成更多下反覆。

同樣以二頭肌彎舉為例，當 20 磅的負重反覆做到力竭後，啞鈴減輕 5 磅後立刻接續反覆，到第二次力竭時再將負荷調降 5 磅繼續反覆，這就是減量技巧最基本的做法。

另一種減量技巧的做法是改變動作本身的難度，例如在伏地挺身力竭後以膝蓋著地為支點降低強度繼續增加反覆次數；在引體向上力竭後也可以將其中一隻腳 (甚至雙腳) 輕靠在地面或椅子上來減輕部分體重繼續訓練；在雙手抓住啞鈴負重的深蹲或硬舉訓練中，力竭後可以先放掉其中一個啞鈴繼續反

伏地挺身減量技巧

▲ 當伏地挺身做到力竭後，
彎曲膝蓋降低難度來增加反覆次數

深蹲減量技巧

▲ 剛開始雙手各持一個啞鈴

◀ 力竭後放掉其中一個啞鈴，負重減半繼續反覆

間斷休息範例

力竭後短暫休息 10 ～ 15 秒後立刻繼續反覆 ▶

重點提示

對相同個案來說，「完成正常的 20 下反覆」與「超力竭狀態中的 20 下反覆」(例如一組 10下到力竭後，減量再做 5 下力竭，再次減量做 5 下力竭，共計 20 下) 會有相當大的差異，雖然兩種方式有相同的反覆次數，但肌群承受的強度與訓練量完全不同。以超力竭組來說：

■ 第一次力竭前的起始負重強度更高

■ 經歷三次力竭才結束組數

整體來說，超力竭組能提供更高的訓練強度與更可觀訓練量，因此對於想要提升肌肉量與訓練耐受度的人來說，減量技巧是非常實用的利器。

間斷休息技巧 (Rest Break)

反覆達到力竭後給予肌肉 10～15 秒的短暫休息，再次繼續反覆。

間斷休息的技巧主要是應用在大重量負荷的訓練中，目的是為了在力竭後再設法多完成 1 到 2 下，在接近最大肌力的負重中單一下就能夠累積相當程度的訓練刺激，因此可以反覆使用間斷休息，直到無法再次舉起負重為止。

初學者在練習引體向上時也可以應用間斷休息技巧。剛開始你可能只能以標準動作完成 1 到 2 下就力竭，但只要短暫休息 10～30 秒就可以再做 1 到 2 下。對初學者可以加速訓練量的累積，等肌耐力提升後就能夠進一步縮短休息時間。

其實在做許多高反覆次數的動作也會不自覺使用到間斷休息技巧，例如連續 100 下的仰臥起坐，自然會在中間接近力竭時短暫停頓，稍微調整呼吸後立刻接續完成剩下的反覆次數。

間斷休息的技巧在執行上容易與轉換停留 (Stop and Go) 的技巧產生混淆 (p.63)，但兩者的目的截然不同。間斷休息是為了幫助超越力竭反覆次數；暫停後繼續的停頓點則是在動作從離心轉換到向心收縮之前，是為了避免依賴肌肉組織的彈性特質去完成動作。

離心階段

在放下體重或啞鈴等負荷回到起始位置的過程，就是肌肉的離心階段。相對地，向心階段指的就是撐起體重或舉起啞鈴的過程。

舉例來說，在爬上樓梯的過程中需要股四頭肌的向心收縮讓下肢做出推蹬動作；但在下樓梯的階段，股四頭肌的主要任務就是靠離心收縮完成，目的是為了控制身體減速安全地往下。更進一步來說，想像假設階梯的落差很大，往上爬的過程就會更明顯感受到股四頭肌需要費力向心收縮才能完成；但反之在下樓梯的時候，因為落差與重力加速度會使得身體往下的動量增加，股四頭肌會需要更強力的離心收縮才能減緩身體下墜的速度，這就是離心收縮最重要的功能之一。

然而同樣以上下樓梯為例，多數人可能會覺得下樓梯的動作看似相對輕鬆，但其實長時間下來，下樓梯動作所累積的傷害風險其實遠大於上樓梯的過程，因為肌肉在離心收縮的階段必須反覆承受外界的衝擊，同時又必須維持一定的肌肉張力才能達到減速控制

的效果，也就是在離心的過程中，肌纖維必須同時承受本身收縮的力量與緩衝時牽張的張力，在肌力不足的情況下，離心過程反而更容易累積許多慢性的損傷。

但從另一方面來說，代表離心收縮可以提供肌肉更強的訓練刺激，實際上相關研究也已經證實相較於典型的向心訓練動作，藉由離心收縮刺激可以更有效的提升肌肉量與肌力。如果同樣以下樓梯為例，只要有適當的訓練編排，下樓梯離心收縮產生的效果其實會比上樓梯更加顯著。

結論

透過上面的內容可以知道離心階段對肌力進步的重要性，在訓練規劃中也可以善加利用離心階段的優勢，下面會介紹五種運用離心收縮生理特性的訓練方法。

1 在每下反覆的離心階段減速

在多數的訓練動作中，當你舉起負荷到最高點準備轉向進入離心階段時會有兩種情況：

- 順著地心引力將負重自然放下
- 刻意維持肌肉張力，讓負重下降速度減緩

第一種情況最典型的例子就是舉重動作。舉重講求的是瞬間爆發性地舉起最大負重，完成後以安全的摔槓方式直接放下重量，除了接槓的動作之外幾乎沒有太多離心減速的過程，重點完全集中在向心階段的爆發性動作。

但多數的運動項目都會需要離心控制的能力，以滑雪為例，可能與多數人的認知相反，運動員在下坡的過程中並不只是維持固定的姿勢不動，實際上滑雪選手的下肢需要順應坡度的變化隨時微調關節角度，在這個

過程中就非常仰賴股四頭肌離心維持姿勢穩定的能力。

因此如果想要更全面地提升運動表現,體能教練必須分析個別專項中需要離心控制表現的部分,並設計適合的輔助訓練動作加入阻力訓練的規劃中,藉此改善選手在離心階段的控制與穩定能力。

2 離心階段在肌肥大訓練中的應用

對於以提升肌肉量為主要目的的個案,善用離心階段會比向心收縮更為有利,因此在放下負重的過程中,務必放慢原本的速度增加離心階段的刺激。然而這種做法必須以規律漸進的方式執行,以一組八下反覆的動作為例,在開頭的前三下反覆先稍微增加離心階段的時間,因為在肌肉還有餘力的情況下放下負重的過程相對輕鬆 (離心效益較低),但隨著反覆次數增加與疲勞的累積,離心階段的速度會自然遞減,到了最後幾下反覆再盡量以最慢的速度放下負重,來增加離心階段對肌肉的刺激與效益。

> **重點提示**
>
> 任何訓練動作都應該盡可能在完成離心階段後結束。以伏地挺身為例,很容易會習慣在最後一下反覆當雙手撐直時順勢起身,但正確的方式應該繼續往下讓身體回到地面才算是完整的動作。同時在往下的過程中應該盡可能降低速度,讓目標肌群確實得到離心階段的訓練刺激,並增加離心收縮穩定姿勢的控制能力。

> **！注意** 離心訓練常見的錯誤之一是在舉起負重後停留 5 到 10 秒不等的時間才放下重量。初學者常誤以為離心就是靜止不動地撐住重量,但速度很慢不等於完全停止,最理想的作法是隨著每一下反覆逐步放慢離心階段的速度,讓負重自然延展你的肌肉。

3 加強離心階段的負荷

過去研究指出相同肌群在離心階段所能承受的負荷會比向心階段更高。舉例來說,假設你能夠舉起 45 磅的重量,就代表在放下負重時肌肉有機會能夠承受 65 磅甚至更高的重量,所以站在提升肌力的角度來說,設法在離心階段增加比向心時更高的重量就會是很重要的關鍵。

下面介紹三種常用來獨立提高離心負荷的輔助技巧,建議可以在充分熟悉動作後,用來加強離心階段的訓練刺激:

1.同伴輔助:最簡單的做法就是請同伴在自己放下負重或者身體往下的過程中提供額外的阻力,來增加離心階段的肌肉負荷。但如果你平常習慣獨自訓練,那就可以參考接下來的兩種輔助方式。

2.自由手輔助： 在單側訓練的動作中，可以運用空出的自由手來提供主要訓練肌群在離心階段的額外阻力。以單邊的二頭肌彎舉為例，先以正常的方式向心收縮舉起啞鈴，接著在放下負重的過程中，另一手抵住啞鈴來增加約 10 到 20 磅的離心阻力。

3.彈力帶輔助： 彈力帶是阻力訓練中非常獨特的輔具，當受到延展時會因為不同的彈性係數與延展長度，產生不一樣的回縮力量 (也就是彈性阻力)，鬆開後也會自動回到原本的長度，只要搭配適當的固定方式就能夠提供離心階段額外的力量。

主要的應用原理如下：彈力帶在向心階段舉起負重的過程中也會跟著延長，隨著長度的增加，彈性位能也會不斷提高。在向心階段結束後，彈力帶的回縮阻力達到最高點，因此在放下負重的過程，肌肉必須同時抵抗原本的重量加上彈力帶回縮的力量，才能減緩離心階段的速度。相較於傳統的訓練方式，在提升肌力、爆發力與增加肌肉量會有更好的效果。

這也是為何近二十年來在美國許多運動代表隊中 (尤其是橄欖球項目)習慣將各種負重方式與彈力帶做結合，這種混合式阻力的作法在歐洲等其他地區的訓練系統較為少見。編註：有興趣者可參考《彈性阻力帶肌力訓練大全 162 式最新版：健身與功能性訓練、復健與預防肌少症全適用》(旗標科技出版)。

重點提示

肌肉與肌間本身也具備彈性組織的特性 (就如同你使用的彈力帶)，當肌肉在離心階段被彈力帶往下拉長的同時，也會累積部分的彈性位能，這些位能會在下一次舉起負重的向心過程中一併釋放。換句話說，彈力帶不只可以在離心階段提供更多刺激，更能幫助肌肉在下一次反覆中產生更大的力量舉起負重，對向心階段的力量表現也有正面的影響。正負兩端雙重的效益也說明了為何彈性阻力能在美國運動訓練上蔚為風潮。

4 獨立離心訓練

為了最大化離心階段帶來的效益，我們可以省略動作中向心收縮的過程，直接獨立出離心階段的部分，讓肌肉專注在抵抗地心引力慢慢放下重量。如同前面所述，一般人在離心階段能承受的力量會大於向心階段，所以這種訓練方式的優點在於即便個案目前尚未有足夠的向心肌力完成某些動作，卻可以先從離心階段的部分開始執行。

以引體向上為例，初學者剛開始可能還無法克服體重將軀幹往上拉起，卻可以直接從頂點緩慢的放下身體重量，初學者同樣可以獲得離心訓練所帶來的效益，這就是獨立離心訓練常見的應用方式。一般來說，如果藉由獨立離心的方式來執行引體向上，通常初學者在經過兩週的時間，肌力就有機會提升到能夠獨自完成一到兩下標準動作的程度。

另一種做法是在向心階段以雙手撐起負重；接著在離心階段換成單手慢慢地放下負荷。以伏地挺身為例，先以基本的方式雙手撐起身體，到最高點後將重心轉換到單手上，再盡可能緩慢地將身體放下，加強離心階段的負荷。提醒讀者！這種伏地挺身的變化動作必須先累積一定程度的肌力水準，剛開始嘗試單手下放時先採取較小的動作範圍，到了極限再換回原本雙手下放的方式。基本上只要善用獨立離心的輔助技巧，就能夠加速力量進步的腳步。

多數的動作都能變化出獨立離心的訓練方式(但有部分動作難度相對較高)，建議平常訓練時，至少一個月使用一次獨立離心訓練的技巧來增加訓練強度。

5 力竭後離心技巧

最後介紹的離心訓練技巧會配合力竭的方式，來增加離心階段的強度刺激。以伏地挺身為例，先以標準動作持續反覆到雙手無法再次撐起身體，接著藉由雙腳輔助讓身體回到高點略過向心階段的動作，從雙手伸直的狀態下慢慢將身體離心放回地面，之後以相同的方式回到上一動，持續讓肌肉進行離心收縮。同樣的方式也可以應用在引體向上的訓練中，以正常做法反覆到力竭後，接著便藉由椅子或地面等支撐物讓身體回到高點，同樣略過向心階段，讓肌肉直接在預先疲勞後的狀態進行離心訓練。

轉換停留 (Stop-and-Go)

轉換停留這項技巧主要是在動作離心階段結束，準備再次轉換到向心收縮前停留 1 秒左右的時間。

以伏地挺身為例，雙手彎曲讓身體貼近地面並讓肌肉短暫放鬆 1 秒後，再接著進行下一次的反覆撐起身體。短暫停留的目的是為了消除離心階段儲存在肌肉肌腱組織內的彈性位能，讓接下來的動作可以完全藉由向心收縮的肌力來完成，增加對肌肉的訓練刺激。

轉換停留的技巧主要有三個應用層面：

1 藉由消除原本離心轉換到向心會有的伸展收縮效益，會讓肌肉從靜止到啟動向心收縮的過程需要更多的力量與專注力。剛開始練習轉換停留技巧時，因為少了原本連貫動作中離心階段會產生的預伸展效果，難以在第一時間就產生足夠的力量與速度，但長期下來可以更有效的提升肌肉瞬間啟動的肌力與爆發力。

2 轉換停留技巧的另一個好處是可以讓自己重新認知肌肉應有的收縮感受。同樣以伏地挺身為例，如果在原本連貫反覆的做法中，胸肌的感受度明顯大於肱三頭肌，但如果藉由在地面短暫停留 1 秒的時間，重新啟動向心階段時，肱三頭肌的感受度就有機會明顯增加。因此當你在某些動作中可能過度依賴連貫動作產生的慣性，而使部分肌肉的感受度降低，便可以藉由轉換停留的方式，幫自己重新找回應有的收縮感受以及肌肉正確的啟動時序。

3 對於結構較脆弱的小關節或者某些曾經受過傷的部位來說，連貫動作快速從離心轉換到向心的過程可能會對肌腱韌帶造成過多的壓力，這時候就可以使用轉換停留的技巧來減輕周邊軟組織的負擔，同時讓肌肉維持應有的訓練刺激。

一般來說，幾乎所有的阻力訓練動作都可以應用轉換停留的技巧，但並非所有的動作都能夠從中獲得更好的效果，在動作的選擇與任何輔助技巧的搭配，還是得經過謹慎的評估以及測試，才能找出有利於自己專項或動作表現的選項組合。

肌肉的燒灼感

肌肉的燒灼感通常是因為短時間大量的反覆動作，導致乳酸快速累積所造成。

這種燒灼感是肌肉為了避免過度負荷所出現的保護機制，當燒灼感出現時，肌肉會變得難以維持相同的強度繼續反覆動作。

這些燒灼感某種程度上與疼痛類似，都會影響身體繼續發揮原本的運動表現，但從肌肥大的角度來說，燒灼感可以視為肌肉被充分刺激的訊號，所以對於想提升肌肉量的個案來說，學習如何在安全範圍內適應燒灼感就非常關鍵，盡可能延長從燒灼感出現到真正力竭的時間來完成更多下反覆次數。

一般來說燒灼感會出現在反覆次數超過 12 下以上的動作強度，代表訓練時必須以中低負重搭配高反覆次數的規劃來產生目標肌群的燒灼感。下面介紹的持續張力技巧、超級組 (supersets) 編排 (p.68) 與前面提過的減量技巧 (tapering) 都是讓個案學習如何面對與適應燒灼感常見的訓練方式。

持續張力技巧

這項技巧可以在不增加額外負重的情況下提高動作強度，目的是為了在整組動作的過程中都維持一定程度以上的肌肉張力，在完成目標次數前不會有放鬆喘息的時刻。

以原本伏地挺身的作法為例，當雙手往上撐直挺起軀幹時，身體在最高點會有短暫時間是由骨骼結構支撐住身體重量，而肌肉則可以在這個轉換的空檔稍作放鬆，再重新產生張力往下進入離心階段。

而持續張力技巧的目的就在於略過中間只有骨骼結構支撐的階段，刻意避免肘關節或膝關節完全伸直。例如在伏地挺身的過程中，往上撐起身體後刻意停留在手肘微彎的角度，便直接往下進入離心階段，讓肌肉在整組動作中都持續維持張力，很快地就會出現上面提過的肌肉燒灼感，因為持續的肌肉張力會限制肌肉部分的血液循環，當血中氧氣供應不足，同時肌肉收縮產生的代謝物又無法順利排除時，就會加速乳酸的堆積導致燒灼感的產生。

持續張力的技巧也可以應用在肩部、背部、肱二頭肌或肱三頭肌等其他肌群的訓練動作上，只要記得避免上肢有任何關節完全打直鎖死的情況，就能維持肌肉持續的張力。同樣地在股四頭肌、腿後或臀部等下肢肌群的訓練中，一樣也是在膝蓋關節與髖關節伸展時保留些許微曲的角度，讓目標肌群可以更快速地產生肌肉燒灼感。

此外我們也推薦進階的訓練方式，可以同時結合持續張力與間斷休息這兩項技巧：在同一組動作中先採取持續張力的方式反覆到肌肉燒灼感難以忍受時，再伸直手臂或腿部讓肌肉可以暫時放鬆，在數秒內排除掉部分的乳酸與燒灼感後，立即接著再做一到兩下額外的反覆。藉由兩種技巧的搭配，讓肌肉獲得更高程度的訓練刺激。

▲ 開始時的每組都屈臂

▲ 最後一組可讓手臂稍微休息，
以便多做幾下

單側訓練

多數人認知的阻力訓練動作通常以雙側訓練模式居多，也就是左右側對稱同步執行的方式。然而在日常生活中的任務裡，雙側動作其實屬於相對少數，最基本的行走與奔跑都是單邊輪替的動作模式，會由左右側對應的肌群輪流收縮來完成動作。

以前進的方式為例，不像兔子等某些動物是以雙腳同步發力的方式推進，人類在力學模式上更適合執行單邊動作，不論在力量表現與協調上都有明顯差異。

這也說明了過去研究中發現人類在未經過特殊訓練的情況下，單邊肌力的總和會高出雙邊肌力約 10% 左右不等的範圍。如果以二頭肌彎舉為例，如果你雙手同時彎舉的最大肌力為 110 磅，單邊最大肌力總和 (也就是左右手分別單手彎舉的力量總和) 通常會超過雙手同時收縮的 110 磅，甚至有機會來到

121 磅左右。譯註：單雙側肌力表現的差異一般稱作雙側缺損 (Bilateral Deficit)。

雙側缺損的現象在研究中普遍接受的原因，主要是來自單雙側動作在神經肌肉徵召強度的差異。同樣以二頭肌彎舉為例，當採取雙手同時彎舉的方式持續反覆到力竭後，立即轉換成單手彎舉的方式，通常左右手可以再分別多做一到兩下的反覆次數，這些額外增加的力量來源，就是由於中樞神經系統在執行單邊收縮動作時能有更高的肌肉徵召效率，讓相同肌群能在單邊動作下有更好的力量表現。

然而在實務訓練上未必所有的動作都可以輕易轉換成單側訓練的作法，例如伏地挺身或引體向上要以單手方式執行的門檻相較於雙手就高出很多，但針對全身所有主要肌群絕對都可以找到適合的單側訓練動作，這些動作的變化方式會在本書第 2 篇的內容詳細說明。

◀ 雙側訓練動作 ▲　　▲

▲ 單邊左右 ▲
交替訓練動作

單側訓練在實務上主要有兩種執行方式：

1 左右交替訓練

以二頭肌彎舉為例，同一組動作中左右手輪流執行每一下反覆，右手完成彎舉動作回到起始位置再換左手啟動，並維持穩定的節奏相互交替到完成目標反覆次數。

左右交替的優點在於當某一側執行動作時，對側手可以有短暫的休息恢復。但反過來說，左右側輪流切換的動作模式對於神經肌肉控制的協調性會有更高的需求，同時也需要更集中的專注力，然而對於需要大量左右交替反覆動作的運動項目來說 (例如跑步、自由式游泳等)，將左右交替的單邊動作加入訓練規劃中，便有助於提升相關專項的運動表現，讓中樞神經系統有更多的機會去適應左右交替的動作模式。

2 左右獨立訓練

另一種做法是將左右兩側的單邊動作分開執行，在同一組動作中先以其中一側連續反覆到目標次數後，再換到另一側去執行訓練。

左右兩側動作的轉換間可以稍做短暫的休息後再交換。比起左右輪流交替的方式，先完成其中一側的作法，可以讓中樞神經更專注於單邊收縮的感受度，可以有更高的收縮強度與更集中的專注力，對於有明確慣用側發力的運動項目 (例如鉛球) 而言就非常適合採取左右側分開獨立執行的阻力訓練模式，同時也能讓肌肉更專注於單邊發力與離心減速的過程，並學習如何善用空出的對側手進行輔助。

從訓練規劃的角度來看，單側訓練最容易出現的問題是整體訓練時間的延長。左右側分開執行的作法會加倍所有動作的反覆總數，因此在實際執行上就必須設法維持更有效率的訓練節奏，避免多餘時間的浪費。

單邊獨立訓練動作 ▶

下方支撐手靠在胸前 ▲

超級組訓練

超級組 (supersets) 主要是由兩種不同動作組成，動作轉換之間不做間隔休息。

**肱二頭肌與肱三頭肌的
超級組訓練組合**

肱三頭肌 ▶

◀ 肱二頭肌

下面是超級組兩種主要的編排方式：

1 拮抗肌超級組訓練

這種超級組的編排是在完成主動肌群的動作後，緊接著立刻執行對側拮抗肌群的訓練動作，其中最典型的組合之一就是肱二頭肌配上肱三頭肌的超級組訓練。下面還有其他超級組常見的主動肌與拮抗肌群的配對組合：

- 胸部肌群與背部肌群
- 肩部前側肌群與後側肌群
- 腹部肌群與下背肌群
- 股四頭肌與腿後肌群

超級組的編排優勢在於可以節省訓練時間，藉由訓練動作的轉換，省略掉原本需要的組間休息時間。同樣以上面肱二頭肌與三頭肌搭配的超級組為例，肱二頭肌可以在執行三頭肌訓練時休息恢復；反過來輪到二頭肌彎舉時，三頭肌也能夠稍作休息。因此超級組的編排除了能夠強化肌力之外，更能有效加快訓練節奏來提升肌耐力表現。

2 同肌群超級組訓練

另一種超級組的做法是針對同一目標肌群，編排連續兩種不同訓練動作，目的是為了增加對該肌群的刺激強度，通常到第二種動作時，可以降低負重來讓肌肉完成更多下的反覆達到超力竭的效果。這種作法與前面提過的減量技巧類似，但差別在於前後兩組使用的是不同的訓練動作。

同肌群的超級組訓練又可以再細分成三種不同的組合方式：

1.基本超級組 (Classic superset)：最基本的超級組組合，可以針對相同目標肌群選擇連續兩種多關節或單關節訓練動作，藉由兩組連續的動作讓目標肌群達到超越力竭反覆的訓練刺激。

但對於多數阻力訓練愛好者來說，在使用超級組訓練時會更傾向採取接下來的兩種編排方式，可以更有效率地針對個案的需求來選擇動作。

基本超級組：啞鈴胸推
＋
伏地挺身

預先疲勞超級組： 腿部伸展
＋
深蹲

2.預先疲勞超級組 (Preexhaustion superset)：
這是屬於超級組訓練中進階的獨特編排方式。基本的組成為一個單關節動作搭配一個多關節動作，目的是為了藉由單關節動作讓目標肌群達到預先疲勞的效果，接著到了多關節動作時，目標肌群在有部分疲勞程度的狀態下繼續與其他協同肌群完成預定的反覆次數。

　一般而言，在多關節訓練動作中常遇到的問題，是在相同的反覆次數下每個肌群的疲勞程度並不相同，很多時候反而是周邊的協同肌群會比主要目標肌群更快達到力竭，以至於主要肌群反而沒有受到足夠的訓練刺激。以伏地挺身為例，一般人的肱三頭肌會比胸部肌群更快疲勞達到力竭，因此最終反

覆次數反而會受限於手臂肌群的疲勞而非主要目標肌群，這也是採用預先疲勞超級組背後最主要的原因，先藉由單關節動作針對目標肌群達到預先疲勞效果後，再接著進入主要的多關節動作讓目標肌群可以獲得更完整的訓練刺激。

　當然不只胸部肌群，全身各部位的主要大肌群都能適用超級組訓練的編排方式。以肩部肌群來說，側舉 (lateral raise) 搭配肩推 (shoulder press) 就是很典型的預先疲勞超級組，先藉由側舉動作讓三角肌群累積部分的疲勞程度，再接著進入多關節動作的環節。三角肌群會在胸肌與肱三頭肌的協同下完成肩推動作，同時因為預先疲勞的效果，三角肌群可以得到更完整的訓練刺激。

預先疲勞超級組：
胸部飛鳥
＋
伏地挺身

預先疲勞超級組也可以幫助提高對目標肌群收縮的感受度，例如在伏地挺身動作中，個案如果有胸大肌感受度較低的問題時，就可以先執行以胸部肌群為主的單關節動作來達到預先疲勞的效果，接著再進行伏地挺身時，胸肌的感受度就會明顯增加。

> **！注意** 雖然從上述的內容來看，預先疲勞超級組在訓練上有非常多優勢，然而在實務上必須特別留意兩種動作訓練量比例的分配。以前頁提過的側舉搭配肩推超級組為例，初學者常見的問題就是在側舉動作中過度消耗三角肌群的力量，以至於到了肩推動作時，肱三頭肌取代三角肌群成了發力占比最大的部位，降低了原本三角肌群應有的訓練刺激，這也說明為何某些人在側舉搭配肩推的超級組完成時，反而在肱三頭肌有更明顯的疲勞感受。

下面是預先疲勞超級組常見的動作組合：

背部肌群（包含肩胛骨內側肌群）：

前傾側舉 ＋ 划船

p.122　　　　　　　　　　　　p.152

背部肌群（外側背闊肌群為主）：

仰臥拉舉 ＋ 引體向上

p.154　　　　　　　　　　　　p.149

胸部肌群：

胸部飛鳥 ＋ 伏地挺身

p.136　　　　　　　　　　　　p.131

肩部肌群：

側平舉 ＋ 肩推

p.118　　　　　　　　　　　　p.111

肱二頭肌：

二頭肌彎舉 ＋ 窄握引體向上

p.82　　　　　　　　　　　　p.90

肱三頭肌：

肱三頭伸臂動作 ＋ 窄距伏地挺身

p.100　　　　　　　　　　　　p.94

股四頭肌：

腿部伸展動作 ＋ 深蹲

p.184　　　　　　　　　　　　p.167

腿後肌群：

腿部屈曲動作 ＋ 直腿硬舉

p.192　　　　　　　　　　　　p.189

3.後力竭超級組 (Postexhaustion superset)：

基本上與預先疲勞超級組採取完全相反的編排邏輯。先執行主要多關節動作達到力竭反覆後，再藉由強度較低的單關節動作進一步消耗目標肌群的力量來達到更完整的訓練刺激。以肩部肌群為例，在後力竭超級組中先以肩推動作反覆到力竭後，再接著執行低負重的側舉動作給予三角肌群更完整的刺激，這樣一來即使第一輪動作中因為肱三頭肌的疲勞限制了肩推反覆的次數，也能在下一個側舉動作中補強三角肌群的訓練量。

後力竭超級組可以讓個案先專注在多關節動作的品質並盡可能完成更多下反覆，再運用單關節動作來加強目標肌群的訓練刺激。動作的組合搭配基本上與預先疲勞超級組採取相反的執行順序。

後力竭超級組：
肩推
＋
側舉

背部肌群（包含肩胛骨內側肌群）：
划船 ＋ 前傾側舉
p.152　　p.122

背部肌群（外側背闊肌群為主）：
引體向上 ＋ 仰臥拉舉
p.149　　p.154

胸部肌群：
伏地挺身 ＋ 胸部飛鳥
p.131　　p.136

肩部肌群：
肩推 ＋ 側平舉
p.111　　p.118

肱二頭肌：
窄握引體向上 ＋ 二頭肌彎舉
p.90　　p.82

肱三頭肌：
窄距伏地挺身 ＋ 肱三頭伸臂動作
p.94　　p.100

股四頭肌：
深蹲 ＋ 腿部伸展動作
p.167　　p.184

腿後肌群
直腿硬舉 ＋ 腿部屈曲動作
p.189　　p.192

1 啞鈴挺舉　　2 收腹舉腿　　3 深蹲

5 蹲姿舉踵　　4 側腹捲

循環訓練

對於需要因應專項需求加入功能性阻力訓練的運動員，或者希望能夠兼顧肌力與心肺適能的個案來說，循環訓練 (circuits) 就是最好的選擇之一。此外透過循環編排的方式，更能同時提高效率來節省訓練時間。

在一般典型的阻力訓練編排中，各部位肌群的訓練動作通常會完全拆開執行，在完成同一動作預定的反覆次數及組數後 (例如胸推 5 組 5 下)，才會依序進行下一項訓練動作 (例如划船 3 組 10 下)。但在日常生活中的許多任務或者多數的運動項目中，不同部位的肌群間其實更傾向互相協調合作的動作模式。

某些運動項目是以大量相同的反覆動作組成 (例如跑步與游泳)，但也有許多項目需要更複雜多樣的動作模式才能完成。以橄欖球為例，在奔跑的過程中除了維持速度還需要具備改變方向的能力，同時雙手也必須適時作出推擠擒抱等動作。

因此相較於傳統阻力訓練的編排順序，循環訓練的方式更適合應用在需要隨時變換動作模式的運動項目。連續數種阻力訓練動作的循環切換，會比一般分開執行的訓練方法更貼近運動員平時練習與賽場上的需求。

此外循環訓練在提升力量的同時也能夠改善耐力表現，對於心肺系統也能夠提供更高強度的訓練刺激，對於需要兼具爆發力與耐力的運動項目絕對是必備的訓練利器，不間斷的循環編排也有助於提高訓練效率來節省更多時間。然而對於以增加肌肉量為首要目標的個案而言，採取循環訓練的效果並不顯著，詳細的循環訓練範例會在本書的第 3 篇做討論。

訓練過程該如何控制呼吸？

呼吸節奏的控制會影響運動表現：
- 暫時的憋氣有助於最大肌力的表現。
- 相較於憋氣，在呼氣的過程力量會稍微減弱。
- 吸氣過程中的力量表現通常最不理想。

上面對於呼吸影響力量表現的描述，可以拿職業腕力競賽的策略做類比。在勢均力敵的情況下得勝的關鍵，往往會在其中一方抓準對手換氣呼吸的同時憋氣猛攻出力來贏得比賽，換句話說就是當對手吸氣時的力量輸出

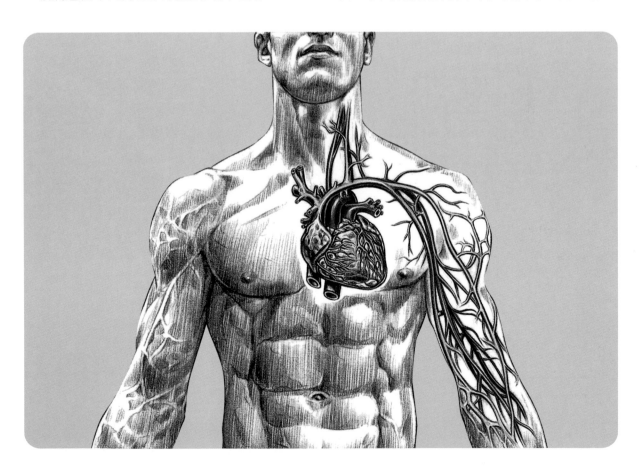

會暫時降低，這時只要藉由暫時的憋氣來增加肌力就能大幅增加獲勝的機會。因此在訓練中學會如何調整呼吸，對於運動表現絕對有正面的幫助。

坊間有部分訓練相關的書籍可能會建議避免在訓練中憋住呼吸，某種程度是因為這些書籍的作者或教練並沒有從事過真正強度夠高的訓練內容，因為憋氣是人體在增加力量輸出時自然的反射動作，肌力、反應速度、專注力乃至於某些特定動作的精準度都會因為暫時的憋氣而有所提升。此外憋住呼吸的同時也能提升腹腔內部的壓力，而腹內腔壓力的增加有助於增加脊柱的穩定性，這對於完成大重量訓練是非常關鍵的技巧。

另外一個針對菁英短跑選手的研究，也指出所有的頂尖跑者在鳴槍起跑前的數秒鐘都會暫時憋住呼吸，其中有 91% 的選手是刻意藉由憋氣來提高起跑前精神的專注度，而另外 9% 則是在沒有特別意識的情況下反射性的憋住呼吸，這也再次證明憋氣對於特定表現提升的關聯性。

▍憋氣相關的疑慮

雖然暫時的憋氣對於力量表現有正面的幫助，但從生理健康的角度來說還是有兩個潛在的可能風險。

1.心血管風險：短時間的憋氣會使胸腔與腹腔內部的壓力增加，造成靜脈血液回流的阻力上升而使血壓暫時提高，這一連串的反應在生理學上稱為「努責現象」(Valsalva maneuver)，雖然對於身體健康者來說並不會有任何影響，但如果有心血管疾病史或高血壓者在從事阻力訓練之前，務必諮詢醫生並做好相關的檢查與評估。

橫隔膜訓練的重要性

藉由訓練來增加橫隔膜的肌肉控制有助於：

- 增加訓練時的腹內壓 (intra-abdominal pressure)。
- 避免腹內壓往上影響到胸腔內部壓力，胸內壓力的改變與前面提過的憋氣和努責效應有很高的關聯性。

橫隔膜肌肉相關的訓練動作可以參考 p.237 的內容。

2.加速疲勞累積：在憋氣的過程中加上大重量反覆的力量輸出，會加速身體缺氧的進程，每下反覆憋氣的時間越長，身體疲勞累積的程度就越快。

▍大重量負荷時的呼吸控制

當你使用的負重越接近最大肌力的強度時，就越需要善用憋氣來增加力量輸出的穩定性。但為了避免前面提過憋氣可能造成的潛在風險，必須盡可能縮短憋氣的時間，並且只在最必要的時間點短暫停止呼吸。

以二頭肌彎舉為例，大重量負荷最費力的階段通常是從啟動到前臂平行地面的這個範圍，當肘關節屈曲超過 90 度以後因為力矩減少，費力的感受度也會相對變輕，因此如果整個向心階段的過程都持續憋氣，反而容易因為時間太久而增加心肺負擔。最理想的做法是將憋氣的時間限縮在舉起負重到前臂平行地面的過程，藉由短暫的憋氣幫你度過最關鍵的角度範圍，這樣就能將潛在的風險降到最低，此外如果你無論如何都不想憋氣，也盡量以吐氣的方式完成向心階段的收縮過程，避免在舉起重量的時候吸氣。

你可以在兩下反覆間或者放下負重的過程 (相對較不費力的離心階段) 盡量調整呼吸。一般通常需要下意識控制你的呼吸肌群才能有較深的吸氣動作，但呼氣的過程通常可以肌肉放鬆自然反射性地完成，在高負荷強度的訓練中要吸到足夠空氣的難度相對較高，這也可以說明為何通常在這種訓練中呼吸的節奏都較為短促。

呼吸節奏的控制是阻力訓練必學的課題，即使乍看之下並不困難，但只要規律長時間的訓練養成好的呼吸控制習慣，絕對能更有效率地提升運動表現。

低強度耐力訓練的呼吸控制

如果訓練的強度較低、反覆次數較高，完成動作的時間也會較長，這時候你應該盡可能維持平穩規律的呼吸節奏，來持續提供肌肉足夠的氧氣，並避免刻意的憋氣動作。建議在較為費力的向心過程穩定吐氣 (舉起負重或撐起身體)，並在相對省力的離心階段重新吸氣 (放下負重的過程)。

增強式訓練的呼吸控制

由於增強式訓練的動作節奏與速度較快，建議盡可能在雙腳觸地的同時短暫憋氣，來增加肌肉勁度以提升伸展收縮反射的效果。在習慣之後，身體會自然在連續動作裡找到適合的呼吸節奏。基本上訓練過程中，這些極短暫的憋氣並不會影響肌肉的氧氣供給，同時藉由短暫憋氣也能夠提升爆發力輸出的同步與穩定性。

伸展運動的呼吸控制

在伸展活動中的呼吸原則與訓練恰好相反，由於憋氣會造成肌肉張力的提升，為了有更好的放鬆延展效果，你必須在伸展的過程中盡量增加吸氣與呼氣的深度，並維持平穩的節奏避免憋氣。

組間休息的呼吸控制

在動作間的休息必須盡可能從訓練中回復到正常的呼吸頻率，避免過度換氣而導致暈眩，建議可以在窗邊等通風良好的地方重新調整呼吸節奏。

結論

無論訓練強度的高低，都會有適合的呼吸節奏來發揮運動表現。除了書中的這些理論，很多時候個案必須在實際訓練中自行體會，並找出對自己最合適的呼吸方式。

PART 2

阻力訓練動作

強化手臂肌群

手臂的肌群可以分成三個主要的訓練區塊：肱二頭肌、肱三頭肌與前臂肌群。

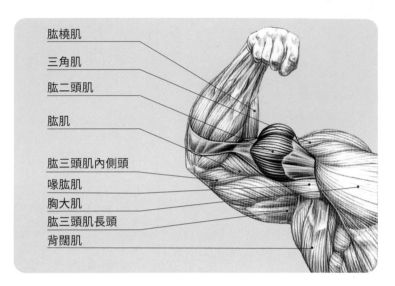

肱橈肌
三角肌
肱二頭肌
肱肌
肱三頭肌內側頭
喙肱肌
胸大肌
肱三頭肌長頭
背闊肌

除了外型線條的需求外，肱二頭肌在解剖構造上的主要功能是屈曲肘關節，讓前臂能夠往上靠近上臂、縮小關節夾角。

　　然而為了讓手臂肌群發展更加完善，必須了解到肱二頭肌並非唯一負責彎曲手臂的肌肉，實際上在肘關節屈曲的過程中還會有以下兩條肌肉的參與：

肱二頭肌

▌肌肉主要功能

手臂肌群的線條是很多人對於強壯體態認知上常見的指標之一，特別是肱二頭肌的肌肉量是許多剛接觸訓練的人最想強化的部位。

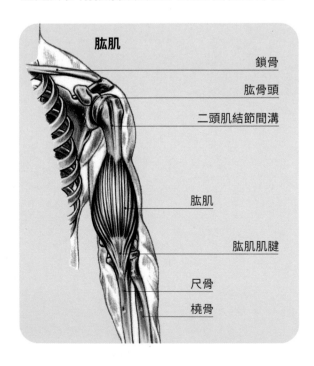

肱肌

鎖骨
肱骨頭
二頭肌結節間溝
肱肌
肱肌肌腱
尺骨
橈骨

1.肱肌：位於肱二頭肌下方的肱肌，從起止點與結構上來看，很接近第二條的肱二頭肌，雖然從生理結構來說，肱肌的發展潛能不亞於肱二頭肌，但實際上肱肌發達的人卻相對少見，主要是因為在日常生活中運用到肱肌的機會相對較低，以致於在訓練中必須經過一定的時間才能確實增加肱肌的感受度。然而這也表示初期在相同的負荷強度下，對於肱肌會有更大的訓練刺激，如果能確實提高肱肌的控制與感受度，對於增加上臂臂圍絕對是事半功倍。

2.肱橈肌：雖然肱橈肌的起點在肱骨上方，但實際上從肌腹到止點，大部分比例都在前臂的位置上，因此在外型上對於手臂的厚度有很大的影響。雖然前臂還有其他許多小肌肉群，但如果要給人手臂粗壯的第一印象，肱橈肌的鍛鍊絕對不可或缺，即便你不是以增加臂圍為主要目的，加強肱橈肌也有助於改善前臂線條。

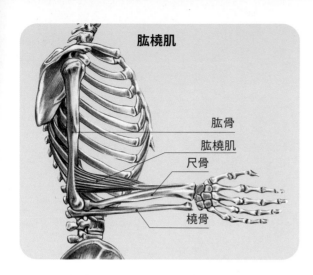

肱橈肌

肱骨
肱橈肌
尺骨
橈骨

透過適當的動作與擺位來讓上述這三條肌肉均衡發展，絕對能讓你的手臂肌肉量有更好的視覺效果。

▌前臂的三種擺位

在阻力訓練的動作中，前臂主要有以下三種擺位方式：

1 中立位

拇指朝上的前臂擺位。一般來說，手臂在中立位可以有最好的力量發揮，然而單就肱二頭肌收縮而言，這並不是最理想的角度。在中立位屈曲肘關節時，肱橈肌與橈側小肌群會有更高比例的力量參與。

2 旋後

前臂旋轉至拇指朝外使掌心向上，同時小指面向身體內側的擺位。在這個位置下，屈曲肘關節可以讓肱二頭肌有更完整的收縮。

3 旋前

前臂旋轉使拇指朝向身體內側讓掌心朝下，同時小指面向外側的擺位。手臂的力量在這個角度下最難發揮，這時屈曲肘關節的力量主要是由肱橈肌來完成，肱二頭肌的佔比相對較低。

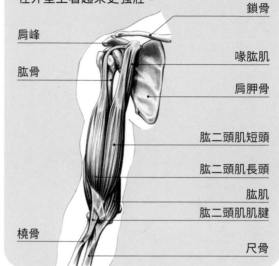

肱二頭肌顧名思義在結構上有兩個往上延伸的接點，其中長頭 (靠近外側) 肌肉位置較為外顯，而短頭 (靠近內側) 則容易被軀幹擋住，因此如果要進一步在訓練上做出區隔，肱二頭肌外側長頭的區塊應該是最首要的加強部位，長期訓練下來可以讓你的肱二頭肌在外型上看起來更強壯。

肩峰
肱骨
鎖骨
喙肱肌
肩胛骨
肱二頭肌短頭
肱二頭肌長頭
肱肌
肱二頭肌肌腱
橈骨
尺骨

1 中立位

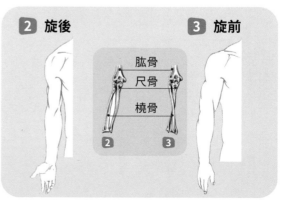

2 旋後

3 旋前

肱骨
尺骨
橈骨

有關長度—力量理論與最適收縮長度的動作範例：
坐姿腿後屈曲

雙關節肌肉的特性

肱二頭肌、肱三頭肌長頭、腓腸肌、腿後肌群與股四頭肌等都屬於雙關節肌肉，也就是起止點橫跨兩個關節的肌肉。相對地，胸肌、三角肌與背闊肌則屬於單關節肌肉，基本上主要只控制單一關節的活動度。雙關節肌肉因為肌肉長度較長，產生相同力量的收縮過程中形變的幅度較少，基於肌肉的「長度—力量關係」理論來說，雙關節肌通常會比單關節肌更加有力。

肌力背後的秘密：長度—力量關係

在同一條肌肉中會因為收縮長度的不同而產生力量上的變化，每條肌肉都有可以產生最大力量的最適收縮長度 (optimal length)。如果肌肉被延展到極限，能產生的力量會大幅減低，但如果將肌肉縮短到極致，也無法產生完整的力量輸出。因此肌肉必須在這兩個極端值以內的範圍進行收縮，才能產生相對穩定且足夠的肌力，這就是「長度—力量關係」(length-tension relationship，亦稱長度—張力關係) 的基本理論架構。

但對於單關節肌來說，長度—力量關係理論的重要性其實不高，因為單關節肌收縮的範圍較短，基本上不容易看出收縮長度與力量變化的趨勢；然而在多關節肌的訓練上，長度—力量理論的觀念就可以有很好的詮釋空間，可以觀察到肌肉在收縮時會出現下列的現象：

- 如果雙關節肌的兩端同時縮短，產生的力量會明顯下滑。

在腿後肌群收縮的過程中，上半身開始向前傾來延展腿後肌群近端的長度。

上半身繼續前傾，並藉由肌肉近端長度的延展讓腿後肌群保持在最適收縮長度範圍內，維持穩定的收縮力量將腳掌收到椅子下方。

■ 然而，如果在其中一端收短但同時延長另一端的情況下，雙關節肌就會有較理想的力量表現，在這個情況下，肌肉更接近最適收縮長度的範圍內，因此可以產生較大的收縮力量。

　在引體向上中的肱二頭肌就是一個很好的例子。在往上的過程中，肌肉在前臂端的接點長度雖然縮短，但同時因為肩關節的伸展使得肱二頭肌的起點端同時被延長，因此整個向心收縮的過程可以維持相對穩定的力量輸出。

兩隻手臂長短不一樣

多數人雙手的長度其實不完全相同，人類在解剖構造上其實並非完全對稱的生物，只要在相對合理的範圍內並不需要多慮。

臂圍尺寸

一般來說，上臂臂圍至少要在 16 吋左右 (40cm) 才會有粗壯的視覺效果，達到18～18.5 吋 (45.5-47cm) 就已經是非常高標的水準，要超出這個範圍以上，必須有更好的先天條件。

一般來說，大多數的多關節動作都會應用到長度－力量理論，來讓肌肉維持在適合發力的收縮長度。但反過來說，單關節肌在長度的調控上只能有一個關節的變項，無法讓單關節肌持續維持在適當的收縮長度，因此相對上，多關節肌的力量輸出會更加有力且穩定。而實際上，在最適長度下的收縮動作也能夠帶給肌肉更完整的訓練刺激。

▌專項運動上的應用

以跑步為例，主要活動肌群都屬於雙關節肌 (腿後肌群、腓腸肌與股直肌等)，所以人類才可以在馬拉松競賽中展現出長距離、長時間的穩定力量輸出，這是單關節肌無法具備的力量特性，這也說明人類在長跑上的先天結構優勢。

　如果將跑步動作放慢來看就不難發現，在提膝往前時，膝關節與髖關節的屈曲動作會使腿後肌群遠端縮短同時延長近端；接著腳掌觸地往後伸膝伸髖推蹬時，腿後肌群反過來縮短近端延長遠端，這樣一來一往的循環過程中，腿後肌群都維持在接近最適收縮長度的範圍，讓跑步的動力可穩定持續輸出。

　對於想要盡快增加肌力與肌肥大的人來說，善用長度－力量關係理論是非常關鍵的一環，首先你必須先判斷訓練的目標肌群的解剖特性，如果是多關節動作，其中涵蓋到哪些雙關節的肌群 (可以應用長度－力量關係)；或者是單關節動作 (相對難以應用長度－力量關係)，讓肌肉可以在動作中盡可能維持在最適收縮範圍來得到完整的訓練刺激。從下一頁開始之後的訓練動作，都可以從這個角度出發去思考。

　接下來第一個介紹的肱二頭肌訓練中，就有部分動作可以作為長度－力量關係的範例。

/// 二頭肌彎舉 Supinated Curl

前臂旋後擺位的二頭肌彎舉是最常見的手臂訓練動作之一，主要強化肱二頭肌並涵蓋部分肱肌與肱橈肌的參與，是以肘關節屈曲為主的單關節運動，如果是以增加肌肉量為主要目的，採取單側訓練的效果會更好。

> **！注意**　在執行大重量負荷的二頭肌彎舉時，如果過度依賴軀幹前後的慣性代償舉起啞鈴，容易增加下背部的傷害風險。為了避免養成代償的習慣，剛開始練習時可以將背部靠在牆上維持軀幹穩定。

1 手腕以中立位抓起啞鈴，接著前臂旋後讓拇指朝向外側後收縮二頭肌，使肘關節屈曲舉起負荷，盡可舉高負重讓前臂靠近上臂，必要時可以略微抬高手肘來輔助動作，但要避免過度代償 (上圖示範教練抬高手肘是為了讓二頭肌收縮的狀態不會被軀幹擋住)。

在動作頂點停留一秒維持收縮張力，讓前臂盡量靠緊二頭肌肌腹，接著再慢慢離心放下負重。

2 **3** 你可以選擇以單側左右交替的方式或者雙手同時彎舉的作法，基本上單側訓練對於提升肌力與肌肥大會有更好的效果。

實用技巧

你可以在每下反覆結束都重新回到手腕中立的位置，或者所有反覆過程都維持前臂旋後的擺位，可以依照個人習慣來選擇適合的方式。如果選擇後者，要留意在放下負重的過程避免手臂過度伸直，尤其在大重量的情況下旋後的擺位容易增加二頭肌拉傷的風險。但如果是在放下重量的過程中自然轉回中立位，就可以藉由其他肌群的輔助來減少二頭肌的負擔。

重點提示

抓握啞鈴的時候可以儘量讓小指那一側靠近槓片的位置，減少放下重量時打到身體或大腿的機會。此外，如果你使用的是可調式啞鈴，可以配合抓握方式微調啞鈴槓片的位置來改變整體重心，以提升彎舉動作的穩定度。

變化動作

1 二頭肌彎舉同樣也能在坐姿的狀態下訓練，常見的訓練搭配會先以坐姿二頭彎舉來確保以最高的動作品質完成反覆，接近力竭後再進入站姿，藉由軀幹些許慣性的代償來完成更多下反覆次數。

前三角肌

肱三頭肌外側頭

肱肌

肱橈肌

肱二頭肌

肱肌

① ② ③

二頭肌彎舉基本上有三種常見的擺位方式：

① 以二頭肌為主的方式
② 增加肱橈肌參與強度的方式
③ 以二頭肌與肱肌為主的方式

② 除了啞鈴之外，你也可以選擇彈力帶作為替代的負重方式。由於彈力帶自動回縮的特性，可以採取仰臥的方式進行彎舉訓練 (仰臥姿勢可以減低背部負擔，並讓軀幹維持在相對穩定的姿勢減少代償)。

③ 同樣地，彈力帶彎舉也可以依個人習慣選擇單側輪流或雙側同時收縮的方式，也可以同時搭配啞鈴與彈力帶來產生混合式阻力的特性。

②　　　③

優勢　前臂旋後的啞鈴彎舉是能有效獨立強化肱二頭肌的經典動作，比起槓鈴或W型槓來說，啞鈴彎舉可以讓腕關節有更大的活動度，在動作過程中可以隨時微調轉動來減少關節壓力，同時啞鈴動作能做到的彎舉範圍也不亞於槓鈴的版本。

缺點　二頭肌彎舉非常容易出現過度代償的情形，如果過於依賴身體慣性，除了降低二頭肌的訓練刺激外，更容易增加下背等部位的傷害風險。此外，雖然肱二頭肌屬於雙關節肌，但在彎舉動作中的活動度只集中在肘關節，所以並無法有效應用到前面提過的長度—力量關係來維持肌肉長度。

/// 錘式彎舉 Hammer Curl

前臂採取中立位的彎舉方式，會增加肱肌與肱橈肌的參與程度，對二頭肌的訓練較低。
如果目標是以增加肌肉量為主，採取單側訓練方式會有更好的效果。

> **！注意**　在使用大重量訓練時，務必確保前臂與核心肌群有良好的力量控制，避免造成腕關節與下背的損傷。

1

1　**2**

3

1 手腕保持中立位抓起啞鈴 (拇指朝向上方如同抓住鐵錘的方式)。

接著出力屈曲肘關節舉起啞鈴，過程中維持前臂中立擺位並盡可能將負重舉向肩膀方向，必要時可以稍微抬起手肘，但要避免過多的代償動作。到頂點停留一秒的時間維持肌肉的收縮，並將前臂盡可能貼緊二頭肌肌腹，接著再慢慢離心放下負重回到起始位置。

補充

肱肌是錘式彎舉最主要的訓練肌群之一，如果肱肌的發展程度原本就與二頭肌相近，那這個動作對你可能不會有太多額外的幫助。但一般情況下，多數人的肱肌通常不會特別發達，因此加入錘式彎舉的訓練效果就會非常顯著。

在訓練初期甚至可以暫時取代一般常見旋後的彎舉，作為主要的上臂動作選擇，直到肱肌累積一定程度的訓練成效後再調整課表。

變化動作

1 錘式彎舉同樣可以採取站姿或坐姿的方式執行。建議可以先以坐姿的方式維持標準動作，在接近力竭時進入站姿，運用些許合理範圍內的慣性代償來增加更多的反覆次數。

2 錘式彎舉可以採取左右輪流或雙手同時執行的方式，但從肌力與肌肥大的角度來說，單側訓練會有更好的效果。

3 除了啞鈴也可以選擇彈力帶作為負重，或者兩者同時搭配產生混合式阻力。如果是以彈力帶作為負重，也可以在仰臥的姿勢下作彎舉訓練，將背部貼在地面可以減輕腰椎負擔並減少代償的產生。

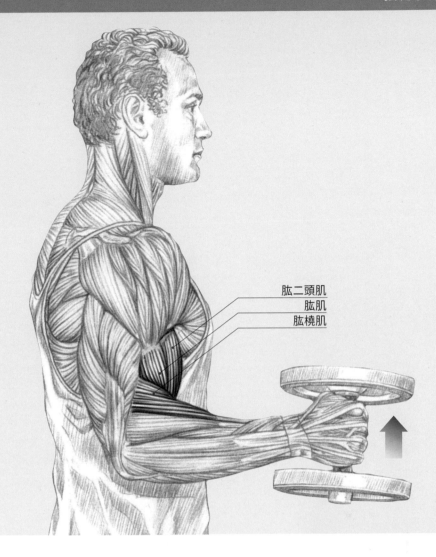

肱二頭肌
肱肌
肱橈肌

實用技巧

一般來說，前臂在中立位會比旋後的擺位有更好的發力結構，因此錘式彎舉通常可以比典型掌心朝上的彎舉方式舉起更重的負荷，但在訓練時仍要注意避免為了追求重量而犧牲掉動作原本的活動度。

重點提示

初學者採用錘式彎舉或一般二頭彎舉都是可行的選擇，但盡量避免在同一次訓練中同時執行這兩種動作。理想的編排方式會建議以交替輪流的方式分配到不同的訓練時段，並依照肱二頭肌與肱肌的發展狀態決定兩種動作訓練量的比例。另一種進階的作法可以將兩種動作搭配成超級組的訓練方式，先執行一般二頭彎舉到力竭後再接著進行錘式彎舉 (視情況可以搭配減量技巧)。

優勢	錘式彎舉除了能夠加強上臂屈肘相關肌群的力量，也可以同時訓練到部分前臂肌群的肌力，有助於改善訓練中經常出現的前臂無力問題。如果是以單側訓練的方式，空出的另一隻手可以輔助訓練手在力竭時完成更多下反覆。
缺點	在沒有特定需求的情況下，並不一定非得加入錘式彎舉的訓練，因為一般的二頭肌彎舉與其他背部訓練動作已經可以提供肱肌一定程度的訓練刺激。

/// 反式彎舉 Reverse Curl

這是以肱橈肌為主的單關節訓練動作，同時也可以刺激到部分的肱肌與二頭肌，
同樣也可以按照個案需求以單側訓練的方式執行。

實用技巧

在旋前擺位下，上肢的結構力量相對較弱，
因此反式彎舉比起前面兩種彎舉方式，必須
使用更輕的負荷。

重點提示

常見的超級組組合可以先從反式彎舉開始，
反覆到力竭後轉到中立位角度繼續執行錘式
彎舉。

補充

反式彎舉是特別針對肱橈肌的強化動作，如
果你的肱橈肌在其他彎舉動作已經有足夠的
訓練刺激與成效，就不一定要加入這項訓練
動作。

1 以前臂旋前的方式抓起啞鈴 (雙手拇指轉
向內側)，保持拇指略高於小指的角度屈曲肘
關節並盡可能舉高負重。與前面兩種彎舉不
同之處，在於過程中盡量不抬高肘關節來增
加肱橈肌收縮的感受度。

2 到最高點停留一秒的收縮，並將前臂盡可
能貼緊二頭肌肌腹，接著再離心慢慢放下負
荷回到起始位置。

！注意 反式彎舉的過程中，可以讓拇指的高
度略微高於小指，來避免前臂過度擰轉，注
意不要造成腕關節過度負擔。

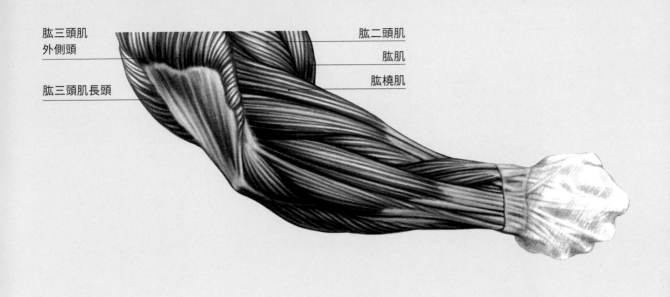

肱三頭肌
外側頭

肱三頭肌長頭

肱二頭肌

肱肌

肱橈肌

V

變化動作

反式彎舉也可以在坐姿的狀態下執行。常用的
超力竭超級組合可以先以坐姿反式彎舉到力竭
後，再站起身搭配些許合理範圍內的代償來增
加反覆次數，達到更完整的刺激效果。

　V 也可以使用彈力帶作為負荷，相對啞鈴
來說可以減輕部分腕關節的負擔，同時也能夠
以仰臥的方式執行單側或雙側的反式彎舉訓
練。

優勢	相對於槓鈴反式彎舉的版本，使用啞鈴可以容許前臂角度些微調整來減輕腕關節的負擔，降低潛在的傷害風險並達到更好的訓練刺激。
缺點	在實務訓練中如果沒有特別的需求，反式彎舉通常不會是上肢訓練的首選。基本上一般彎舉或某些背部訓練動作中，肱橈肌就能夠獲得一定程度的刺激與強化，所以在實務訓練中如果沒有特別的需求，不需要安排反式彎舉。

/// 固定單臂彎舉 Concentration Curl

這是針對肱肌的單關節訓練動作，對肱二頭肌也有相當程度的訓練刺激 (略少於一般彎舉方式)，在二頭肌的內側緣會有較明顯的感受度，主要以單側固定的方式執行。

1

V

1 採取坐姿單手前臂旋後抓起啞鈴 (拇指朝向外側)，將三頭肌固定在同側大腿內側，收縮二頭肌舉起負重，過程中維持手肘固定並將啞鈴盡量舉到高點，到頂點時前臂緊貼二頭肌肌腹維持收縮，停留一秒後再慢慢離心放下負重回到起始位置。

變化動作

V 除了前臂旋後的方式，也可以採取中立位的錘式彎舉 (拇指朝上)，可以增加對肱肌的訓練刺激。

！注意 為了將手肘靠在大腿上，上半身勢必會呈前傾圓背的姿勢，這時另一手可以撐住同側大腿來穩固軀幹，避免脊椎或背部傷害。

實用技巧

這個訓練動作有助於增加二頭肌肌腹的高度，讓二頭肌外形更加飽滿。主要是因為位於二頭肌下方的肱肌在經由訓練產生肌肥大適應的效果後，會往上撐起二頭肌造成結構外型上些微的變化。

重點提示

可以先以固定單臂彎舉的動作 (前臂旋後或中立擺位兩者擇一) 反覆到力竭後，再回到一般二頭彎舉的方式，增加更多反覆次數完成超力竭組合。

優勢	固定單臂彎舉可以藉由對肱肌產生較大的收縮感受，來平衡一般彎舉在二頭肌的訓練刺激，讓兩條肌肉都能充分發展達到相輔相成的效果。
缺點	這項動作並不是增加上臂肌肉量最有效的方式，雖然對多數人來說是相對穩定容易執行的訓練方式，但由於必須以單邊彎舉的作法，勢必會增加更多訓練時間。

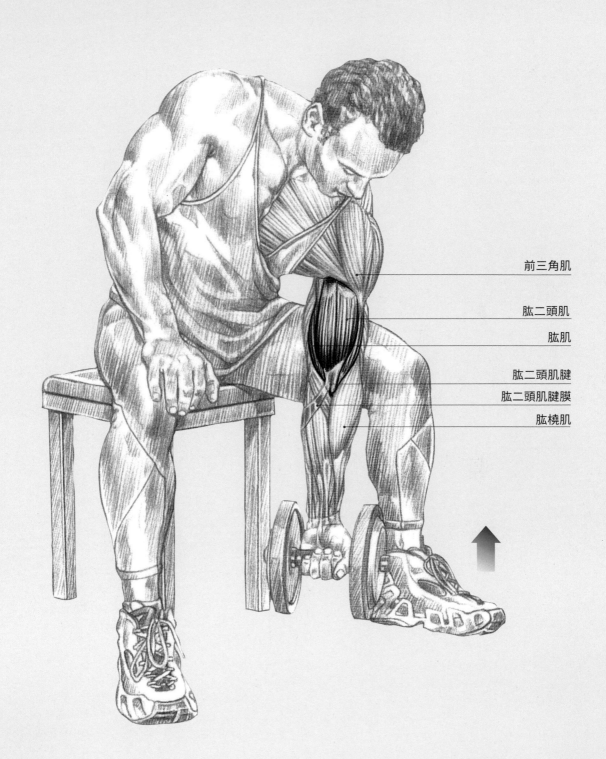

前三角肌

肱二頭肌

肱肌

肱二頭肌腱

肱二頭肌腱膜

肱橈肌

/// 窄握引體向上 Close-Grip Chin-Up

窄握版本的引體向上是針對二頭肌與背部肌群的雙側多關節訓練動作。一般除非個案體重較輕且有一定程度的肌力水平，才有機會執行單側訓練。

實用技巧

在多數以背部肌群為主的訓練動作中，都會設法減少肱二頭肌的參與程度，然而在這個動作中首要的目標肌群為肱二頭肌，因此反過來必須盡量降低背肌參與的比例，來確保二頭肌的訓練強度。除了將雙手盡量靠近之外，身體往上的過程中可以稍微傾向後方，並盡可能將頸部拉近單槓，來增加二頭肌的收縮感受度。

1 以前臂旋後的方式抓住單槓 (雙手小指相對)，雙手保持在肩寬左右，在腕關節沒有額外負擔的前提下，可以嘗試將雙手靠得更近，基本上雙手間距越窄，肱二頭肌的收縮感受度越高。

1 接著收縮二頭肌將身體往上拉起，到頂點時不一定要將鎖骨或胸口碰觸單槓，重點在確保二頭肌能夠完整收縮並在上方停留一秒的時間，再慢慢離心放下身體。

變化動作

v 如果想加強肱橈肌，可以採取前臂旋前的抓位方式 (雙手拇指相對)，在這個把位下，二頭肌的參與比例會降低，整體動作會相對費力。

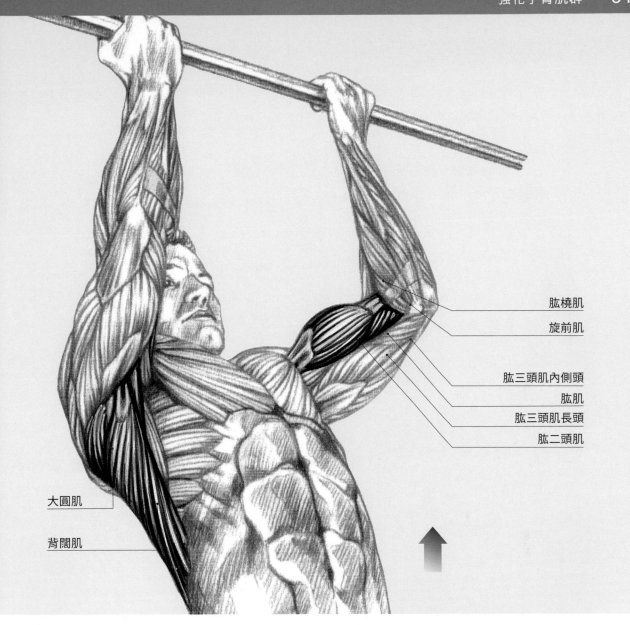

肱橈肌

旋前肌

肱三頭肌內側頭

肱肌

肱三頭肌長頭

肱二頭肌

大圓肌

背闊肌

重點提示

引體向上可以藉由抓握把位的變化，來同時兼顧背部與上肢肌群的訓練，有助於提高效率節省訓練時間。

!注意　如同前面提過在前臂旋後擺位（小指相對）下，要留意避免手臂過度伸展造成二頭肌拉傷，務必確保離心過程中維持穩定的速度與肌肉控制。

優勢	窄握引體向上是二頭肌最經典的多關節訓練動作之一。身體在往上的過程中，二頭肌在靠近肩關節的近端延展，同時靠近肘關節的遠端接點收縮變短，讓整條肌肉在向心階段中維持在最適收縮長度的範圍以內，對應到前面提過的長度－力量關係理論來說，可以帶給二頭肌更完整的收縮刺激，加速力量的成長。
缺點	然而，未必所有人都能有足夠的力量水平來完成引體向上的動作，在這個情況下，可以將雙腳靠在地面或藉由彈力帶的輔助來減輕部分體重負擔，或者先直接獨立訓練離心放下身體的階段，再藉由椅子讓自己回到上方來暫時省略向心收縮的部分。

/// 肩後伸彎舉 Stretch Curl

這是針對肱二頭肌長頭的單關節訓練動作。因為肱二頭肌長頭位於上臂外側，在視覺效果上較為明顯，加上是屬於橫跨肩關節與肘關節的雙關節肌，因此藉由肩關節往後伸展的動作，可以增加對長頭部分的訓練刺激。這個動作主要是以單側訓練的方式執行。

實用技巧

肩後伸彎舉可以快速累積肌肉的燒灼感，建議將彈性阻力控制在可以完成 12 下以上反覆的強度，當乳酸開始堆積產生燒灼感時，盡可能在不影響動作品質的前提下完成更多下反覆來提高訓練刺激。

重點提示

可以同時結合啞鈴與彈力帶，藉由混合式阻力來提升訓練效益。也可以將彈力帶綁在其他適當高度的固定點上，增加延展距離來得到更大的彈性阻力。

優勢	這個彎舉動作的特點在於延長了二頭肌靠近肩關節近端的長度，並同時收縮下方遠端的肌肉，運用長度—力量的特性讓二頭肌群更接近最適收縮長度，來提高對肌肉的收縮刺激，動作本身的難度會高於其他彎舉形式。
缺點	因為這個動作必須以單側訓練的方式執行，會需要較多的訓練時間來完成，對於訓練時間較為緊迫的人來說可能無法成為首選。

1 前後分腿站開並將彈力帶固定在後腳，同側手前臂旋後（掌心朝上）抓住彈力帶，並調整手腳距離來取得適當彈性阻力，接著收縮二頭肌屈曲肘關節將負荷舉向肩膀方向。

　　手肘可以微微往前抬高，讓二頭肌在高點可以有更完整的收縮感受。在頂點維持收縮停留一秒的時間，再慢慢離心放下彈力帶回到起始位置。完成該側反覆次數後將彈力帶換到另一側重複相同動作，盡量縮短左右側轉換的間隔時間來提高效率。

！注意　如同前面提過在前臂旋後擺位下，離心階段會對二頭肌造成相對較高的張力，這裡又加上肩關節伸展的動作延長了二頭肌近端的部分，因此在放下彈力帶的過程中務必維持穩定的速度與肌肉控制來避免肌肉拉傷。

/// 肱二頭肌伸展 Stretching the Biceps

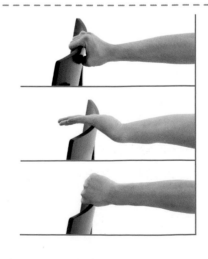

變化動作

V 以錘式彎舉將前臂轉到中立位 (拇指朝上) 置拉起彈力帶，可以增加肱肌的參與比例。你也可以先做原本旋後彎舉的方式，到力竭後再轉動前臂到中立位，並將後腳往前移動減輕彈力帶張力後繼續完成更多下反覆，兩種動作組合成超力竭超級組訓練。

1 為了完全伸展二頭肌，你可以搭配椅子作輔助，單手搭在椅背上並慢慢轉身背對椅子，可以轉動前臂與手腕改變擺位來完徹底延展二頭肌的兩端。由於在這個姿勢下，肩關節與二頭肌處於相對脆弱的結構位置，必須避免任何突發性的力量或快速動作。

肱三頭肌

▋ 肱三頭肌的功能

肱三頭肌作為肱二頭肌與肱肌的拮抗肌肉，主要的功能為伸展肘關節與肩關節。從解剖構造來說，肱三頭肌應該要有比肱二頭肌與肱肌加起來更大的肌肉量，但實際上多數人在肱三頭肌的發展反而相對不足，但只要經由一定時間的規律訓練，肱三頭肌很快就能產生肌肥大適應來增加上臂臂圍。

　肱三頭肌顧名思義主要可以分成三個區塊，其中外側頭 (在上臂外緣) 在視覺效果上最為明顯，其他兩個區塊相較之下則容易被軀幹擋住，因此如果想要有粗壯手臂的視覺效果，加強肱三頭肌外側頭絕對是上肢訓練必備的動作。

> ！注意 　肱三頭肌長頭是三個部位中唯一橫跨肩關節與肘關節的雙關節肌，因此除了伸直手臂以外，肱三頭肌長頭也會參與部分肩關節的活動，包含肩關節的伸展與內收動作，以及將上臂往後並靠近軀幹的動作。因此在進行背部肌群訓練前，也要將上肢雙關節肌肉的暖身活動納入訓練之中，才能降低運動傷害風險。

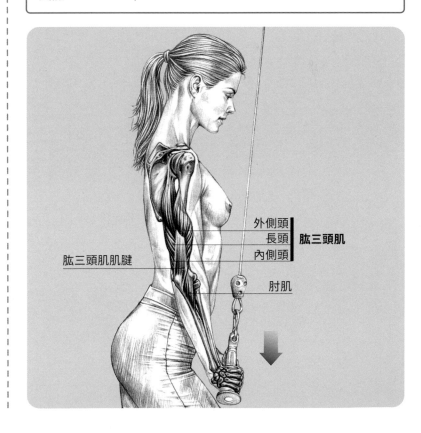

/// 窄距伏地挺身 Close-Grip Push-Up

這是以肱三頭肌、肩部與胸部肌群為主的多關節訓練動作，也可以採取單手的方式訓練，但需要有一定程度的肌力水平與較輕的體重。

1 身體俯臥、雙手伸直撐住地面並維持在肩膀寬度的距離，在腕關節與肘關節沒有任何不適的前提下，可以盡量縮短手掌間距。

2 雙手彎曲慢慢放下身體，到身體貼近平行地面後，用力收縮三頭肌再次撐高軀幹回到原點。

實用技巧

為了增加對肱三頭肌外側頭的刺激，可在活動度允許範圍內將雙手指尖轉向內側，此外也可調整手臂與軀幹間前後的夾角，來找到三頭肌感受度最高的位置，並維持手掌到肩部與胸部肌群在同一條垂直線上。

重點提示

基本上雙手間距越窄，肱三頭肌的感受度會越高，但如果你原本習慣以胸肌為主要發力肌群，剛開始執行窄距伏地挺身就會相對吃力。

(變化動作)

藉由彈力帶輔助來增加強度，雙手手掌分別扣住兩端並將彈力帶往後繞過背部。

1 剛開始可以先如左圖將彈力帶其中一股拉到背上，另一股維持在前方。

2 隨著肌力提升後再將兩股彈力帶都固定到背部。

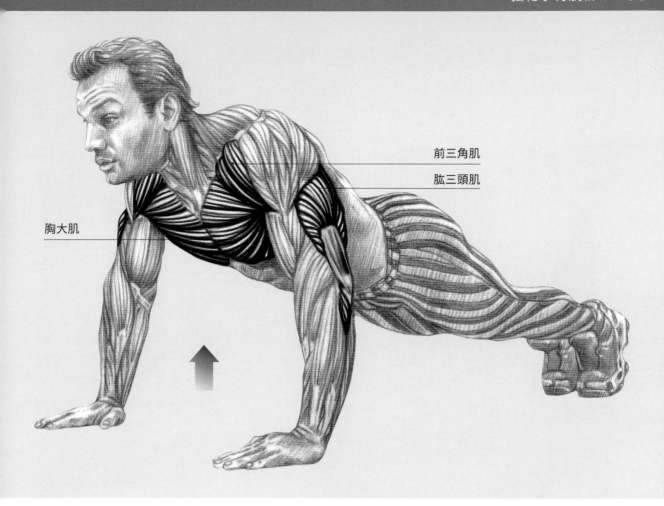

前三角肌

肱三頭肌

胸大肌

優勢	伏地挺身有很多變化強度的方式，體重負擔較大者可以先以膝蓋作為下肢的支點來降低訓練強度。肌力足夠者也可以在做完正常版本的伏地挺身後，接著膝蓋著地降低負荷來繼續完成更多下反覆。對於橫跨雙關節的肱三頭肌長頭來說，伏地挺身也是應用到長度—力量關係相當典型的訓練動作之一，可以讓肌肉維持在最適收縮範圍來得到更全面的強度刺激。
缺點	在伏地挺身中，不同肌群的感受度與訓練效果容易受到個人先天骨骼結構差異的影響，並非所有人都能夠輕易提高肱三頭肌的收縮感受度。此外，對於上肢比例較長者在進行伏地挺身時，因為活動範圍較大容易更加吃力。

！注意　如果在雙手撐地的動作中容易感到腕關節不適，可用雙手抓住較為穩固的啞鈴作為支點，來避免腕關節過度伸展。或者在運動用品店購買專用的伏地挺身架，使用這些輔具除了可以增加伏地挺身的活動度，更可以避免腕關節承受過度的張力來減少傷害風險。

/// 肱三頭過頭屈伸 (啞鈴負重的坐姿/站姿版本)

這是針對肱三頭肌的單關節訓練動作，
也可以採取單側訓練的方式執行。

> **! 注意** 放下啞鈴的
> 速度必須維持穩定
> 以免誤擊頭部，活
> 動度較差者在雙手
> 同時上舉時容易有
> 下背過度伸展的問
> 題，務必確保動作
> 過程中維持核心肌
> 群穩定控制。

1 能夠依照個人習慣選擇
站姿或坐姿訓練，可以雙手
抓住同一顆啞鈴 (雙側訓練)
或者左右手分開執行 (單側
訓練)。

2 起始位置將啞鈴置於頸
後，同時手肘與掌心朝向頭頂
上方，收縮肱三頭肌伸展肘關
節，將啞鈴舉過頭頂再慢慢離
心放下負重。

(變化動作)

1 肱三頭過頭屈伸也可以使
用彈力帶作為負重。用雙腳固
定其中一端後，雙手扣住彈力
帶並置於頸部後方，在使用彈
力帶的情況下，可以依照個人
需求調整前臂旋轉角度。

2 如果是以雙側訓練的方
式，建議在過程中持續維持肌
肉與彈力帶的張力，避免手臂
完全伸直到肘關節鎖死的狀
態。另外，如果想增加肱三頭
肌收縮感受度，建議可以採取
單側訓練的方式來增加肩關節
活動度。

實用技巧

通常單手的肱三頭過頭屈伸會
有更大的動作活動度，相對地
也能夠讓肌肉有更完整的收縮
與延展。

重點提示

避免和仰臥拉舉動作 (pullover)
混淆，該動作雖然也有部分肱
三頭肌長頭的參與，但主要還
是以背闊肌為主的訓練動作，
活動範圍主要集中在肩關節。

優勢	在許多肱三頭肌的訓練動作中，過頭屈伸的特點在於可以讓肌肉有完整的延展範圍。
缺點	這個訓練動作對肘關節的負擔相對較高，在過程中務必以穩定的速度與節奏來維持關節穩定；此外由於是以肘關節伸展為主的單關節動作，無法應用到前面提過的肌肉收縮長度—力量特性。

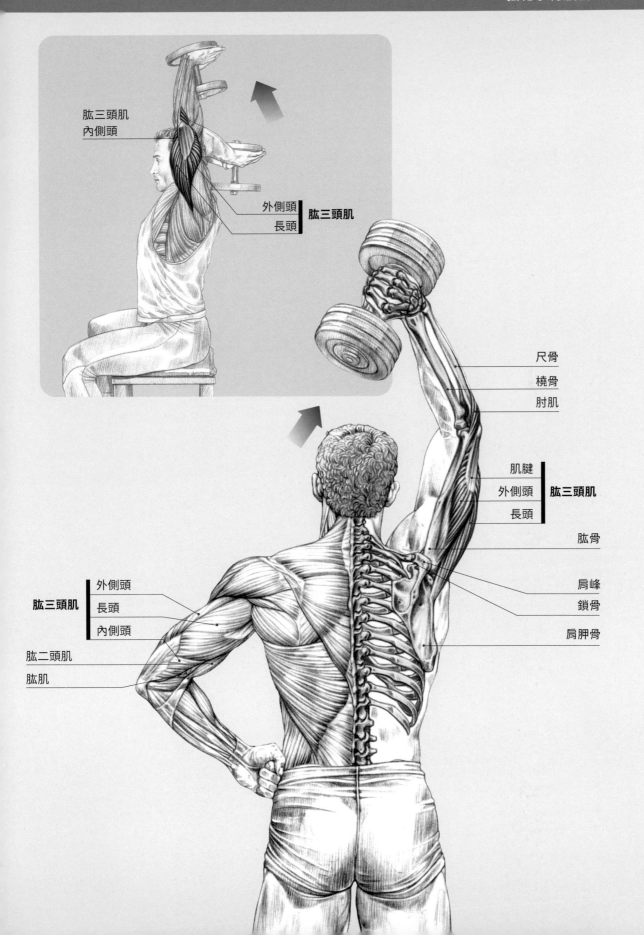

肱三頭肌
內側頭

外側頭
長頭 **肱三頭肌**

尺骨
橈骨
肘肌

肌腱
外側頭 **肱三頭肌**
長頭

肱骨

肩峰
鎖骨

肩胛骨

肱三頭肌
外側頭
長頭
內側頭

肱二頭肌

肱肌

/// 肱三頭仰臥屈伸 Lying Triceps Extension

這是針對肱三頭肌的單關節訓練動作,也可以採取單側訓練的方式執行。

1 以仰臥的姿勢雙手抓住啞鈴。

> **! 注意** 在動作過程中要留意速度控制,避免啞鈴誤擊頭部,尤其在反覆接近力竭時,更要避免動作姿勢走樣。

2 起始位置將啞鈴置於頭頂兩側,前臂維持中立位抓住啞鈴 (小指朝上),手肘朝向天花板同時上臂維持穩定不動,收縮三頭肌將負重往上舉起,並在頂端停留一秒後再慢慢離心放下啞鈴。

優勢	相較於站姿過頭屈伸的版本,仰臥在地面有助於維持下背部的穩定,在動作過程中減少軀幹代償的情形。
缺點	這個訓練動作對肘關節的負擔較高,務必維持肌肉控制來確保關節穩定;由於是以肘關節為主的單關節運動,無法讓肱三頭肌一直維持在最適收縮長度。

實用技巧

可以調整啞鈴起始位置在頭頂上方或在雙耳旁邊,以個人肘關節舒適度與肱三頭肌收縮感受度為準。

重點提示

避免和仰臥拉舉互相混淆,在仰臥肱三頭屈伸中,上臂必須盡量在與地面垂直的角度固定不動。

V

(變化動作)

V 即使在雙側訓練中,雙手也可以一起抓住同一顆啞鈴,抓握方式與前面的過頭屈伸相同,初學者剛開始可以先以這種方式來熟悉動作模式,在肌肉控制能力提升後,再進階到雙手各持一個啞鈴的作法。

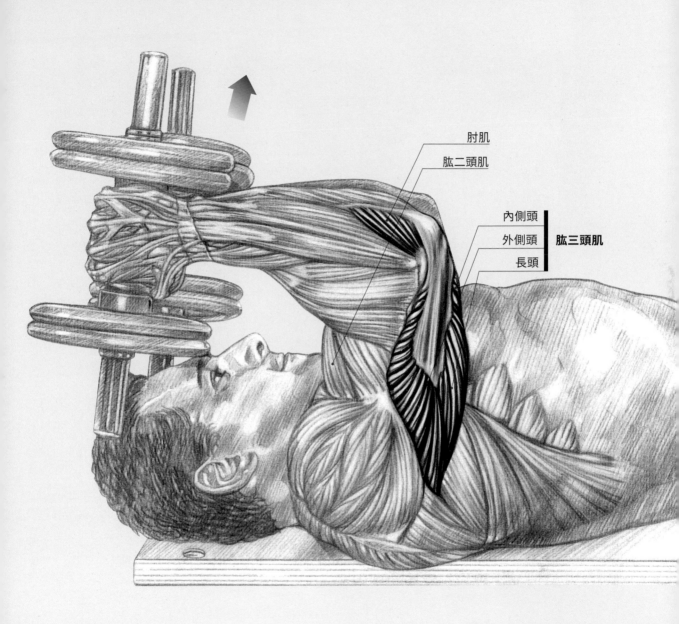

肘肌

肱二頭肌

內側頭

外側頭　**肱三頭肌**

長頭

/// 肱三頭俯身後屈伸 Triceps Kickback

這是針對肱三頭肌的單關節訓練動作，也可以採取單側訓練的方式執行。

1 上半身前傾維持核心穩定後，雙手前臂以中立位抓起啞鈴 (拇指朝向地面)，兩手置於臀部兩側。

1 放下負重到前臂垂直地面後，收縮肱三頭肌將肘關節伸直，在高點維持一秒鐘後再慢慢離心放下負荷。

實用技巧

當手臂伸直舉起啞鈴到高點時，盡可能停留更久的時間，因為在上半身前傾的姿勢下，將手臂往後伸直會比前面幾種三頭動作產生更大的力矩，肌肉必須產生更大的張力才能維持水平懸空，藉此增加對肱三頭肌的訓練刺激。

重點提示

將啞鈴舉到頂點時，小指微微轉向外側，可以增加三頭肌外側頭的收縮感受度。

(變化動作)

V 可以保持手肘在軀幹兩側或者稍微往天花板抬高，來增加肱三頭肌收縮的感受度。建議可以採取單側訓練的方式，來增加整體動作的活動度與穩定性。

! 注意 對某些人來說，雙手同時往後屈伸的方式可能容易對下背肌群造成負擔，建議可以改成單側訓練的方式，並將另一手撐住同側大腿來增加動作穩定性。

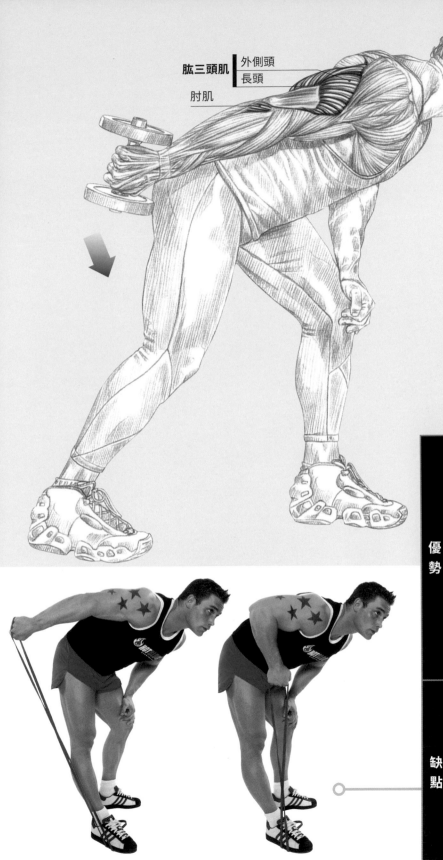

肱三頭肌 外側頭
長頭
肘肌

優勢

在所有的肱三頭訓練動作中，俯身後屈伸是對初學者相對容易入門的訓練動作，對於肘關節的負擔相對較小，也常被用來作為在其他動作關節有不適症狀時的替代動作。

但這裡仍要提醒讀者，只要在訓練中有任何關節不適，應先暫停訓練讓關節充分休息，必要時諮詢專科醫生建議。

缺點

相較於前面的動作，俯身後屈伸的擺位對於肱三頭肌的延展較少，某些人可能無法有足夠的肌肉收縮感受度，建議可以搭配彈力帶來改善問題。由於同樣是以肘關節為主的單關節運動，無法讓肱三頭肌一直維持在最適收縮長度。

/// 反向撐體 Reverse Dip

這是針對肱三頭肌、胸部與肩部肌群的多關節訓練動作，基本上只能以雙側訓練的方式執行。

實用技巧

往上撐起身體的時候保持頭部穩定中立，視線可以稍微看向斜上方。

重點提示

如果原本的方式強度過低，可以用另一張椅子將腳墊高，來增加肱三頭肌負荷的體重。常見的組合方式可以先以墊高雙腳的做法反覆到力竭後，再放下雙腳降低強度來繼續完成更多下的反覆，增加整體訓練總量。

1 身體背對椅子，雙手旋前、手掌撐住邊緣（雙手拇指相對），雙腳自然往前延伸。

2 雙手彎曲放下身體並收縮肱三頭肌將身體撐回原位，基本上不需要太大的活動範圍，建議上下位移控制在 45cm 左右即可。

> **！注意** 動作過程中務必保持軀幹的穩定性，尤其在雙腳抬高的版本務必確保手腳支點穩固，避免身體滑落。

可以在大腿上方放上槓片等配重，來進一步增加動作強度：

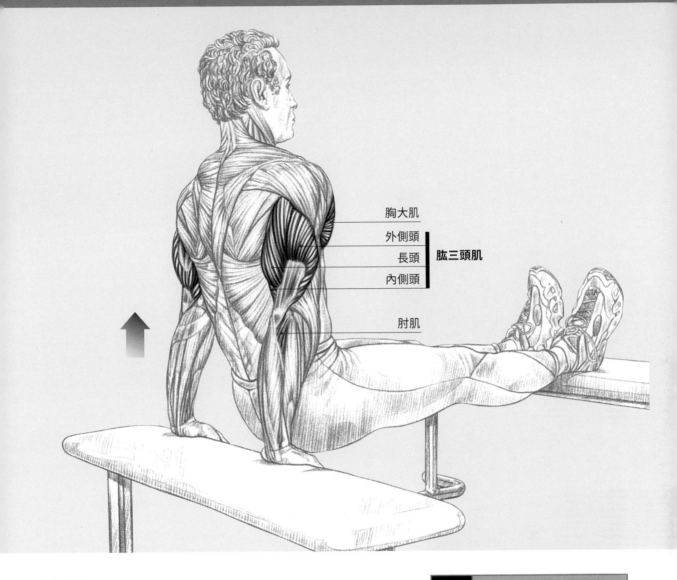

胸大肌

外側頭

長頭 　} 肱三頭肌

內側頭

肘肌

變化動作

V 調整雙手手掌支撐的距離，來找到肱三頭肌收縮感受度最好的位置。此外，如果雙腳距離椅子越近，上肢承受的負荷比例就越低，常見的超力竭組合可以採取雙腳伸直的方式反覆到力竭後，再彎曲雙腿靠近椅子來完成更多下的反覆次數，提高對肱三頭肌的訓練總量。

優勢	雖然整體訓練的肌群與伏地挺身相近，但肱三頭肌需要負荷的體重比例較低，難度相對較低。 　在以肱三頭肌為主的訓練動作中，反向撐體是少數可以讓肌肉維持在最適收縮長度的動作之一。
缺點	剛開始容易因為胸部與肩部肌群過多的參與，導致肱三頭肌收的縮感受度不足，建議可以反覆調整手腳相對位置來找到肌肉感受度最佳的姿勢。

/// 彈力帶肱三頭下壓 Push-Down With a Band

這是針對肱三頭肌的單關節訓練動作，也可以採取單側訓練執行方式。

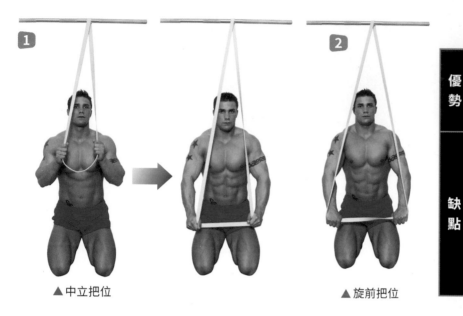

▲ 中立把位　　　　　　　　　　　▲ 旋前把位

優勢	相較於啞鈴與徒手負重來說，彈性阻力的漸進負荷對於關節的負擔相對較低。
缺點	彈力帶提供的彈性阻力難以精準量化，彈力帶在身體前方的三頭下壓動作也無法讓三頭肌維持在最適收縮長度，並無法像前面反向撐體動作般發揮長度—力量關係的效益。

1 將彈力帶固定在室內單槓或房門上方，採取跪姿並調整適當長度讓手肘可以彎曲接近 90 度，雙手以中立把位 (拇指朝上) 或旋前把位 (拇指相對) 抓住彈力帶，也可以依照三頭肌收縮感受度來調整介於兩種把位之間的前臂旋轉角度。

2 收縮肱三頭肌伸展肘關節將彈力帶往下壓，在低點維持收縮停留一秒後，再離心往上回到原點。

變化動作

另一種做法是將彈力帶固定在高處，雙手握住彈力帶兩端並背對彈力帶固定點，上半身前傾並將雙手往前舉到頭部位置，穩定肘關節後，雙手往前進行下壓動作，再回到頭部位置如此反覆。相較於原本的做法，可以讓肱三頭肌有更大的延展範圍。編註：此動作是滑輪肱三頭肌伸展的變化版本，可參考《進階肌力訓練解剖聖經》第 235 頁。

實用技巧

實際上多數人在日常生活中，肱三頭肌使用頻率通常不如二頭肌頻繁，所以初學者在訓練時常會有肌肉感受度不足的情形，因此剛開始會建議儘量放慢動作速度來確實感受肱三頭肌的收縮過程。

重點提示

上面示範的雙手把位不一定適用於所有讀者，你可以調整兩手把位的間距，來找到肌肉收縮感受度最明確的位置，確定有效的位置後，就要避免過度頻繁的調整來維持穩定的訓練刺激。

/// 肱三頭肌增強式訓練動作 Plyometric Exercises for the Triceps

1 爆發式的伏地挺身推撐是肱三頭肌常見的增強式訓練動作之一，可以借助地面或是牆面來執行，初學者建議先採取站姿靠牆推撐的方式，來習慣肌肉快速收縮與離心減速的感受。開始時身體面牆取好適當距離後，雙手手掌保持與肩同寬。

2 手掌直接扶住牆面開始快速推撐，目的是藉由爆發性推撐的力量將身體推離牆面，做好離心緩衝的動作避免用手掌直接撞擊牆面。

基本上身體與牆面的距離越大，對三頭肌爆發力與離心減速能力的考驗就越高。

優勢	這個訓練動作可以有效強化任何需要上肢快速推撐的動作表現，例如橄欖球、武術技擊項目或鉛球。
缺點	訓練前務必評估自身上肢肌力水平與離心減速能力，避免撞到頭部等其他部位。

！注意 與原本的肌力訓練作法相比，增強式訓練的方式比較會增加肩關節與肘關節的負擔。

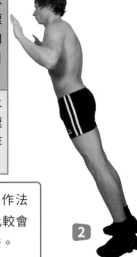

實用技巧

在推撐的過程中，肘關節務必保持些許的彎曲避免完全打直，雖然完全打直手臂會讓動作相對輕鬆，但同時也會增加上肢部位關節的負擔，因此保持些許的彎曲才能夠讓肌肉維持一定的張力做到離心減速的功能，除了增加訓練效果，更可以降低潛在的傷害風險。

（變化動作）

隨著肌力水平的進步，你可以增加與牆面的距離來提高強度，確保有足夠的離心肌力後，可以開始嘗試推撐地面的方式。一開始建議先以膝蓋為支點來減輕部分體重負荷，接著再依能力進階到腳尖為支點的方式。

重點提示

所有增強式訓練動作都必須盡可能縮短接觸時間，來發揮伸展收縮循環的效果，因此在爆發式推撐中，雙手必須在接觸牆面或地面的瞬間，以最快的速度再次反彈推撐，才能有效釋放儲存於肌肉肌腱彈性組織中的位能，來達到更好的爆發力效果。

/// 肱三頭肌伸展動作
Stretching the Triceps

1 藉由彈力帶的輔助舉起其中一手讓二頭肌貼近耳朵，彎曲手肘並藉由下手輔助牽拉彈力帶，來增加上手肘關節屈曲的角度。以合理的活動範圍來說，上手應該要可輕易碰到同側的肩胛骨，讓肱三頭肌充分伸展後再左右互換重複動作。

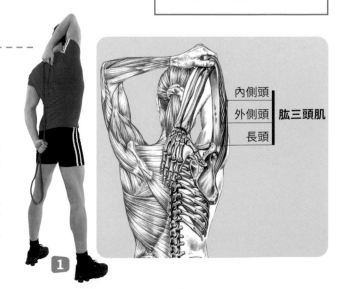

內側頭
外側頭 ┤ 肱三頭肌
長頭

前臂肌群

前臂肌群功能

組成前臂的肌群中包含許多的多關節肌，這些肌群主要負責以下的關節活動：

- 指間關節的屈曲與伸展；控制手掌握拳開合等動作。
- 腕關節的屈曲與伸展；控制腕關節的屈伸活動。
- 肘關節的屈曲與伸展；控制前臂的屈伸活動。

前臂肌群會參與大部分上肢與上半身大肌群的訓練動作 (除了腹部訓練動作較少)，即便不是以前臂為主的訓練動作，也有可能會受限於前臂的肌力表現，這也是為何某些人需要獨立出前臂額外補強的原因。然而，也並不代表所有的專項運動都需要強調前臂的力量表現，或許原本的上肢訓練動作本身就可以提供前臂足夠的強度刺激，因此你必須依照個人需求與目標來決定是否需要獨立的前臂訓練處方。

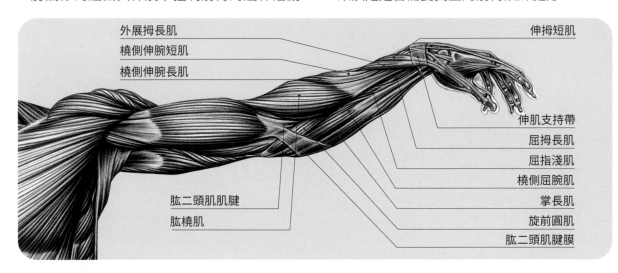

外展拇長肌
橈側伸腕短肌
橈側伸腕長肌
伸拇短肌
伸肌支持帶
屈拇長肌
屈指淺肌
橈側屈腕肌
掌長肌
旋前圓肌
肱二頭肌腱膜
肱二頭肌肌腱
肱橈肌

/// 屈腕運動 Wrist Curl

這是針對前臂內側屈腕肌群的單關節訓練動作，雖然可以採取單側訓練的方式，但實際執行上相對費時。

1 採取坐姿，雙手前臂旋後 (拇指朝向外側) 抓住啞鈴，將前臂靠在大腿上確保腕關節可以自由活動。

2 收縮屈腕肌群將啞鈴盡量舉高，到頂點維持一秒的收縮再慢慢離心放下啞鈴。

3 身體前傾讓上臂屈曲往前，有助於增加屈腕動作的力量。

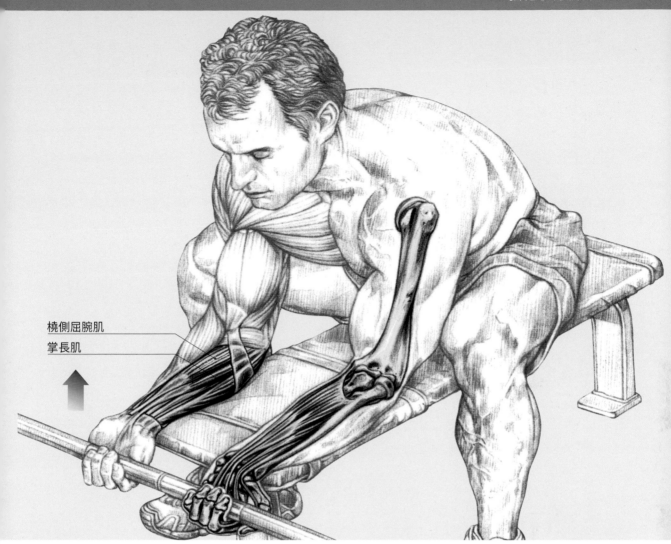

橈側屈腕肌
掌長肌

> **！注意**　腕關節的先天結構較為脆弱，同時在日常生活中也不會頻繁使用，因此訓練應避免大重量低反覆的編排方式，盡量以低強度高反覆的組合來漸進提升肌力與肌耐力。

變化動作

屈腕運動雖然也可以左右分開採取單邊訓練，但單側訓練方式會減少部分動作結構的穩定度，增加腕關節的負擔，尤其在腕關節往下伸展的狀態下結構尤其脆弱，所以在離心往下的過程中，肌肉必須保持張力避免腕關節過度伸展，將動作控制在安全的活動範圍以內。

優勢	屈腕運動可以有效改善前臂肌力，更可以進一步增進二頭肌與背部肌群訓練動作的力量表現。
缺點	加入屈腕運動有可能會導致屈腕肌群在二頭肌與背部的訓練中過於疲勞。

實用技巧

前臂肌群並不適合快速收縮的爆發性動作，因此在屈腕運動的過程中，務必維持相對較慢且穩定的速度與節奏。

重點提示

屈腕運動通常被作為補強用的輔助訓練，對多數的初學者來說，如果沒有特別的專項需求或前臂力量不足的問題，其實並不需要特別加入這項動作。

/// 伸腕運動 Wrist Extension

這是針對前臂外側伸腕肌群的單關節訓練動作，建議以雙側訓練的方式執行。

1 採取坐姿，雙手前臂旋前（拇指相對）抓住啞鈴兩側，前臂靠在大腿上讓腕關節可以穩定活動。

2 收縮伸腕肌群伸展腕關節舉起啞鈴，盡可能舉到高點後維持一秒的收縮，再慢慢離心放下負荷。

實用技巧

如果在動作過程中，腕關節感受到些許不自然的扭力，可以嘗試將前臂略微轉向中立擺位，也就是讓拇指稍微朝向上方不完全相對，藉由微調角度讓伸腕肌群收縮更加流暢並減少腕關節負擔。

變化動作

V 先以原本手肘彎曲在 90 度左右的方式伸腕反覆到力竭後，再將手臂伸直來繼續完成更多下的反覆。在伸腕訓練中，肘關節的伸展有助於伸腕肌群的發力，藉此來達到超力竭訓練的效果。

優勢	在肱二頭肌、肱三頭肌與背部肌群的訓練中，通常會有很高的比例需要屈腕肌群的參與（也就是前面屈腕運動的主要肌群）。但伸腕肌群在這些動作中的參與比例就相對較低（本動作的主要肌群），長時間下來容易出現前臂屈伸兩側肌力不平衡的現象，而過度的肌力失衡容易提高周邊關節潛在的傷害風險，因此藉由伸腕運動來改善伸腕肌群的肌力，某種程度上也能減少屈伸兩側力量失衡的情形，達到預防傷害的效果。
缺點	對初學者來說，加入伸腕運動可能會相對費時與費力，在前面的反式彎舉動作中其實已經能提供部分伸腕肌群足夠的訓練刺激。

重點提示

可以搭配前面提過的反式彎舉來編排預先疲勞超級組。剛開始先執行伸腕運動反覆到力竭後，再立刻進入站姿繼續執行反式彎舉，來讓目標肌群得到更完整的訓練刺激。

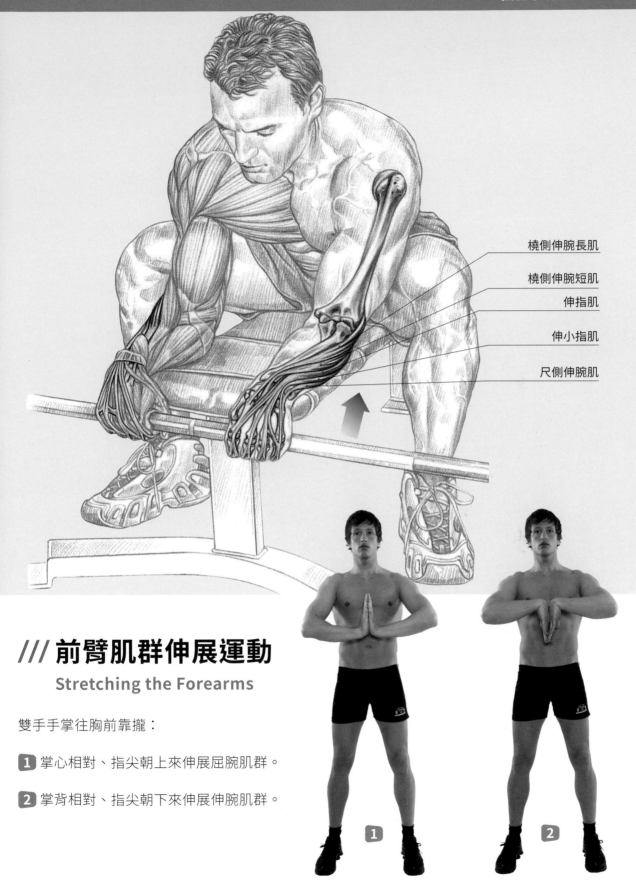

橈側伸腕長肌
橈側伸腕短肌
伸指肌
伸小指肌
尺側伸腕肌

/// 前臂肌群伸展運動

Stretching the Forearms

雙手手掌往胸前靠攏：

1 掌心相對、指尖朝上來伸展屈腕肌群。

2 掌背相對、指尖朝下來伸展伸腕肌群。

1

2

鍛鍊厚實肩部

▍三角肌群的功能

三角肌群是控制肩關節多方向活動的單關節肌肉，三角肌在肌肉外型上也是上半身非常外顯的肌群之一，因此不論從功能或外觀的角度來說，三角肌都會是肌力訓練必備的目標肌群。

　　從解剖觀點來看三角肌群，又可以進一步分為三個部分：

1.前三角肌： 主要負責肩關節屈曲往前抬起上臂的動作功能，在某些動作上會與胸部肌群共同收縮完成，因此前三角肌在三角肌群中是屬於相對容易發展的肌肉，反而在某些

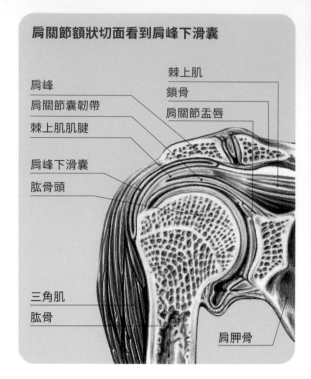

肩關節額狀切面看到肩峰下滑囊

肩峰
肩關節囊韌帶
棘上肌肌腱
肩峰下滑囊
肱骨頭
三角肌
肱骨
棘上肌
鎖骨
肩關節盂唇
肩胛骨

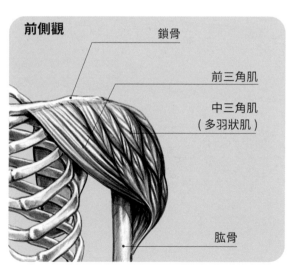

前側觀
鎖骨
前三角肌
中三角肌（多羽狀肌）
肱骨

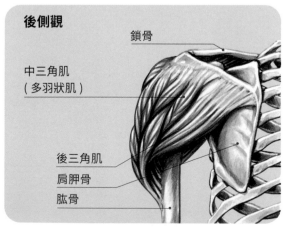

後側觀
鎖骨
中三角肌（多羽狀肌）
後三角肌
肩胛骨
肱骨

情況下，前三角肌容易成為胸部動作的代償肌群，因此如果個案沒有特定目的，通常不需要獨立出前三角肌的訓練動作，以免增加肩關節與肘關節過多的負擔，同時也能節省訓練時間。

2.中三角肌： 主要負責肩關節外展，將上臂往外側抬起的動作功能。在日常生活或多數的運動項目中，肩外展的頻率與強度其實並不高，訓練的目的主要還是為了在外型上呈現肩部肌肉飽滿的視覺效果，因此在肩外側區塊的肌肉鍛鍊還是以肌肥大為主要的編排概念。

3.後三角肌： 主要負責肩關節伸展，將上臂往背後延伸的動作。同時也是肩部肌群中最容易被忽略的區塊，因此容易在肩部肌群產生前側 (過度訓練) 與後側 (訓練不足) 肌力與肌肉量不對等的情況。過去研究也針對一般健康成年人與長時間規律訓練的專項運動員在肩部肌群做出比對，發現以下情形：

- 在前三角肌的部分，專項運動員比一般成年人多出平均約 250% 的肌肉量。
- 在中三角肌的部分，專項運動員比一般成年人多出平均約 150% 的肌肉量。
- 在後三角肌的部分，專項運動員比一般成年人只高出約 10~15% 的肌肉量。

當肩部前側肌群過於強壯，後側肌肉又沒有足以制衡的肌力時，就容易導致肩關節往身體前側偏移形成圓肩狀態，除了外觀姿勢改變的影響，偏移的肩關節與肩胛骨更容易增加潛在的慢性傷害風險。

在本書後面的動作內容中，我們會藉由下列兩個方法來避免上述肌力失衡的問題：

- 針對涵蓋前三角肌的訓練動作加註提醒，避免訓練過量。
- 特別強調肩部後側後三角肌群訓練動作的重要性。

！注意

由於肩關節具備大範圍的活動度，導致先天結構上相對脆弱且不穩定，因此圍繞在肩關節周邊的大小肌群就扮演非常關鍵的角色。任何力量上的失衡或動作協調的問題，都容易使活動度受限或增加潛在的傷害風險，也因此不只在肩部肌群的訓練，包括胸部、背部與上肢等任何需要肩關節活動的訓練動作，都需要有肩關節構造的概念。

肩胛骨

肱骨

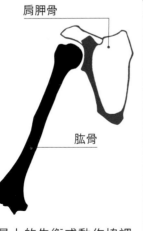

/// 啞鈴肩推 Dumbbell Press

這是針對前三角肌、肱三頭肌與上胸肌的多關節訓練動作，可以採取單側訓練的方式執行。

前臂呈中立位 ▶

1 可以採取站姿或坐姿，雙手將啞鈴舉到頭部兩側，前臂可以維持在中立或旋前擺位，也可以依照個人習慣或肌肉收縮來調整角度，通常拇指或多或少都會朝向頭部方向，當然也可以完全轉向背後或外側。

2 接著將啞鈴往上推起並往中間靠攏，到高點時避免手臂完全打直以維持肌肉張力，再慢慢離心放下負重回到起始位置。

▲ 前臂呈旋前位

前臂呈中立位

前臂呈旋前位

！注意 當手臂把重量高舉過頭時，肩關節其實會處於更加脆弱不穩定的位置，如果重量失衡倒向後方，可能會對肩關節造成很嚴重的傷害，所以在整個肩推的過程中，都務必確保肌肉可以維持穩定的收縮與控制。

　　許多人在肩推往上的過程中容易出現下背過度伸展的問題 (特別在站姿的時候)，因為軀幹後傾可以增加上胸肌群參與的程度，讓肩推動作的難度降低，然而這種代償方式雖然可以讓你舉起更大的重量，卻也減少了肩部肌群的訓練刺激，同時也會增加下背受傷的風險。

實用技巧

在離心往下的過程不一定要刻意將負重放到最低點，很多人會習慣將啞鈴下放到耳邊的高度就繼續往上，因為在這個高度以下，肩部肌群參與的力量就會顯著下降 (超出最適收縮長度)。如果負重較大，肩關節可能會開始出現抖動不受控的情形。此外，往下的活動度也與個案本身肌肉的柔軟度與鎖骨大小結構有關，在兩者都不是特別突出的情況下，其實讓啞鈴下放到耳際就已經有足夠的訓練刺激。

重點提示

如果你使用的是居家訓練常見的可調式啞鈴，建議將槓片盡可能往內側集中固定，這樣在肩推的過程中，啞鈴比較不容易誤擊頭部，負荷的重心也更加集中。

變化動作

1 雖然肩推無論在站姿或坐姿下皆可執行，但如果是以增加肌肉量來改善外型為主要目的，採取坐姿訓練可以提高動作穩定度，並讓你更專注在肩部肌肉收縮的感受上。然而對於有專項運動需求 (特別是強調對抗與接觸的項目) 的個案而言，上肢的動作表現通常需要與下肢肌力作結合，因此會建議採取站姿的方式進行肩推訓練，來讓肌肉適應由下到上的力量整合。

2 強調單邊爆發表現的運動 (如鉛球) 會建議以單側訓練的方式執行肩推；相對地如果是強調雙側同步協調的運動 (如舉重) 則建議採取雙手同步肩推的動作模式。

優勢	肩推動作是可以同時刺激上半身多組肌群的訓練動作，如果以坐姿肩推的方式執行，更可以增加這些肌肉的收縮強度。
缺點	回顧前面提過肩部肌群常出現的前後失衡問題，如果原本的訓練已經安排了大量的胸部肌群動作，前三角肌在這些動作中也同時獲得一定程度的訓練量，這時候肩推動作就未必是肩部訓練首選，反而應該把焦點轉移到肩部外側與後側區塊的補強，才能避免肌力失衡所導致的各種問題。

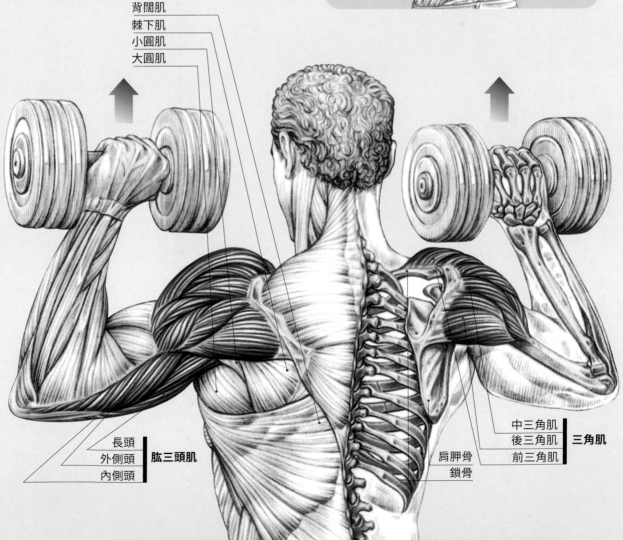

背闊肌
棘下肌
小圓肌
大圓肌

中三角肌
後三角肌 — 三角肌
前三角肌
肩胛骨
鎖骨

長頭
外側頭 — 肱三頭肌
內側頭

/// 啞鈴前平舉 Front Lateral Raise

這是針對前三角肌與上胸部肌群的單關節訓練動作。

1 採取站姿，同時雙手共持一個啞鈴或左右手分開各持一個啞鈴，前臂可以保持中立位 (拇指朝上) 或旋前的方式 (拇指相對)，也可以依照個人習慣調整適合的角度。

2 收縮前三角肌將手臂往前平舉，目標高度至少在視線水平以上。

3 在能力許可的範圍內可將啞鈴進一步舉到頭部以上的高度，原則上視線水平高度只是最基本的動作門檻，並非強制硬性規定，應優先以肌肉收縮感受度為準。當你使用的負重越輕，就越可能需要將啞鈴舉到更高的位置才能有足夠收縮強度刺激。

實用技巧

在前平舉的過程中，容易出現依賴身體前後擺動慣性來舉起啞鈴的代償動作，這種做法不只會增加下背部的傷害風險，同時也降低了前三角肌應有的收縮強度。建議剛開始可以藉由靠牆的方式，輔助軀幹穩定來減少代償動作的出現，讓身體習慣正確的動作發力模式。

重點提示

在這邊提過的所有肩部肌群單關節動作，都可以考慮搭配減量技巧來增加目標肌群的反覆次數。例如先以雙手各持一個啞鈴的方式前平舉到力竭後，立即放掉其中一個啞鈴，改成雙手共持一個啞鈴的方式繼續增加前平舉反覆到第二次力竭。

! 注意　當使用的負荷越重，越有機會出現下背過度伸展的代償情形，因此你可以藉由上半身些微的前傾，刻意讓下背部維持在中立穩定的位置，保持核心肌群穩定收縮，藉此降低可能的傷害風險，並確保目標肌群能有更完整的收縮強度。

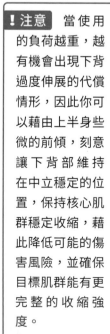

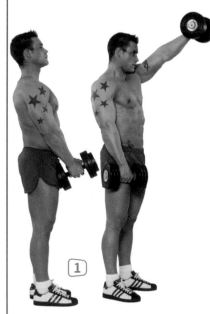

(變化動作)

1 對初學者來說，雙手呈中立位抓住同一顆啞鈴的做法相對容易熟練 (拇指在上)，你也可以選擇雙手各持一顆啞鈴，再決定要雙手同步舉起或者採取單邊左右輪流的方式。依照前面提過雙側肌力缺損的理論 (p.66)，單邊輪流的方式可以讓你舉起相對更重的負荷，對肌肉產生更大的收縮強度刺激。

2 你也可以使用彈力帶或同時搭配啞鈴組成複合式的阻力形式，並依照個人習慣與需求採取適合的手部抓握把位。

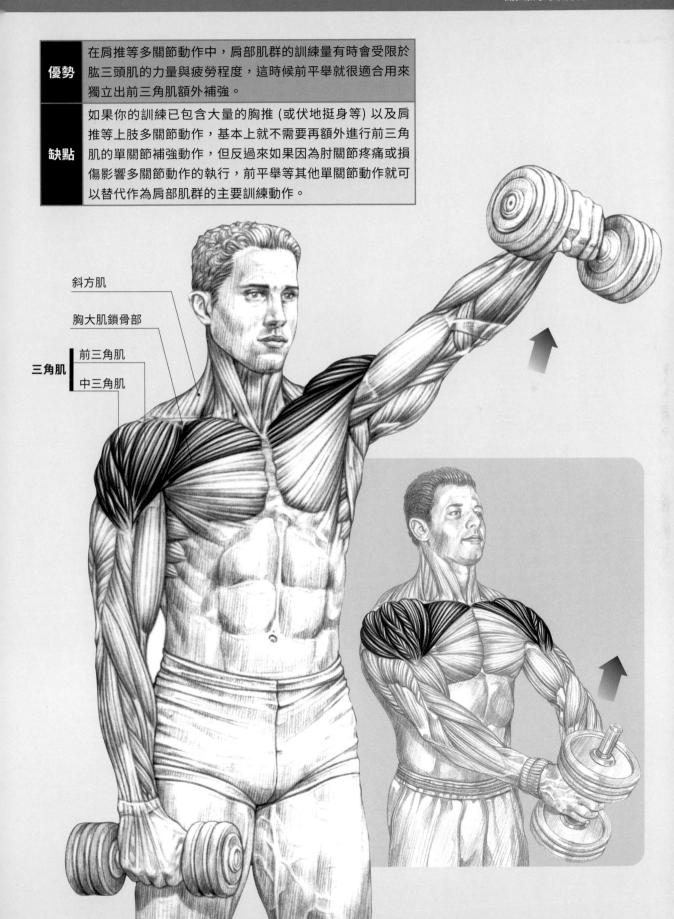

| 優勢 | 在肩推等多關節動作中，肩部肌群的訓練量有時會受限於肱三頭肌的力量與疲勞程度，這時候前平舉就很適合用來獨立出前三角肌額外補強。 |
| 缺點 | 如果你的訓練已包含大量的胸推 (或伏地挺身等) 以及肩推等上肢多關節動作，基本上就不需要再額外進行前三角肌的單關節補強動作，但反過來如果因為肘關節疼痛或損傷影響多關節動作的執行，前平舉等其他單關節動作就可以替代作為肩部肌群的主要訓練動作。 |

斜方肌

胸大肌鎖骨部

三角肌　前三角肌

中三角肌

/// 直立上拉 Upright Row

這是針對肩部外側肌群的多關節訓練動作，同時也包含部分肱二頭肌與斜方肌的參與，
通常多以雙側訓練的方式執行。

1 採取站姿雙手旋前抓住
啞鈴 (拇指向內相對)。

2 **3** 雙手肩關節外展並屈
曲手肘將啞鈴往上舉到胸口
位置，過程中啞鈴盡量貼近
軀幹直線往上。

> **! 注意** 腕關節在往上的過
> 程中保持放鬆避免過度擰
> 轉，如果有任何疼痛或不
> 適應立即暫停動作。

實用技巧

直立上拉的動作不需要刻意將啞鈴拉過頭部
以上，大多數人只需要將啞鈴帶到胸口水平
左右的高度，就已經具備相當程度的收縮刺
激。

重點提示

可以依照個人需求來調整兩顆啞鈴的間距，
基本上如果間距較開，就會提高中三角肌等
肩外展肌肉的收縮強度，反之如果距離越
近，上斜方肌參與的程度就會增加。

優勢	在肩推等肩部多關節動作中，訓練效果有時候會受限於肱三頭肌的力量與疲勞程度，這時直立上拉就是很好的替代方案，可以在不需要過多三頭肌參與的情況下，維持肩部肌肉的多關節訓練。當然也可以同時搭配肩推與直立上拉組成超級組訓練，來增加肩部肌群的訓練總量 (可依個人需求調整兩個動作的先後順序)。
缺點	這個動作會對肩關節與腕關節造成一定程度的負擔，如果在執行時會出現任何疼痛或不適則應立即停止，採取其他相同目標肌群的替代動作，並諮詢運動醫療專業評估。

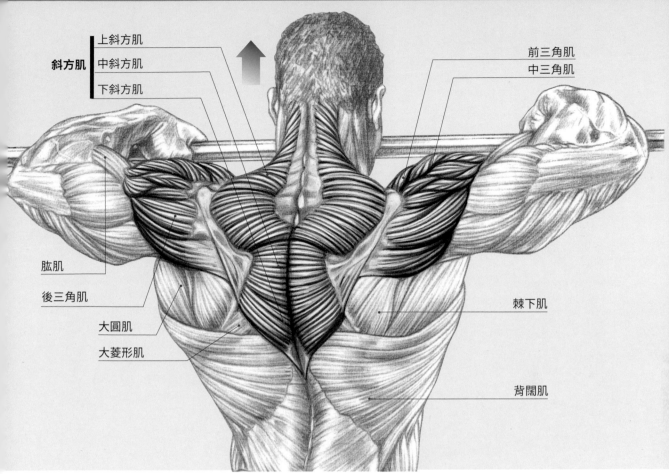

斜方肌
上斜方肌
中斜方肌
下斜方肌

前三角肌
中三角肌

肱肌

後三角肌

大圓肌

大菱形肌

棘下肌

背闊肌

(變化動作)

1 可以用腳固定住彈力帶作直立上拉的訓練，也可以同時搭配啞鈴與彈力帶組成複合式的訓練阻力。

2 除了站姿版本，彈力帶上拉也可以在仰臥的狀態下執行，優勢在於可以藉由地面的支撐來減輕脊柱上的壓力。

1

2

/// 啞鈴側平舉 Lateral Raise

這是針對肩部側邊肌肉的單關節訓練動作，有助於改善肩部外型輪廓。

！注意 如果你以代償動作舉起負荷，很容易在無意間養成背部過度伸展的錯誤習慣。

1

2

1 雙手呈中立位抓起啞鈴（拇指朝前），手臂自然放鬆在身體兩側。基本上建議以雙手同步側舉的方式來提高訓練效率。

2 沿著身體側邊將雙手側舉，過程中盡量維持手臂伸直，如果肘關節過度屈曲反而會使動作強度下降，減少中三角肌應有的收縮刺激。另外在側舉的過程中，小指可以略微高於拇指（增加少許旋前角度）讓收縮感受度集中在肩部肌群的中後側。

實用技巧

啞鈴側平舉可以有坐姿與站姿兩種方式，基本上在坐姿的狀態可以讓肩部肌群更加獨立收縮，維持相對標準的單關節動作模式。你也可以先以坐姿側平舉反覆到力竭後，進入站姿在合理範圍內借助部分身體慣性完成更多下反覆，讓目標肌群有更完整的訓練刺激。

重點提示

在每組側平舉訓練中，至少前半部份的反覆次數都必須盡量以穩定控制的方式將啞鈴舉到水平高度，如果你發現自己無法穩定俐落地將啞鈴舉到固定的位置，很有可能表示過度依賴身體的慣性來完成動作，同時也表示選用的負荷可能高於當下適當的強度。

輔助技巧

如果因為高反覆的側平舉導致肩部產生強烈的肌肉燒灼感，建議避免將手臂直接完全放鬆，可以藉由單槓懸吊的方式運用重力加速三角肌內的乳酸代謝。你也可以選擇搭配引體向上與啞鈴側平舉編排超級組訓練，除了同時結合肩關節外展與內收相互拮抗的動作特質，在引體向上的過程中也有助於三角肌的疲勞恢復。

優勢	相較於其他肩部訓練動作來說，側平舉對於三角肌群有非常直接的獨立訓練效果，不會受限於肱三頭肌等肌肉的力量或疲勞狀態，適合搭配減量技巧來讓三角肌群得到更完整的收縮刺激。
缺點	側平舉容易因為肩關節大範圍活動的慣性與啞鈴重力加成的影響，而出現軀幹代償的情形，但這些代償多數容易造成額外的傷害風險，同時由於肩關節先天結構的不穩定與手臂延展增加的力矩，通常無法使用大重量進行訓練。

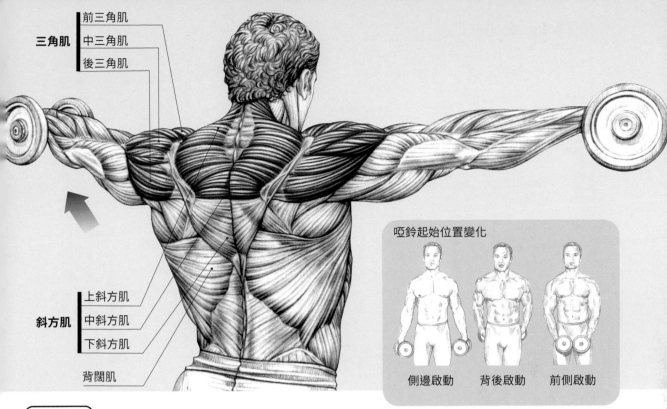

三角肌
前三角肌
中三角肌
後三角肌

斜方肌
上斜方肌
中斜方肌
下斜方肌

背闊肌

啞鈴起始位置變化

側邊啟動　背後啟動　前側啟動

變化動作

[1] 某些個案先天鎖骨的比例較長，執行雙手側平舉時，斜方肌的感受度反而大於中三角肌，這時候就建議以單側訓練的方式增加中三角肌獨立收縮的感受程度。

[3] 你也可以使用彈力帶作為替代阻力，藉由彈性回縮的特質，讓肌肉在大範圍活動的過程中都能維持一定的張力。

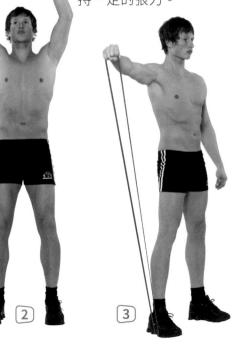

[2] 基本上側平舉的高度可以選擇到手臂與地面平行，或者更往上到頭部以上的位置，但在後者超過水平的部分會有更多斜方肌與前三角肌的參與。而肩關節大範圍的活動度也代表側平舉很難從頭到尾都使用大重量訓練，但可以藉由低強度、高反覆的方式來增加肌肉訓練的燒灼感。基本上在累積一定的訓練經驗後，你可以很自然地依照肌肉收縮的感受度來決定肩關節外展的範圍。

[1]

[2]　[3]

/// 側臥單臂平舉 Lying One-Arm Lateral Raise

這是針對中三角肌與後三角肌的單關節訓練動作,可以變換手臂擺位來改變目標肌群,主要以單側訓練方式執行。

強化肩外側肌群

1 側躺在地面或床上,下手支撐輔助軀幹穩定,上手抓住啞鈴自然伸直置於大腿側邊。

2 上手呈中立位 (拇指朝前) 沿著身體側邊 (額狀面) 側舉啞鈴,肘關節於過程中保持伸直不鎖死,肩關節外展到手臂垂直地面前停止,然後穩定離心放下啞鈴,基本上側躺的方式會比站姿側舉更有難度。

強化肩後側肌群

1 側躺在地面或床上,下手維持軀幹穩定後,上手往身體前方伸直抓住啞鈴,可以藉由椅緣或床緣的高度讓上手起始點往下延伸,增加整體動作的活動度。

2 上手同樣維持中立位 (拇指朝地面) 讓肩關節水平外展舉起啞鈴,手肘於過程中伸直不鎖死,並將啞鈴舉到手臂垂直地面前停止,接著慢慢離心往下回到原點。藉由手臂活動維度的改變,將目標聚焦到肩部後側肌群,相較於俯身側舉 (下一個訓練動作) 來說可以避免軀幹慣性代償的問題,同時帶來更大的動作活動度並減少下背部的負擔。

優勢	側臥單臂平舉適合用來改善肩部肌群感受度,特別在後側後三角肌的區塊更有成效,初學者只要持續數週訓練,就可以明顯增加三角肌等肩部肌群的收縮感受度。
缺點	由於這個訓練只能單側訓練,相對更加費時。

實用技巧

側臥單臂平舉的目的在於更完整地獨立出肩關節的外展肌群,不需要用大重量訓練,過程中盡量保持手肘伸直不鎖死,在接近力竭時,可以微彎手肘增加肌肉張力來完成更多下反覆。

重點提示

這個訓練動作非常適合搭配超力竭的減量訓練技巧。

肱三頭肌
三角肌

變化動作

1 側臥單臂平舉可以和站姿或俯身的側平舉變化搭配成超級組訓練。

！注意 若是在軟墊，訓練前請先確認是否可以提供軀幹穩定支撐。

2 先以側臥單臂平舉反覆到力竭後，改成站姿或俯身的版本繼續接著完成更多下反覆，讓肩外展肌群可以得到更完整的訓練刺激。

1

2

/// 俯身側平舉 Bent-Over Lateral Raise

這是針對肩部後側肌群的單關節訓練動作，同時也包含部分斜方肌與背闊肌的參與，
一般建議以雙側訓練執行。

1 上半身往前傾，讓
手臂自然與地面垂直
接近 90 度左右，雙手
前臂呈中立位抓住啞
鈴 (虎口朝前)。

2 雙手伸直往背後水
平外展，兩手舉到高點
後停留一秒的收縮，再
穩定離心放下啞鈴。

!注意	上半身前傾的姿勢容易增加下背壓力，盡可能屈曲髖關節讓臀部往後讓肋骨靠近大腿，並維持核心肌群穩定收縮，讓下背維持在中立位置。
優勢	這是針對肩部後側後三角肌等肌群最有效的訓練動作之一，動作難度與技巧相對較高。肩部肌肉前後失衡的人，可以藉由俯身側平舉與其他相同目標區塊的動作來編排超級組訓練，增加肩後側肌群的訓練刺激。
缺點	由於動作過程在肩關節外展舉起啞鈴的同時，必需保持核心肌群收縮來穩定姿勢，訓練前避免腹內有過多的水分或食物而造成反胃。

實用技巧

藉由上半身前傾的姿勢，讓你可以更直覺地抵抗重力將啞鈴直接舉向
側邊。相較於上一個側臥單臂平舉來說，可以讓你進行更大重量的訓
練，但同時也會增加斜方肌與背部肌群的參與。動作過程中讓頭部與
頸椎保持在自然延伸的中立位上，視線可以略微往上看向斜前方的地
面。如果想採取單側訓練的方式，建議參考前面側臥單臂平舉的內
容。

重點提示

多數人有肩部肌群前後失衡的問題，因此肩部前側的訓練動作反而不
是首要目標，應該在訓練中有意識地補強肩部後側肌群的肌力表現，
這對許多背部動力鏈的訓練動作也會有所助益。然而即便你的背部與
肩部訓練日不同，也可以在背部訓練日藉由簡單低強度的幾組俯身側
平舉，來增加後三角肌等肌群的活化程度。

變化動作

1 採取仰臥姿，雙手
在胸前伸直抓著彈力帶
(前臂旋前虎口相對)。

2 收縮肩部後側肌肉
讓雙臂水平外展至地
面，仰臥版本的優勢在
於可以減輕下背肌群與
脊柱的壓力。

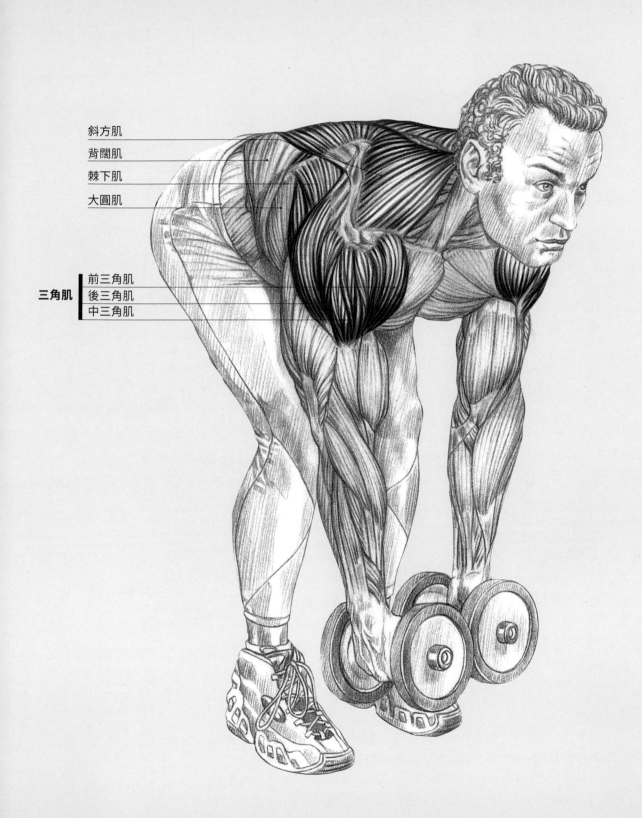

斜方肌
背闊肌
棘下肌
大圓肌

三角肌 ┤ 前三角肌
　　　　後三角肌
　　　　中三角肌

/// 肩部肌群伸展 Stretching the Shoulders

肩前側肌群伸展：

1 雙手伸直在背後相扣，並將手掌靠在椅背上，必要時其中一腳往後延伸固定住椅腳。

2 往下蹲的同時，上半身往前傾，讓肩關節往後伸展延長前側肌群。

3 身體往前移動增加與椅背的間距，可以提高伸展的強度，必要時可在椅背墊上毛巾改善手臂接觸舒適度。

1 雙腳站直與肩同寬，雙手在背後伸直手指互扣，上半身往前傾的同時配合肩關節往後伸展，維持數秒後，膝蓋微彎慢慢往上伸展胸椎回到起點。

1 雙腳與肩同寬雙手伸直抓住練習槓或木棍的兩端。手肘伸直將練習槓往上繞過頭頂到身體後方，延展肩部前側肌肉。

肩後側肌群伸展：

1 右手手肘彎曲呈 90 度從前方繞過頸部搭住左肩，左手抵住右肘將協助手臂往頸部靠緊，維持肩後側肌群伸展數秒後，左右手互換伸展另一側肌肉。

在柔軟度提升後，可以將手肘直接靠著牆壁，藉由體重輔助達到更強的伸展效果。

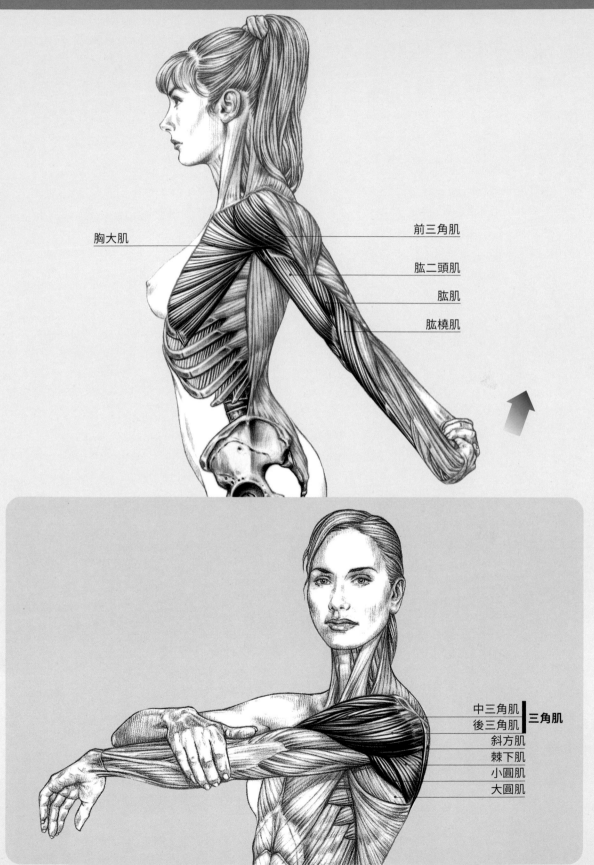

胸大肌

前三角肌

肱二頭肌

肱肌

肱橈肌

中三角肌　┐
　　　　　├三角肌
後三角肌　┘

斜方肌

棘下肌

小圓肌

大圓肌

肩旋轉肌群

肩旋轉肌群的功能

肩旋轉肌袖主要由四條圍繞肩關節的肌肉組成（棘上肌、棘下肌、小圓肌與肩胛下肌，見下頁圖），除了輔助肩關節各個方向的活動外，最重要的功能是維持肱骨頭在肩關節盂唇內的穩定度，少了旋轉肌袖的支持，任何肩部的動作都有可能會導致關節脫位。

　　瞭解旋轉肌袖維持肩關節穩定的重要性後，接著也不難想像這些肌肉面對各種軀幹與上肢阻力訓練動作時所受到的考驗，當然更包括許多需要肩關節爆發性或高反覆活動的運動項目，例如鉛球與游泳等。旋轉肌袖需要在高強度與快速的動作中，同時兼顧肩關節的穩定度。

　　然而多數人在進行上述這些高反覆或高強度的運動時，並沒有特別意識到旋轉肌袖的重要性，加上這些肌肉在尺寸與結構上都相對脆弱，很容易累積造成肩關節傷害的風險因子，其中又以棘下肌的使用頻率較高，同時也缺乏適當的補強，因此接下來我們會介紹如何在訓練中，適時安排輔助訓練來降低這些潛在的風險。

一般來說，在訓練中會建議在這兩個時機加入肩旋轉肌袖的輔助動作：

1.暖身活化階段：在執行任何軀幹或上肢肌群動作前，先做幾組低負荷的旋轉肌活化運動，提高這些小肌肉的血液灌流與準備程度，來因應接下來高負荷的訓練動作，同時也能提升一定程度的肌力與肌肉控制能力，來降低相關的傷害風險。

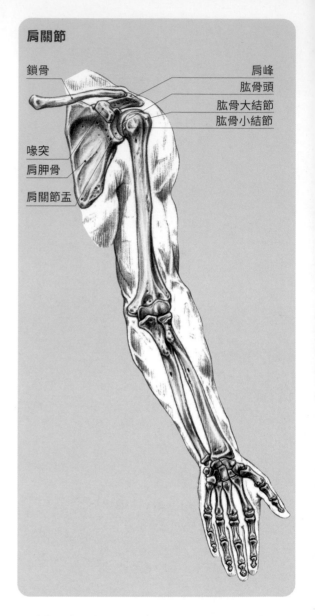

肩關節

鎖骨

喙突
肩胛骨
肩關節盂

肩峰
肱骨頭
肱骨大結節
肱骨小結節

2.收操緩和階段：如果暖身階段的訓練還不足以完全改善肩關節的穩定度，你可以在主訓練結束後再執行三到五組的旋轉肌動作做補強。多數人往往會等到肩關節出現疼痛後才意識到旋轉肌訓練的重要性，但即便如此，只要在專業醫療評估後開始規律地加強這些小肌群，疼痛與動作表現都能夠得到改善。另外主訓練結束後的補強，基本上與暖身階段的活化並不衝突，可以依照個別的情況去調整適當的時機與訓練量。

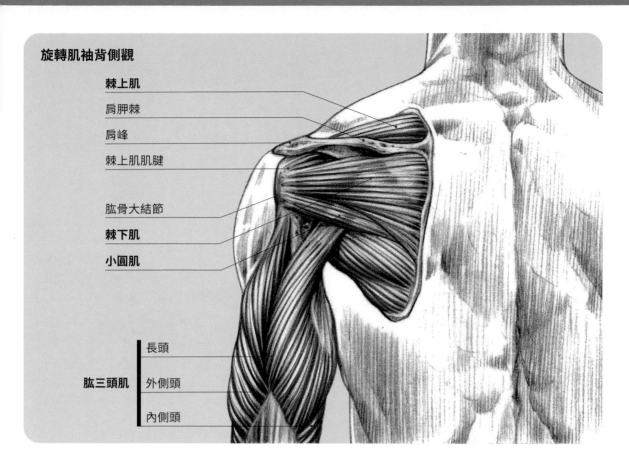

旋轉肌袖背側觀

- **棘上肌**
- 肩胛棘
- 肩峰
- 棘上肌肌腱
- 肱骨大結節
- **棘下肌**
- **小圓肌**

肱三頭肌
- 長頭
- 外側頭
- 內側頭

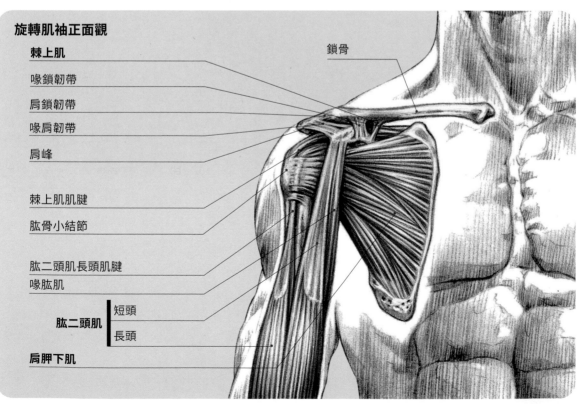

旋轉肌袖正面觀

- **棘上肌**
- 喙鎖韌帶
- 肩鎖韌帶
- 喙肩韌帶
- 肩峰
- 棘上肌肌腱
- 肱骨小結節
- 肱二頭肌長頭肌腱
- 喙肱肌

肱二頭肌
- 短頭
- 長頭

肩胛下肌

鎖骨

/// 啞鈴肩外旋 Shoulder Rotation With a Dumbbell

這是針對棘下肌的單關節動作，基本上以單側訓練方式執行。

輔助技巧

盡量採取 20 下以上的高反覆訓練，來透過肌肉產生的燒灼感增加棘下肌收縮的感受度。

!注意 棘下肌是結構相對脆弱的小肌肉，放下啞鈴的動作過快很容易造成肌肉拉傷，因此在離心階段務必維持穩定的張力與速度，同時也能增進肌肉控制與減速的能力。

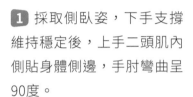

1 採取側臥姿，下手支撐維持穩定後，上手二頭肌內側貼身體側邊，手肘彎曲呈90度。

2 上手呈中立位抓住啞鈴（拇指朝頭部方向），上臂保持貼住肋骨，同時肩關節外轉將啞鈴舉起，在前臂接近與地面垂直前轉向，慢慢離心放下啞鈴。

變化動作

V 你可以調整前臂旋前（虎口轉向下方）或旋後（虎口轉向上方）角度，來找到棘下肌收縮感受度最明確的擺位。

實用技巧

肩外旋的主要訓練目的並非大重量負荷，重點在於提升棘下肌的收縮感受與肌肉控制能力，過大的負荷只會增加代償與肌肉傷害風險。

重點提示

針對肩旋轉肌袖相關的輔助訓練動作，都建議以低強度負荷搭配高反覆次數及組數的編排，來達到足夠的訓練刺激，並確保不會造成肌肉損傷。

優勢	這個動作或許不會給你帶來任何外型線條上的變化，但從傷害預防與長遠訓練的角度來看絕對不容忽視。藉由高反覆的動作來確實提高旋轉肌袖個別小肌肉的收縮感受度，藉此增加在肩部大範圍爆發性動作中對關節的保護能力。
缺點	由於重力方向與身體擺位的關係，啞鈴提供的阻力與正常運動中棘下肌的收縮模式還是有所落差，啞鈴的阻力會隨著前臂活動的角度有所不同，無法讓肌肉維持穩定的收縮張力，對某些人的訓練效果可能相對有限。

/// 棘下肌伸展動作
Stretching the Infraspinatus

相關的伸展動作可以參考
p.155 坐姿背部肌群伸展
的內容。

/// 彈力帶肩外旋 Shoulder Rotation With a Band

①

②

▼ 旋前把位

▼ 旋後把位

V

V

實用技巧

由於彈力帶的阻力調整非常直覺快速 (最簡單的方式就是改變你和固定點的距離)，在搭配減量技巧等訓練方式時會更有效率。

重點提示

彈力帶可以提供持續穩定的張力，能更有效地增加棘下肌的收縮感受度。

① 將彈力帶固定在腰部左右的高度，取好適當距離後，側向面對固定點，雙腳站穩與肩同寬，外側手肘彎曲呈 90 度並將上臂內緣貼緊軀幹，前臂呈中立位抓住彈力帶 (拇指朝上)。

> **！注意** 使用彈力帶可以有更好的肌肉感受度，同時也能降低傷害風險，但在過程中還是要保持穩定的動作節奏避免突然加速。

變化動作

V 試著調整前臂旋前 (拇指轉向內側) 或旋後 (拇指轉向外側) 的角度，來找到棘下肌收縮感受度最明確的位置。

彈力帶的優勢在於可以配

② 接著，外側肩膀外旋帶動前臂延展彈力帶，過程中挺起肋骨與胸廓可以增加棘下肌的收縮感受度，在終點停留一秒穩定收縮，再慢慢離心回到原點。盡量將手肘固定避免上臂肌肉的代償，至少進行 12 下以上的反覆再換到對側手重複動作。

優勢	彈力帶肩外旋是目前最有效加強並活化棘下肌的訓練動作之一。
缺點	彈性阻力大小很難精準量化，需要有足夠的訓練經驗才能拿捏合理的強度與訓練量。

合肌肉最適當的收縮方向來調整固定點位置，相較於啞鈴只能因應重力方向來產生阻力，彈力帶非常適合用來針對需要補強的小肌群提供更準確的阻力方向。

打造厚實胸肌

胸部肌群功能

讓上肢做出往前推撐的動作是胸部肌群最重要的功能之一。簡單來說就是讓雙手克服前方阻力的動作 (例如拳擊項目的刺拳、籃球項目的傳球或鉛球投擲等)。

因此胸部肌群對於技擊、接觸性運動或包含投擲動作表現的項目都是重點肌群,必須同時具備足夠的肌力以及因應快速動作表現的爆發力。

從外形角度來說,胸肌外顯的特質往往是許多男性投入訓練的首要原因之一,而飽滿的胸肌確實容易和力量與雄性魅力產生連結。

然而胸肌在日常活動中的使用頻率其實相對偏低,因此初學者往往容易會有肌肉感受度不足的問題。我們在接下來的動作內容,也會一一提供相對應的改善做法。

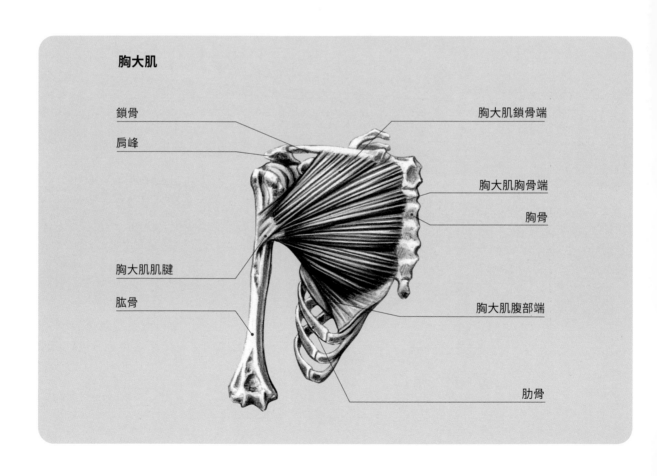

胸大肌

鎖骨
肩峰
胸大肌肌腱
肱骨

胸大肌鎖骨端
胸大肌胸骨端
胸骨
胸大肌腹部端
肋骨

/// 伏地挺身 Push-Up

這是針對胸大肌、前三角肌與肱三頭肌的多關節訓練動作，基本上多以雙側訓練方式執行。單手伏地挺身的難度門檻較高，一般適合體重較輕或肌力水準較佳的個案。

1 從身體俯臥在地面作為起始位置，雙手撐在胸口水平的位置，並保持肩寬以上的距離 (有別於之前針對肱三頭肌的窄距伏地挺身)。

2 配合胸肌收縮，伸直手臂撐起軀幹，到頂點後再穩定離心放下身體回到起始位置。

◀ 雙手保持肩寬以上的距離

實用技巧

1.雙手分開

雙手手掌撐地的距離越寬，通常會增加胸部肌群延展的感受度。對於少部分前臂比例較長的個案，在離心階段往下時，胸肌肌腱可能會因此承受更高的張力而產生不適。但相對地，當手臂伸直將身體撐到頂點時，胸部肌群的收縮強度也相對較低。

2.雙手靠近

換個角度來說，當雙手手掌距離越近，胸肌延展的感受度就越低，但反過來當手臂撐直到頂點時可以讓胸肌有更完整的收縮。唯一要注意的是當雙手距離越近，肱三頭肌參與的程度就越高，相對地會分攤掉部分胸部肌群作功的比例。

找到最符合訓練目標的手掌擺位。

a 如果是以胸部肌群為主要訓練目標，建議雙手指尖朝前或朝向外側。

b 雙手指尖轉向內側，可以增加肱三頭肌的收縮感受度。

c 你也可以同時調整雙手與雙腳的間距，來找到最穩定的訓練姿勢。

◀ 雙手分開，雙腳併攏

◀ 雙手靠近，雙腳分開

伏地挺身有幾種調整強度的變化方式，初學者可以先採取膝蓋跪地的版本來降低難度，隨著肌力提升再進階到雙腳支撐的訓練方式。這個優勢也可以應用在超力竭的組合編排，例如先以基本雙腳支撐的伏地挺身反覆到力竭後，再立即接著以膝蓋跪地的做法完成更多反覆來提高訓練量。

雖然伏地挺身是徒手訓練的經典動作，但由於不同個案間在先天骨骼結構比例的差異，並非所有人都有相同的訓練效果，例如上肢比例較長者可能會增加伏地挺身的難度，但往往未必能產生更好的肌肉適應。然而這也說明了許多開始健身的人常會出現的動作迷思，健身的終極目標並不在於學會伏地挺身或某項特定動作，而是找到適合自己肌肉長遠健康發展的訓練模式，即便某些動作受到先天結構的限制，還是有許多可以強化目標肌群的替代方案，能夠同時兼顧訓練效果與動作安全。

變化動作

1 藉由彈力帶可以增加伏地挺身的強度，剛開始建議雙手壓住彈力帶後，先將其中一股繞到背後固定，接著可以依照個人感受度調整雙手撐地的位置。除了兩手的間距外，也可以選擇將手掌至於胸口水平或肩部正下方，接著伸直手臂撐起軀幹。

2 隨著肌力提升，可以將兩股彈力帶都固定到背後來進一步增加動作強度。

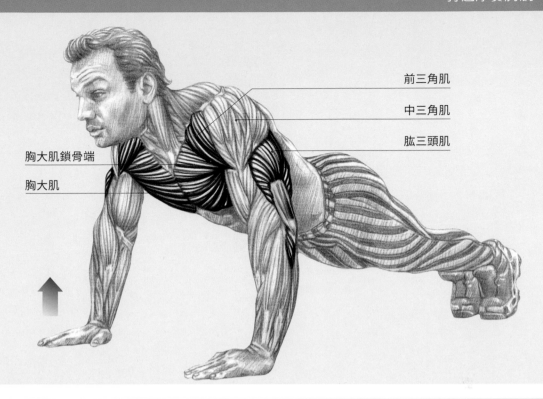

前三角肌

中三角肌

肱三頭肌

胸大肌鎖骨端

胸大肌

重點提示

在伏地挺身的過程中，由於軀幹上下端移動範圍的差距，會自然形成上半身先行的身體弧度 (當然是在維持核心穩定收縮的前提下)，因此身體並非完全與地面平行。初學者在還沒掌握身體協調前，可以先用軟墊墊高大腿或膝蓋下方的位置，來降低動作啟動的難度 (軟墊的位置越往上靠近軀幹重心，動作執行越容易)。如果你在原本的伏地挺身中無法確實感受到目標肌群的作用，可以嘗試這項輔助技巧來改善你的動作協調。

!注意 腕關節的活動度也是伏地挺身可能的受限因素之一，在整組動作中要維持腕關節 90 度的伸展並承受體重，可能對部分的人來說相對吃力。這邊就建議搭配伏地挺身專用的輔助器材或適當大小的啞鈴，讓手腕維持在中立位下訓練，除了降低腕部的壓力外，更可以增加上下的活動範圍，讓胸部肌群有更完整的延展 (確保腕關節在伏地挺身的過程中沒有任何不適)。

初學者容易在向心往上的過程出現下背過度伸展的代償動作，這時必須適當提醒維持核心肌群的穩定來減少腰椎的壓迫。

輔助技巧

在體能條件許可下，建議在兩組胸推或伏地挺身等胸部多關節動作間加入一組二頭彎舉動作 (低負荷不力竭)，適度的二頭肌收縮刺激可以幫助肱三頭肌在組間的恢復，可以減緩胸部訓練動作的疲勞累積。

/// 啞鈴胸推 Bench Press With Dumbbells

這是針對胸大肌、前三角與肱三頭肌的多關節訓練動作，由於單邊胸推需要更多的穩定控制能力，初學者建議先從雙側胸推開始，

◀ 雙手前臂旋前

1

保持臀部與腿後肌群的張力讓下背平行地面

啞鈴從胸線位置啟動

▼

2

▲ 雙手手肘往外撐開

1 居家訓練時可以躺在地上或將背部靠在穩固的床角，雙手前臂旋前抓住啞鈴停在胸線位置（兩手拇指相對），收縮胸肌伸直手臂將啞鈴推向上方，在頂點可以讓啞鈴互相碰觸來確保胸肌完整收縮內夾。

2 接著手臂彎曲分開啞鈴穩定離心放回起點，胸推啟動點的位置一般會落在胸線與肩線之間（也就是乳頭連線到肩關節水平線之間），初學者可依關節活動最自然的方式選擇適當的啟動位置。在熟悉動作模式後，便可依目標肌群作出調整，啟動點越接近肩線對上胸部分肌肉的收縮強度越大；反之如果啟動點靠近胸線或在胸線以下，則對下胸部的肌肉有更好的訓練刺激。

上斜臥推

中立握 ▶

1

（變化動作）

1 前臂的旋轉角度與雙手手肘位置，都是調整肌群參與比例常見的變項。例如將手肘靠近軀幹同時前臂轉到中立位角度下（虎口朝頭部方向）進行胸推，就會減少胸部肌群的延展，並增加肩部前側肌肉的參與比例。

　　一般常見將手肘往外撐開並保持旋前把位（拇指相對）的胸推，在起始位置可以讓胸部肌群有更大程度的延展，讓胸部肌群在向心階段能有更明確的收縮感受，但同時也代表胸大肌肌肉肌腱在離心階段會承受更大的張力，因此放下啞鈴的過程中，務必維持穩定的速度與控制來避免肌肉拉傷。

> **！注意** 在進行胸推訓練時，務必留意從地面拿起啞鈴到預備位置的過程。建議抓起啞鈴後先置於大腿上，調整身體位置穩定軀幹後，再彎曲手臂將啞鈴舉到起始位置開始胸推訓練，這樣可以減輕手臂與背部的負擔。在放下啞鈴的時候便可用相反的流程將啞鈴置放回地面。除了真正力竭或緊急情況之外，盡量避免直接鬆手或雙手往外分開放掉啞鈴，這些動作都有可能增加胸肌與二頭肌拉傷的風險。

前三角肌

胸大肌

肱二頭肌
肱三頭肌
肱肌

優勢	伏地挺身與胸推同樣都是強化胸肌必備的經典動作，兩者有相似的關節活動模式，差別在於前者是雙手固定於地面移動軀幹；後者則是固定軀幹移動上肢，而啞鈴胸推的優勢在於可以更精準的調整負荷的強度，讓你可以依照訓練的目的與進程選擇適當的負重。
缺點	胸推需要一定程度的肩關節穩定控制能力，因此相較於伏地挺身來說，胸推在一開始對初學者上手的門檻相對較高，建議剛開始可以使用較輕的啞鈴或請同伴協助穩定胸推動作的軌跡，來達到更好的動作品質。但以專項轉換的角度來說，胸推的動作會更接近多數運動項目的表現需求，不論是傳球或出拳動作等都與胸推有類似的動作結構，因此在專項體能的規劃中胸推也時常是必備的肌力訓練動作。

臀部靠住腳跟 ▶

② 如果是以床角作為背部支點，可以屈髖將臀部往下靠在腳跟上，模擬健身房常見的斜板椅，讓軀幹維持適當的斜角來增加上胸部肌群的肌肉參與程度。

③ 在站姿的情況下，也可以藉由彈力帶作為阻力來訓練胸推動作。雙手分別扣住兩端並將彈力帶中段繞到背後固定，可以採取雙手或單手的胸推方式，這種方式時常作為拳擊或散打等技擊項目的專項輔助訓練。

實用技巧

在地上仰臥胸推也是另一種常見的訓練方式，可以提供肩胛骨與背部更穩定的支撐平面，適合在初學階段或執行大重量訓練時使用；而一般常見搭配健身長椅或背靠床腳的方式，則可讓肩關節有更完整的外展範圍來增加胸部肌群的延展，但會需要更穩定的肩關節控制能力，因此初期建議以低負荷搭配較慢的速度來熟悉胸推的動作控制。

重點提示

若在家中以床角作為支點前，務必確認床架結構的穩定與安全性。在胸推過程雙腳必須穩定踩住地面並保持核心收縮，讓軀幹維持在適當的角度，避免下背過度伸展代償胸推動作。

/// 啞鈴胸部飛鳥 Dumbbell Chest Fly

這是針對胸部與肩部肌群的單關節訓練動作,
一般建議雙手同時執行。

雙手呈中立位 ▲   **1**

▲ 撐起臀部
平行地面

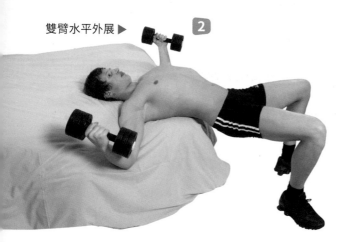

雙臂水平外展 ▶   **2**

實用技巧

在執行飛鳥訓練時,雙手啞鈴不需要在頂點互
相碰觸,因為重力與力矩的關係,啞鈴舉到頂
點時基本上幾乎完全由上肢骨骼承擔重量,目
標肌群內收動作的張力已經降低,針對肌肉感
受度較差的個案,反而會建議大約做到 75% 左
右的內收範圍就可以放下啞鈴重新反覆,讓肌
肉可以盡量在整組過程中都維持穩定的張力,
來達到更完整的訓練刺激。

重點提示

可以先以啞鈴飛鳥的方式反覆到力竭後,立即
彎曲手肘換到多關節的胸推訓練進行第二輪的
反覆,藉由超級組的訓練方式讓胸部肌群有更
全面的收縮刺激。

！注意 手肘在飛鳥動作過程中接近伸直,但要
避免關節完全鎖死,以維持目標肌群穩定的收
縮張力。將啞鈴放回地面時,避免雙手往地面
過度伸展造成胸肌與二頭肌拉傷的風險,應採
取和前面胸推相同的方式,將啞鈴靠在腿上再
安全地放回地面。

1 可以選擇背靠床角或
仰臥在地面的預備位置,
接著以前面胸推提過的方
式,雙手拿起啞鈴往上舉
高伸直手臂 (雙手虎口朝
上呈中立位)。

2 接著雙手往兩側分開慢
慢放下啞鈴,過程中手肘接
近伸直但關節不鎖死,雙手
以相同的速率下放到接近水
平位置後再次內收雙臂舉起
啞鈴,雙手手肘維持在相同
的屈曲角度避免過於彎曲。

優勢	飛鳥動作可以提供胸部肌群更多的延展感受,作為胸部肌群為主的單關節訓練同時也排除了肱三頭肌的參與,因此不會出現像胸推可能受限於三頭肌疲勞的問題。
缺點	使用啞鈴飛鳥的缺點在於越接近動作頂部,因為重力方向的關係,胸肌內收的參與比例就會明顯降低,肌肉感受度通常只在前半段範圍較為集中,因此建議可以配合彈力帶水平內收的動作,來補強胸肌內側緣的收縮感受度。

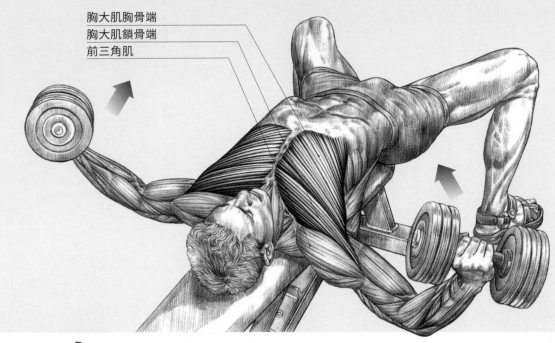

胸大肌胸骨端
胸大肌鎖骨端
前三角肌

手往上呈 V 字型 ▶

① （圖中標示）

變化動作

調整前臂旋轉的角度與上肢擺位，可以改變胸肌不同區塊的收縮感受度。在第 1 個變化動作中增加前臂旋後角度，搭配雙手往上呈 V 字型的擺位，可以增加下胸部分肌群的收縮強度。

　而在第 2 種變化中，增加前臂旋前角度並配合臀部往下讓上半身傾斜，則可增加上胸部肌群的收縮感受。

▲ 屈髖臀部
往下改變
軀幹傾角

②

① 第 1 種變化的 V 型飛鳥是將雙手外展的方向調整到斜上方的角度，讓胸肌的收縮方向介於原本水平飛鳥與下一個仰臥拉舉 (pullover) 動作之間。這種變化方式可能會讓某些個案有更好的肌肉收縮感受，但由於肩外展角度的增加同時也會提高肩關節的負擔，必須以更低的負重強度來避免肌肉或關節的損傷。

② 第 2 種飛鳥變化必須在背靠床角的狀態下訓練，屈髖將臀部往下使上半身傾斜來模擬斜板椅的效果，在這個姿勢下作飛鳥動作可以增加上胸部肌群的收縮強度。

/// 直臂拉舉 Straight-Arm Pullover

這是針對胸部肌群為主的單關節訓練動作，同時也包含部分背闊肌與肱三頭肌長頭的參與，基本上以雙側訓練的方式執行。

◄ 雙手呈中立位

1 可以選擇仰臥在地面或床墊 (建議)，在後者的情況可以將頭部靠近床沿讓雙手可以懸出床邊，使目標肌群有更完整的延展範圍。接著雙手抓住啞鈴呈中立位，伸直往上舉過頭部 (虎口朝向地面)。

2 在肩關節活動度許可的範圍內伸直手臂，讓啞鈴自然垂到頭部以後，接著收縮目標肌群將啞鈴往上拉起，過程中保持手肘伸直不鎖死，將啞鈴舉到視線正上方後，就可以慢慢離心回到起始位置重新反覆。

變化動作

V 除了一般常見雙手互扣同一顆啞鈴的做法，你也可以選擇左右手各持一個啞鈴的方式，但這種拉舉變化會需要更穩定的肌肉控制能力，來維持左右手相同的速度與軌跡。進階的訓練組合可以先以雙手拉舉的方式反覆到力竭後，立即接著執行飛鳥動作，讓胸部肌群可以藉由兩種不同收縮方向的動作得到更完整的訓練刺激。

另外，你也可以選擇搭配減量的技巧，雙手分別各持一個啞鈴拉舉到力竭後，放下其中一個啞鈴改成雙手互扣的方式減輕重量，繼續完成更多下的反覆次數。

! 注意 直臂拉舉的動作會讓肩關節處於相對不穩定的關節角度，因此盡量避免採取大重量的訓練方式，建議以中低強度搭配高反覆的編排為主要目標。另外，在任何啞鈴過頭的動作中都要確保配重安全固定，以免在訓練時脫落誤擊臉部。

實用技巧

可以透過肘關節微彎來增加肩關節過頭屈曲的活動範圍，但要留意肘關節屈曲的角度越大，則背部肌群參與的程度就越高。

重點提示

某些人會藉由拉舉動作來改善肩胛胸廓的活動度，但在後面內容我們會介紹更有效的伸展方式 (參考 p.143)。

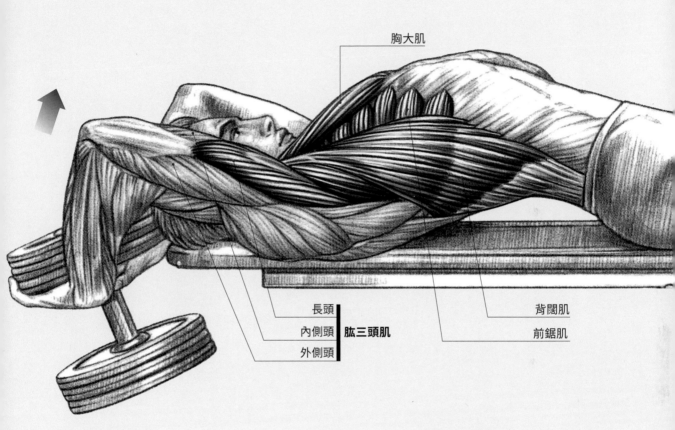

胸大肌

長頭
內側頭　**肱三頭肌**
外側頭

背闊肌
前鋸肌

優勢	拉舉動作可以同時強化胸部肌群，並改善肩關節過頭屈曲的活動度 (長期重訓者的肩關節活動度，容易受限於過於緊繃的胸部與背部肌群)。
缺點	部分個案在拉舉時，可能會因為胸部肌群的感受度較低，反而由背闊肌代償作為主要發力肌群。

/// 彈力帶胸內收訓練 Crossover With a Band

這是針對胸部與肩部肌群的單關節訓練動作，通常配合彈力帶以單側訓練方式執行。

1 配合適當的固定點將彈力帶固定在腰部左右的高度 (可以搭配門把或室內單槓作為固定點)，拉開距離調整到適合的彈性阻力後，單手呈中立位抓住另一端 (虎口朝上)。

2 穩定站姿後，單邊胸肌收縮帶動肩關節水平內收，過程中手肘伸直但關節不鎖死，將手臂完全內收到身體另一側，維持肌肉穩定收縮一秒後，再穩定離心回到起點，完成目標次數後立即換手重複動作。

實用技巧

為了讓胸部肌群有完整的收縮刺激，內收的過程務必維持穩定的速度與肌肉張力，並盡量避免過度彎曲手肘來維持足夠的力矩與強度。如果要搭配減量超力竭的技巧，可以在第一輪胸內收力竭後，再增加肘關節屈曲的角度來完成更多下的反覆。

!注意　訓練過程中肘關節務必維持適當微屈的角度，因為過度伸展會增加肱二頭肌肌肉肌腱拉傷的風險；但反過來若屈曲角度過大，則會因為肱二頭肌的代償而影響胸肌訓練的效果。

變化動作

[V] 你也可以改變手臂內收的角度往斜下到腹部位置，或往斜上到頭部對側（或這兩點間其他不同角度），藉由角度的變化來改變胸部肌肉收縮的方向，因為在實際生活或其他運動項目中，胸肌也需要應對不同走向的收縮動作。

另一種變化方式可以用同側腳踩住彈力帶為固定點，單手抓住另一端往上舉到視線水平左右的高度，這種作法的主要目標區塊為上胸部肌群。

重點提示

彈力帶胸內收的動作有助於專注提升單邊胸肌收縮的感受度，如果在胸推等多關節動作中無法明確感受到胸肌的收縮，可以先從事彈力帶胸內收等單關節動作，基本上二到三週後胸肌的感受度就會明顯改善。

優勢	彈力帶胸內收與前面的飛鳥都是以肩關節水平內收為主的訓練動作，差別在於啞鈴提供的負荷容易因為重力方向侷限在特定有效的活動範圍內，而彈力帶卻可在整個過程中提供相對穩定的彈性阻力，讓目標肌群可以保持一定的收縮張力。
缺點	考量到居家訓練的固定點與彈力帶的配合，這個動作通常會以單邊訓練的方式為主，相較於飛鳥動作來說會花上更多的時間。

/// 胸肌增強式訓練 Plyometric Exercises for the Pectorals

▲
屈曲手肘
離心減速

1

2

增加雙腳到牆面的距離 ▶

爆發式伏地挺身是胸部肌群常見的增強式訓練動作，可以選擇直接從地面啟動或靠牆推撐兩種方式。雙手手掌保持肩寬左右的距離，初學者會建議先從靠牆推撐開始來熟悉爆發快速的動作模式。

1 取好與牆面的適當距離後，雙手手掌在胸前預備，同時身體順著重力自然往前傾倒。

2 在碰觸到牆面前的適當距離內雙手撐住，短暫離心緩衝後快速推撐，再次將身體推離牆面。熟悉動作節奏後可以增加雙腳到牆面的距離來增加動作的強度。

實用技巧

在雙手碰觸到牆面前保持肘關節微彎，才能即時緩衝掉撞擊力避免受傷。手肘彎曲的角度越大，對於肌肉離心減速能力的考驗就越高，個案可以當下肌力與疲勞狀態作出調整。

重點提示

任何增強式動作要達到最佳伸展收縮循環效益的關鍵之一，就是縮短接觸地面 (或牆面) 的時間，所以在確保安全的前提下，雙手碰到牆面後必須盡快緩衝，再次爆發性推起身體。

！注意 這個增強式動作會增加肩肘腕三個關節的負擔，務必循序漸進來確保有足夠的肌力做好離心保護。

▼ 雙手間距略大於肩寬

變化動作

隨著肌力與爆發力的進展，可以逐步增加雙腳與牆面的距離來提高強度，之後再進階到地面以膝蓋跪地的方式做爆發推撐訓練，最後再以腳掌為支點做最完整的爆發性伏地挺身訓練。

優勢	這個動作可以有效強化上肢推撐動作的速度與爆發力，對於橄欖球、排球、籃球、鉛球或技擊項目等需要快速推動物體或對手的項目都很有幫助。
缺點	務必循序漸進增加動作難度，以免造成關節和面部撞擊受傷。

/// 胸部肌群伸展
Stretching Exercises for the Pectorals

1 站在門框或家中走廊轉角旁（或其他穩定垂直平面），單邊肩膀外展到水平位置，同時手肘屈曲 90 度將手掌與前臂搭在牆面上，穩定軀幹後配合腳步往前，來被動延展單邊胸部肌群。完成後交換伸展對側胸部肌群，如果居家環境許可也可以同時伸展兩側胸肌，但雙側伸展可以達到的活動範圍通常相對較少，初學者可以在剛開始訓練的第一個月採取雙側伸展來提高訓練效率，之後再針對個別緊繃的部位加強單側伸展動作。

/// 肩胛胸廓伸展 Stretching the Rib Cage

1 配合胸部高度可供雙手抓握的固定點（家中門框或合適的穩定支架），雙手虎口朝上環扣住固定點後，配合深度吸氣撐起肋骨胸廓，同時內收夾緊兩側肩胛骨，盡量將空氣吸到最飽來撐起兩側肋骨增加延展效果。

2 接著慢慢吐氣的同時配合前方雙手的牽引，讓肩胛骨順著肋骨胸廓外展。接著重複上述的呼吸與伸展流程數次後，很快就會發現肋骨胸廓的擴張收縮與肩胛骨的滑動會越來越順暢，有助於改善肩胛骨與肩關節在上肢動作中的活動度表現。

許多人過去會習慣用雙手過頭壓肩的方式來伸展肩胛胸廓，但在這個擺位下反而容易增加肩關節的壓力，也無法配合呼吸來達到更深層的伸展效果。

肩胛胸廓伸展的動作可以改善胸部與背部肌群動作的活動度，同時也能藉由呼吸的配合，來強化肋間肌與橫膈等呼吸肌群的耐力表現。有關呼吸肌的訓練內容可以參考 p.236 的說明。

吸氣▶

◀吐氣

強化頸部肌群

頸部肌群功能

頸部肌群在運動與生活中有下列三個主要功能：

1 最基本的功能就是協助頸部做出屈曲、伸展與左右
旋轉的動作 (點頭、抬頭與轉頭)，這些維度的動作構成
頸椎大範圍的活動度，但大範圍的活動度與頭部的重量
同時也是造成許多頸部運動傷害的潛在因子之一。

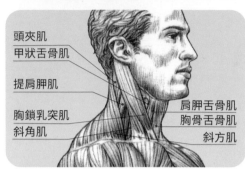

2 因此頸部肌群的第二個功能就是維持頸椎的穩定，
並在頭部受到晃動等外力衝擊時能適時提供保護，這
也是許多運動員必須特別強化頸部肌肉的原因。

3 第三個功能從外觀角度來說，強壯的頸部可以展現
出全身經過徹底鍛鍊後的壓迫感，很多優秀的拳擊手
都有非常強壯的頸部，除了肌肉實際保護的功能外，
更可以給對手帶來深刻的印象。

完整的頸部訓練規劃必須包含下列三個動作區塊：

- 頸部後側 (頸部伸展肌群)
- 頸部前側 (頸部屈曲肌群)
- 頸部左右側 (頸部轉動肌群)

接下來的內容會一一整理出最適合的訓練動作。

> **！注意** 頸椎具備大範圍的活動
> 度，但結構也相對不穩定，很容
> 易因為頭部的晃動或外力衝擊造
> 成損傷，因此適度的頸部訓練就
> 是為了強化頸部周邊肌群，幫助
> 提高頸椎的穩定性，並在突發狀
> 況產生時提供適當的肌肉控制與
> 保護。然而讀者也必須理解，再
> 好的訓練動作如果沒有搭配適當
> 的強度與訓練量的控制，還是有
> 可能造成反效果。
>
> 　因此在進行接下來的頸部訓練
> 動作，全程都必須保持穩定控制
> 的動作節奏，避免任何突發加速
> 的大動作，並以低強度、高反覆
> 的訓練方式來確保每下動作不會
> 造成頸椎額外的負擔 (任何活動頸
> 椎的訓練動作，都必須以更嚴謹
> 的標準來確保足夠安全性)。

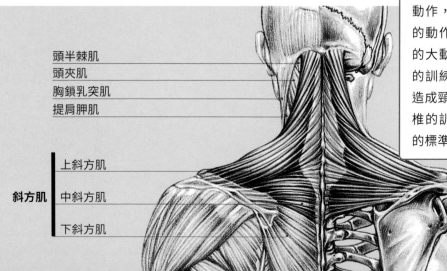

/// 頸部伸展運動 Neck Extension

這是針對頸後肌群的單關節訓練動作，需要雙手同時輔助提供適當阻力。

1 可以選擇坐姿或站姿，雙手十指交扣固定在頭部後方位置，來提供頸部肌肉適當阻力。

2 接著收縮頸後肌肉伸展頸椎將頭部盡可能往後方延伸，伸展到終點維持肌肉維持收縮一秒後，再慢慢配合雙手阻力屈曲頸部回到起始位置重複動作。

變化動作

如果頸部肌群累積的痠痛感尚未消除，也可以採取等長收縮的方式 (肌肉靜止維持固定長度的收縮模式) 來訓練頸後肌群，仰臥平躺在軟墊並將頭部與頸椎保持在中立位置，接著原地收縮頸後肌群，將頭部往下抵住軟墊，每次維持 10 秒左右的等長收縮，休息數秒後再重複動作。

！注意 必須穩定控制雙手的阻力以免超出肌肉負荷使頸椎受傷，尤其在頸部屈曲朝下時更要盡量減輕雙手的力量。

實用技巧

在回到起點的離心階段，必須減輕雙手阻力避免頸部過度屈曲，基本上頭部只需要回到下巴平行地面左右的位置，就可以繼續下一次伸展動作。

重點提示

建議在主要大肌群訓練後再額外進行頸部肌群的補強，以免頸部肌肉的疲勞影響到前面訓練應有的頸椎保護功能。對專項運動員來說，建議在站姿的狀態下做頸部伸展運動，更有利於頸後肌肉的力量輸出。

優勢	很多針對頸部肌群設計的輔助訓練器材，容易出現負荷過重導致頸椎受傷的問題，因此以徒手提供阻力的做法，可以大幅降低傷害風險並維持足夠的訓練成效。
缺點	某些人可能會因為頭部反覆擺動產生暈眩的問題，因此任何頸部訓練動作都必須以相對和緩的速度執行，避免任何突然加速的舉動。

/// 頸部屈曲運動 Neck Flexion

這是針對頸部前側肌群的單關節訓練動作，需要雙手同時輔助提供適當阻力。

！注意 為了避免造成頸椎過多壓力，必須適度控制雙手往上施加的阻力，以免超出肌肉負荷範圍。

1 可以選擇坐姿或站姿，雙手握拳抵住下顎兩側。

2 收縮頸部前側肌群帶動頸椎往前屈曲，過程中雙手提供下顎適當的阻力，到終點維持一秒的收縮後，再借助雙手的力量穩定離心伸展頸椎回到起始位置。

實用技巧

在回到起點的離心階段，必須減輕雙手阻力避免頸部過度伸展，通常只需要回到下顎平行地面左右的位置，就可以繼續下一次的屈曲動作。

(變化動作)

頸部屈曲肌群也可以採取等長收縮的方式訓練,將雙手拳頭抵住下顎並固定在鎖骨到頸部之間,用力收縮頸部前側肌群抵向拳頭,維持靜態收縮 10 秒後放鬆,休息數秒再重複動作。

重點提示

可以同時結合頸部伸展與屈曲動作組成超級組訓練,藉此省略中間的組間休息來提高訓練效率。

優勢	這個動作除了可以鍛鍊頸部前側肌群外,更有助於減輕頸椎的壓力,平衡頸部前後側的肌肉狀態,來改善姿勢不良或動作代償造成的頸椎負擔,特別適合安排在斜方肌相關的訓練之後來減輕頸部壓力。
缺點	徒手訓練的方式不容易精準量化強度與阻力,相對難以從訓練記錄上衡量進步幅度。

/// 頸部側彎運動 Lateral Neck Extension

這是針對頸部側邊肌群的單關節訓練動作,基本上左右兩側動作會分開執行。

(變化動作)

你可以採取側躺的方式藉由重力作為頸部側彎的阻力來源;或者像前面提過的等長收縮方式將頭部固定後進行靜態收縮,基本上每次維持 10 秒並間隔數秒的休息來加強頸側肌群的肌耐力。

1 可以選擇站姿或坐姿,單手抵住同側頭部側邊的位置。

!注意 側彎動作對頸椎本身有一定程度的風險,剛開始務必從最小的安全範圍開始訓練,並維持穩定的動作節奏避免誘發任何頸部的不適。

2 穩定收縮頸部側邊的肌肉,帶動頸椎側彎抵抗手掌阻力,側彎到動作終點後維持一秒的收縮,再借助手掌的力量慢慢離心回到起始位置,完成該側反覆後換到另一側重複動作。

實用技巧

重點在於強化頸側肌群的保護力量,並不需要刻意增加頸椎過度的側彎活動度。

重點提示

保持相對緩慢穩定的速度節奏,即便以靜態等長收縮的方式也能有足夠的訓練效果。

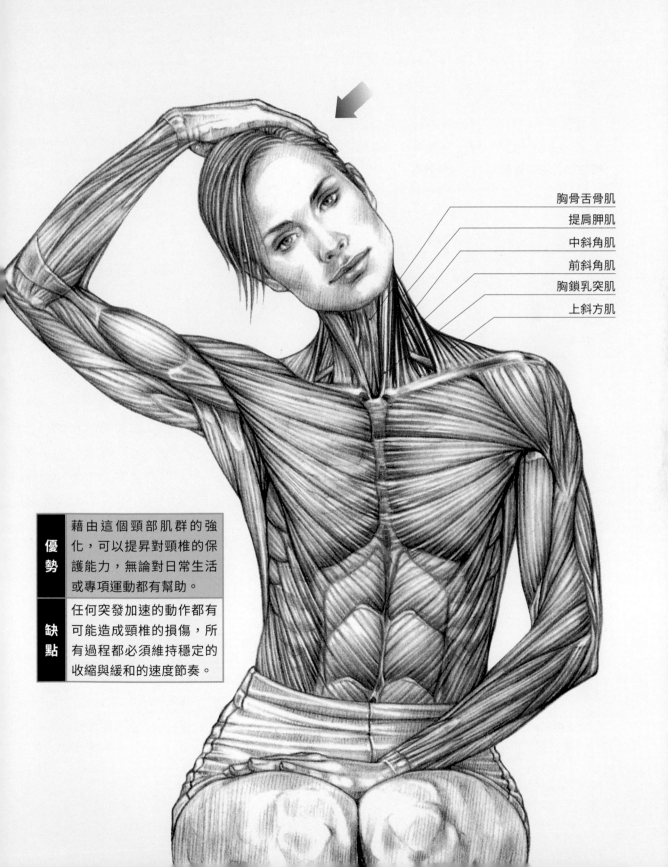

胸骨舌骨肌
提肩胛肌
中斜角肌
前斜角肌
胸鎖乳突肌
上斜方肌

優勢　藉由這個頸部肌群的強化，可以提昇對頸椎的保護能力，無論對日常生活或專項運動都有幫助。

缺點　任何突發加速的動作都有可能造成頸椎的損傷，所有過程都必須維持穩定的收縮與緩和的速度節奏。

雕塑背部肌群

背闊肌

▌背闊肌的功能

從外形上來說，背闊肌覆蓋了背部三分之二以上的範圍，是許多人追求背部倒三角線條最關鍵的重點肌群。以解剖功能而言，主要

負責肩關節的內收與伸展動作，時常與肩部後側肌群、肱二頭肌與肱三頭肌長頭協同完成許多上肢牽拉系列的訓練動作，在某些特定動作中也會與胸部肌群及前三角肌相互拮抗。

肘關節暖身動作

> **！注意**　許多人在做背部訓練時會直覺意識到肱二頭肌的參與，但往往會忽略肱三頭肌長頭在其中也扮演了重要的輔助角色，這樣的疏忽很容易導致肘關節因為暖身程度不足，而在背部訓練中累積些微的損傷。雖然在背部動作中因為主要大肌群的協助，不會立即感到肘關節的不適，但疼痛反而容易出現在接下來三頭肌的單關節訓練中，卻很難找到真正的原因。因此這裡會建議讀者在進行背部肌群主訓練前，安排幾組中低負荷的三頭肌動作來提高肘關節的準備程度。

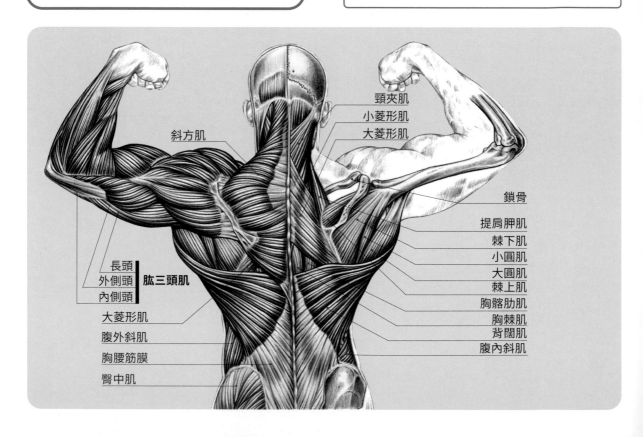

斜方肌

頸夾肌
小菱形肌
大菱形肌

長頭
外側頭　**肱三頭肌**
內側頭

大菱形肌
腹外斜肌
胸腰筋膜
臀中肌

鎖骨
提肩胛肌
棘下肌
小圓肌
大圓肌
棘上肌
胸髂肋肌
胸棘肌
背闊肌
腹內斜肌

/// 引體向上 Chin-Up

這是針對背部肌群的多關節訓練動作，涵蓋肱二頭肌、肱三頭肌長頭與前臂肌群部分的參與，基本上以雙側訓練為主，單手引體向上需要極高的肌力水準與相對較輕的體重。

▼ 雙手旋後抓住單槓

1 雙手前臂旋後反握抓住單槓 (掌心朝向自己) 並保持肩寬左右的間距，雙腳輕鬆彎曲呈 90 度，並將其中一腳腳背扣住另一腳腳跟，來穩定下半身的重心位置。

實用技巧

開始引體向上前，確保雙手確實握住單槓，建議可以將拇指扣在食指上做固定 (如果拇指夠長也可以同時固定食指與中指)，避免手掌與單槓間有任何縫隙。

　訓練過程中，肩胛骨穩定內收下壓，並將上半身保持在中立位上，雙腳一上一下互相搭住同時膝蓋微彎，盡量讓軀幹整體重心穩定在正中鉛垂線上，避免前後過度的擺動。

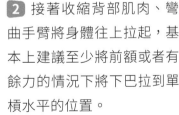

2 接著收縮背部肌肉、彎曲手臂將身體往上拉起，基本上建議至少將前額或者有餘力的情況下將下巴拉到單槓水平的位置。

　有一定肌力水準者，則可進一步配合軀幹些微的後傾拉到鎖骨靠近單槓的程度，在頂點維持一秒穩定收縮後，慢慢離心放下身體回到起始位置。注意維持背部與上肢肌群穩定的張力，避免手臂完全伸直增加肌肉拉傷風險。

寬握引體向上：
前臂旋前（正握）
▼

①

窄握引體向上：
前臂旋後（反握）
▼

②

重點提示

如果能夠輕易地完成 12～15 下以上標準的引體向上，建議加上額外負重來提高強度，例如用雙腳扣住適當重量的啞鈴。

（變化動作）

① 調整雙手間距來達到目標肌群收縮感受度最明確的位置，也可以採用前臂旋前 (拇指相對) 正握的方式，改變目標肌群的收縮角度與個別肌肉的參與比例。

除了往上拉到身體前方的基本做法，也可以往上拉到頸後的位置，然而後者的做法相對困難，也需要更好的肩關節活動度才能避免受傷。

② 你也可以縮短雙手間距並以前臂旋後 (小指相對) 反握的方式進行引體向上，這種變化方式難度相對較低，同時也會增加肱二頭肌的參

與比例，適合剛開始練習引體向上的初學者用來突破更多下的反覆次數。

然而如果你還處在無法獨立完成任何形式引體向上的階段也不用心急，可以參考第 1 篇提過的離心訓練方式，幫助自己更快地提升肌力表現。

優勢	引體向上能在短時間內動員上半身多數重要大肌群，更是強化背部肌群最有效的經典訓練動作。
缺點	引體向上需要的技巧與肌力水準較高，多數初學者剛開始練習時容易感到挫折。

! 注意 不管任何引體向上的變化形式，都要盡量避免雙手完全放鬆伸直，因為懸吊的上肢擺位會提高肩關節與肱二頭肌的負擔，缺乏一定程度的張力保護很有可能會增加拉傷或撕裂的風險。

但如果個案還是有需要在兩下反覆間稍作休息，務必留意再次往上拉起身體時，要避免任何借助慣性甩動的代償動作，這些從靜止瞬間啟動產生的扭力，都有可能會對關節韌帶或肌腱造成傷害。

當然最安全的做法還是建議在整組動作的過程中，肌肉都能維持穩定的張力，並以穩定的速度節奏完成每一下反覆。

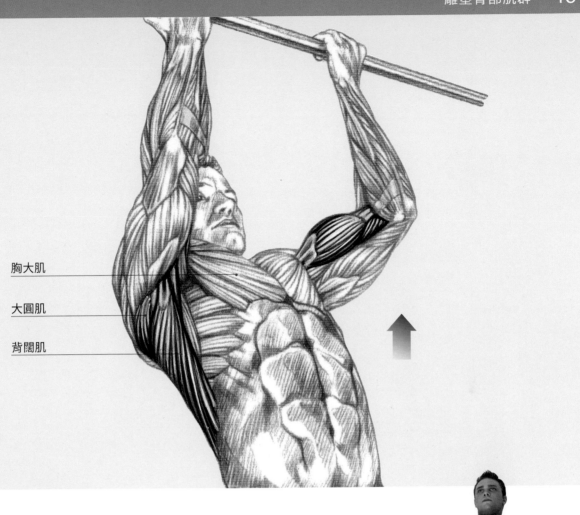

胸大肌

大圓肌

背闊肌

③

3 另一種變化形式必須先將室內單槓的高度降低到離地約 1 公尺左右，讓雙腳可以靠在地面來減輕部分的體重負荷。這種作法可以大幅降低引體向上的難度，軀幹與地面的斜角會形成介於引體向上與反向划船兩種動作之間的肌肉收縮模式。

如果調整單槓的高度過於麻煩，也可以搭配矮凳將雙腳墊高來達到相同的效果。

◀ 雙腳靠在地面
分擔部分體重

/// 划船運動 Row

這是針對背部肌群與肱二頭肌的多關節訓練動作，單臂划船也是另一種常見的變化方式，可以增加整體動作的活動範圍。

上半身與大腿
呈 90 度夾角
▼

1 保持核心穩定收縮同時屈曲髖關節使上半身往前傾，依照個人核心與腿後肌群的控制能力，前傾約 60 度到最多上半身平行於地面的範圍之間，雙手呈中立位分別抓住啞鈴 (虎口朝前)。

2 雙手沿著身體側邊往後將手肘抬到高點，過程中保持兩側肩胛骨內收下壓，並在頂點維持一至兩秒，穩定收縮後再慢慢離心放下啞鈴。

實用技巧

基本的划船運動會建議將啞鈴拉到肚臍左右的位置，某些人則習慣繼續往上拉到胸口或者只拉到大腿上段左右的地方；此外某些人也會調整前臂旋轉的角度，將虎口往內或往外來改變肌肉收縮的感受度。當你熟練了最基本的方式後，就可以依照訓練需求或感受度來做出更細微的調整。

！注意 雙手划船的方式對下背與臀部腿後肌群穩定度有較高的考驗，特別在大重量訓練時更容易提高下背肌肉的負擔。剛開始練習時，建議將上半身傾角控制在 60 度左右，隨著肌力與穩定性提升再逐步增加屈髖角度。初學者的上半身維持在較高的位置也更容易提高肌肉收縮的感受度，同時也能盡可能降低潛在傷害風險。

（變化動作）

1 2 採取單臂划船時，空出另一手可以撐在同側大腿或椅背上來協助核心穩定並減輕下背負擔，並善用單邊肌肉延展收縮與發力的優勢 (參考雙側缺損機制) 來發揮更好的力量表現，同時也可以讓單側訓練手做到比雙手划船更大的關節活動範圍。

大菱形肌
棘下肌
背闊肌
大圓肌

胸鎖乳突肌

前三角肌
中三角肌　三角肌
後三角肌

胸大肌

肱二頭肌
肱肌
肱橈肌

長頭
肱三頭肌　外側頭
內側頭

優勢	划船運動對於背部內側的肌群有更明確的收縮刺激,尤其在下斜方肌的區塊更加明顯 (參考 p.157),雖然不像引體向上能夠提升背部肌肉的寬度,卻能夠有效增加背部肌群的厚實程度,所以在訓練規劃中同時納入這兩項動作可以讓背部肌肉的發展更加全面。
缺點	軀幹前傾的姿勢容易影響高強度訓練時的呼吸節奏,對於下背肌群與腰椎也會造成更大的負擔。

③ 可以搭配彈力帶來進行划船訓練。選擇適當阻力的彈力帶,將其中一端固定在啞鈴上,並用腳踩住另一頭開始划船,透過加入彈性阻力的元素來增加動作難度。

也可以採取坐姿配合彈力帶進行划船訓練,將其中一端繞過腳底並伸直雙腿,雙手抓住另一頭 (旋前或旋後把位皆可),收縮背部與二頭肌拉動彈力帶將手肘頂向身體後方。

重點提示
划船過程中保持頭部與頸椎身體自然延伸線的中立位置,避免在舉起啞鈴的過程中出現頭部轉動的代償動作。

雙手旋前掌心朝下

③

/// 仰臥屈臂拉舉 Bent-Arm Pullover

這是針對背闊肌的單關節訓練動作，也包含部分胸部肌群與肱三頭肌長頭的參與，
配合側臥姿勢可以進行單臂拉舉的變化動作。

1 居家訓練時可以仰臥在床上，並將頭部靠近床邊來增加雙手的活動範圍。雙手前臂呈中立位或旋前把位扣住啞鈴 (雙手互扣或者虎口靠近托住啞鈴)，手肘屈曲約 90 度將啞鈴往上伸出床沿到頭部上方就起始位置。

2 起始位置在肩關節活動度許可的前提下，盡量讓手臂自然懸垂到下方，接著收縮背部肌肉將啞鈴往上拉舉，舉到額頭上方位置後，再穩定反向回到起始位置。

▲ 中立把位

實用技巧

在起始位置必須在肩關節活動度可承受的範圍內，盡量讓雙手過頭往下延伸，增加背闊肌整體動作延展與收縮的範圍，過程中為了維持肌肉穩定的張力，避免將啞鈴完全拉舉超過前額上方 (除非個案有需要停留在頂點位置稍做休息來完成更多下反覆)。

(變化動作)

如果雙手拉舉的做法無法明確感受到背闊肌的收縮，可以嘗試以側臥的方式進行單臂拉舉訓練，側臥時雙腳前後分開幫助增加軀幹穩定度。

1 上手前臂呈中立位抓住啞鈴，舉過頭部上方。

2 這裡與雙手拉舉不同的是在過程中，上手必須保持伸直來維持背闊肌的收縮張力，將啞鈴拉舉到上手垂直地面以前，就可以離心回到

起始位置。完成單邊的反覆次數後立即換到另一側重複相同動作。

　這裡介紹的單臂拉舉動作通常不是為了達到肌肥大的效果，主要目的在於藉由單邊收縮增加專注力，來提高對背闊肌的感受度，建立更完整的神經肌肉連結來達到更好的肌肉徵召率，進而轉換到所有背部相關的訓練動作表現。

輔助技巧

單臂拉舉時，下手可以放在上手的背闊肌上，來輔助增加肌肉收縮的感受度。

重點提示

某些人會運用拉舉動作來增加肩胛胸廓的活動度，但可以參考前面提過的伸展動作來達到更好的放鬆效果 (p.143)。

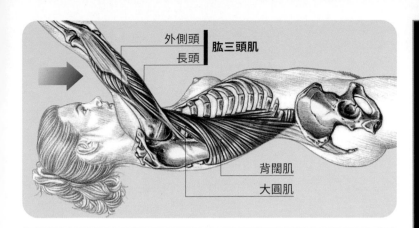

外側頭
肱三頭肌
長頭

背闊肌
大圓肌

> **！注意** 拉舉動作會讓肩關節處於相對不穩定的關節角度，建議避免大重量的訓練強度，應以中低強度編排來增加更多的反覆次數，將專注力集中在目標肌群完整收縮的過程，並確保啞鈴上的槓片確實固定以免誤擊頭部。

優勢	仰臥拉舉可以排除肱二頭肌的參與，並專注在背闊肌收縮感受。如果你在划船或引體向上等背部多關節動作中，容易因為肱二頭肌參與而影響背肌感受度，可以在前面加上幾組仰臥拉舉的動作，來增加背闊肌的活化程度，接著再進入主要的多關節訓練動作，這也是預先疲勞的編排技巧。
缺點	某些人在拉舉訓練中，反而容易受到肱三頭肌參與干擾目標肌群收縮感受，這種情況，就要避免將拉舉動作編排在胸推、肩推或肱三頭肌為主的單關節動作之後，以免肱三頭肌在拉舉動作中過度活化。

/// 背部肌群伸展運動
Stretching the Back

下面介紹兩種從不同角度伸展背部肌群的動作，建議將兩種動作都納入伸展規劃，才能有完整的放鬆效果。

懸吊伸展

1 雙手旋前與肩同寬抓住單槓 (拇指相對)，運用重力自然懸吊來延展背部肌肉。你也可以採取單手懸吊的方式，來增加該側肌肉伸展強度，但會建議調整高度讓雙腳觸地來增加單手懸吊的穩定度。

坐姿伸展

1 採取坐姿其中一腳屈膝約 90 度，接著對側手反手扣住腳掌外緣 (拇指朝下)。

2 接著將彎曲的腳慢慢往前伸直，藉由下肢力量輔助伸展單邊背部肌群，完成後左右側互換重複相同流程。

斜方肌

▍斜方肌的功能

斜方肌在解剖構造上主要分為三個區塊：

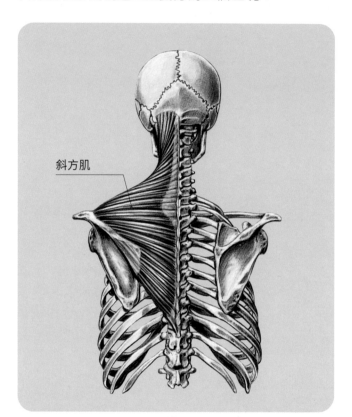

斜方肌

1.上斜方肌：上斜方肌主要功能為控制肩胛骨上提與上旋，來做出聳肩與手臂外展的動作輔助，在許多接觸性運動、技擊項目與投擲動作中都有參與，也會提供頸椎一定程度的保護力。從外形角度來說，發達的上斜方肌與頸部肌肉即便穿著衣物也能給人帶來強壯的第一印象，在拳擊等技擊項目中更可以增加對手的心理壓力。

後面會介紹的聳肩運動 (shrug) 是針對上斜方肌最經典的訓練動作之一，而在前面三角肌訓練提過的窄握直立上拉也會涵蓋部分上斜方肌的參與來完成動作。

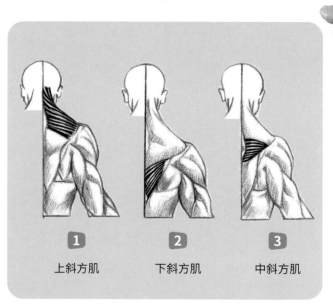

1 上斜方肌　　**2** 下斜方肌　　**3** 中斜方肌

1　　**2**

後力竭超級組 →
1　2
← 預先疲勞超級組
2　1

直立上拉

聳肩運動

上斜方肌超級組：

後力竭超級組：雙手握住啞鈴做直立上拉反覆到力竭後，雙手伸直繼續進行聳肩運動。

預先疲勞超級組：以相反的順序先進行聳肩運動，到力竭後再接著開始直立上拉訓練。

2、3.中斜方肌與下斜方肌：中斜方肌主要協助左右兩側肩胛骨的內收動作；而下斜方肌則是與上斜方肌相互拮抗產生肩胛骨的下壓與下旋動作。對多數運動項目來說，中下斜方肌最主要的功能是維持肩胛骨的穩定，許多肩關節相關傷害的潛在因子都與中下斜方缺乏適度的肌肉活化有關，因此從傷害預防的角度來說，中下斜方的訓練會比上斜方更加重要，但這兩個區塊往往也是多數人最容易忽略的部分，前面的划船運動與俯身側平舉都是改善中下斜方肌力常見的訓練動作。

> **! 注意** 研究發現專項運動員相比於同等體重的一般族群，有更顯著發達的上斜方肌，但在中下斜方的發展上兩者的差異卻不明顯，這表示部分運動員可能會有上斜方與中下斜方肌發展不對等的情況，而這種肌力不平衡的現象除了影響運動表現外，更容易成為許多肩關節傷害的潛在因子，因此會建議在訓練規劃中安排適當比例的划船或俯身側平舉等動作來平衡肌群間的發展。

中下斜方肌超級組：

後力竭超級組：先進行划船動作到力竭後，再接著執行俯身側平舉來提高中下斜方肌的訓練刺激。

預先疲勞超級組：先採取俯身側平舉讓中下斜方達到預先疲勞的效果後，再接著開始划船訓練。

划船運動

後力竭超級組 →
1　2
← 預先疲勞超級組
2　1

俯身側平舉

/// 聳肩運動 Shrug

這是針對上斜方肌的單關節訓練動作，基本上建議以雙側訓練的方式執行。

1 雙手呈中立位抓住啞鈴 (虎口朝前) 在身體兩側自然垂放。

2 收縮上斜方肌做聳肩動作，想像將肩膀靠向耳朵，在頂點維持一秒的收縮後慢慢放下肩膀，回到原點時盡量將肩膀壓低來增加整體動作範圍。

> **！注意** 由於上斜方肌鄰近頸椎位置，過快或過強的收縮有可能會誘發頸因性的偏頭痛症狀，因此在練習過程務必維持穩定的動作節奏，並配合循序漸進的負荷強度。

實用技巧

雙手在聳肩的過程中維持自然放鬆伸直，但在頂點時，二頭肌可以稍微出力屈曲手肘來增加聳肩的幅度。

重點提示

在不影響訓練進度的前提下，會建議在胸部或肩部肌群的主訓練前加入幾組斜方肌的動作，目的是為了活化斜方肌群來增加對肩關節的保護效果 (建議以中下斜方的活化動作優先)，但務必衡量適當的反覆次數及組數，避免斜方肌群過度疲勞反而影響主訓練的動作表現。

變化動作

1 **2** 可以將彈力帶用雙腳固定執行聳肩訓練，或者同時搭配啞鈴組成複合式的動作阻力。

3 可以將啞鈴靠到身體後方，來改變上斜方肌的收縮角度增加訓練刺激。

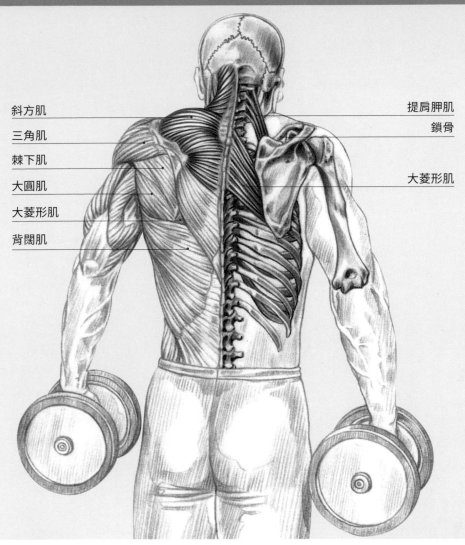

斜方肌

三角肌

棘下肌

大圓肌

大菱形肌

背闊肌

提肩胛肌

鎖骨

大菱形肌

③

這邊也提供一個可以使上斜方肌在短時間內達到力竭的訓練組合。先將雙手稍微靠到身體後方呈旋前把位進行聳肩動作 ③，反覆到第一次力竭後，雙手回到原本雙手在身體側邊呈中立位的聳肩方式繼續反覆，達到第二次力竭後，再次調降強度，將雙手靠到身體前方呈旋轉前把位做最後一輪反覆至力竭。透過三種難度遞減的聳肩變化組合，可以快速使上斜方肌感到肌肉的燒灼感。

優勢	聳肩運動可以排除其他肌群的干擾，專注於提高上斜方肌的收縮刺激。
缺點	斜方肌群肌常見肌力失衡現象。多數人的上斜方肌通常很容易有一定程度的發展，但往往是中下斜方的肌群長期受到忽略，因此在沒有特別訓練需求的前提下，訓練規劃的編排應以中下斜方肌的訓練優先於上斜方肌的動作。

下背部肌群

下背部肌群功能

下背部肌群在訓練與日常生活中主要
有兩個功能：

1 從下背肌群的解剖位置來看，就
不難理解到其重要功能之一便是維持
腰椎結構的穩定。充分活化發展後的
下背肌群，可以協同核心肌肉對抗任
何施加於腰椎的壓力，這也說明下背
肌群訓練對專項運動員的重要性。在
阻力訓練中的許多閉鎖式多關節動作
也都會對腰椎造成非常大的壓力，這
些動作都需要強健的下背部肌群保護
才能有效降低訓練的傷害風險。

2 在關節動作上，下背肌群主要協
助腰椎的伸展動作，許多需要從彎腰
到挺起軀幹的動作都會有下背肌群的
參與，但這些動作除了要有強健的背
部肌肉之外，更要學會如何協同臀部
與腿後肌群共同收縮，才能以最有效
率的方式減輕下背負擔。

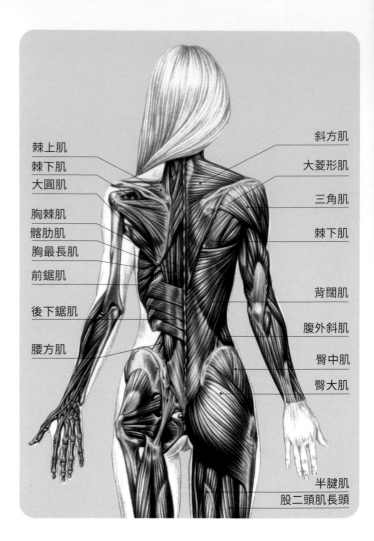

棘上肌
棘下肌
大圓肌
胸棘肌
髂肋肌
胸最長肌
前鋸肌
後下鋸肌
腰方肌

斜方肌
大菱形肌
三角肌
棘下肌
背闊肌
腹外斜肌
臀中肌
臀大肌
半腱肌
股二頭肌長頭

背部深層小肌肉

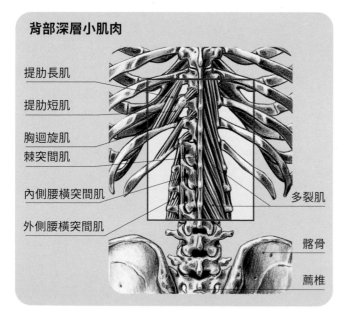

提肋長肌
提肋短肌
胸迴旋肌
棘突間肌
內側腰橫突間肌
外側腰橫突間肌
多裂肌
髂骨
薦椎

硬舉動作中參與的組織結構

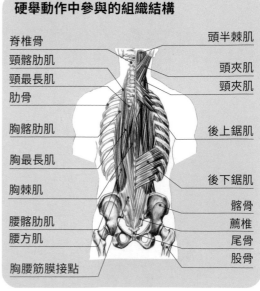

脊椎骨
頸髂肋肌
頸最長肌
肋骨
胸髂肋肌
胸最長肌
胸棘肌
腰髂肋肌
腰方肌
胸腰筋膜接點
頭半棘肌
頭夾肌
頸夾肌
後上鋸肌
後下鋸肌
髂骨
薦椎
尾骨
股骨

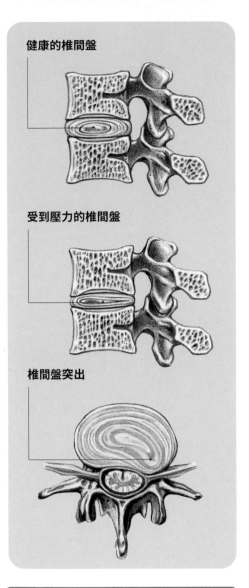

健康的椎間盤

受到壓力的椎間盤

椎間盤突出

> **！注意**　阻力訓練中的許多閉鎖式的負重動作都會提高下背結構的負擔，因此只要下背有任何疼痛或不適，都會讓人很難繼續維持訓練。但由於腰椎先天的結構無法完全承受負重訓練產生的壓力或剪力，才需要透過適當的訓練強化周邊肌群來達到支撐與保護的效果。如同前面藉由鍛鍊頸部肌群來保護頸椎的作法，接下來有關下背與腹部等核心肌群的訓練，都必須具備減輕腰椎結構負擔的目的與效果。

/// 基本硬舉
Bent-Legged Deadlift

這是針對臀部、腿後與下背部肌群的多關節訓練動作，也可以採取單腳硬舉的訓練方式。

1 雙腳站開與肩同寬，保持下背平坦在中立位，屈髖屈膝將臀部往後使軀幹前傾。雙手分別抓起地上啞鈴，並將前臂維持在半旋前的角度 (虎口往內轉約 45 度左右)，保持下背與臀部腿後肌群的張力就起始位置。

2 藉由下肢伸展推蹬的力量順勢往上挺起軀幹，盡可能配合下背與臀部腿後肌群的協調收縮，在伸直雙腿的同時挺起上半身，避免下肢與上半身的啟動時序脫節。

3 完全起身後便可再次以相反的時序，將臀部往後並彎曲雙腳使上半身前傾回到起始位置。

實用技巧

下背肌群會在動作反覆過程中累積疲勞，要維持腰椎在中立位自然前凸的難度也會隨之提升，身體容易不自覺地增加腰椎伸展的幅度產生代償來使動作更容易完成，這是許多剛接觸阻力訓練的初學者常會忽略之處。

　　雖然藉由下背過度伸展的代償可以讓你完成更多下反覆，但在腰椎過度前凸的情況下持續負重，卻會增加椎間盤等結構損傷的風險，所以有經驗者會時刻留意下背部姿勢的穩定，如果腰椎無法維持在安全的中立位下，就會停止動作稍做休息。當然如果你想要在不增加下背風險的前提下盡可能增加反覆次數，則減輕當下的負荷強度也是常見的替代方案。

重點提示

某些人可能會因為上下肢比例的差異較大，或受背部腿後肌群的柔軟度影響，無法在一般的前傾姿勢下拿起兩邊的啞鈴，建議用書本或軟墊將啞鈴墊高到適當的位置，避免做出彎腰的姿勢，而增加腰椎與背部肌群受傷的風險。

> **！注意** 硬舉動作在力矩結構上容易增加下背部的壓力，特別在姿勢不良的情況下更容易造成對椎間盤的壓迫。建議在每次包含硬舉或深蹲等下背部承重度較高的訓練之後，安排適當的背部伸展運動，例如幾組時間較長的單槓懸吊伸展來減輕腰椎的負擔。

變化動作

1 可以配合彈力帶來進行硬舉訓練，如上圖示範雙腳踩住彈力帶，並用雙手抓住彈力帶兩端就硬舉起始位置。

2 你也可以同時搭配啞鈴與彈力帶組成複合式的動作阻力，因為實際上啞鈴提供的負荷強度在硬舉啟動時最為顯著，強度會隨著起身的過程逐步降低，透過彈力帶的輔助可以提供硬舉後半段額外的彈性阻力，增加整體動作的訓練強度。

3 你也可以採取單腳硬舉的方式訓練，剛開始可以如上圖配合椅子輔助增加穩定性。

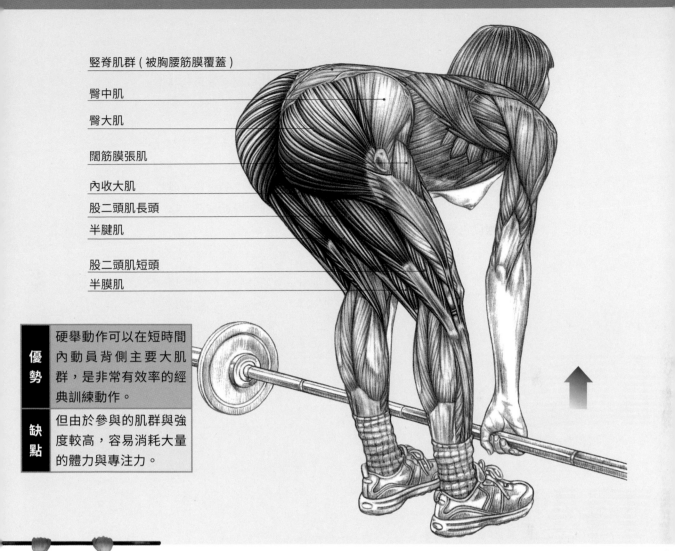

竪脊肌群 (被胸腰筋膜覆蓋)

臀中肌

臀大肌

闊筋膜張肌

內收大肌

股二頭肌長頭

半腱肌

股二頭肌短頭

半膜肌

優勢	硬舉動作可以在短時間內動員背側主要大肌群，是非常有效率的經典訓練動作。
缺點	但由於參與的肌群與強度較高，容易消耗大量的體力與專注力。

/// 下背部肌肉伸展 Stretching the Spinal Column

可以參考 p.49 介紹的單槓懸吊伸展，來減輕下背肌群與腰椎的壓力。

這裡並不建議讀者在硬舉訓練後執行一般常見的體前彎伸展動作 (坐姿或站姿，如右圖)，雖然這種作法可以延展到下背肌群，但對於減輕腰椎的壓迫並沒有直接的幫助，建議將體前彎的伸展動作安排在其他休息日。

/// 啞鈴上搏 & 挺舉 Clean & Jerk Dumbbell Lift

啞鈴上搏是涵蓋下肢前後側主要大肌群到下背與核心肌群力量傳遞，並整合背闊肌、肱二頭肌等上肢主要牽拉動作的多關節爆發力訓練，如果再加上肩推往上的挺舉動作就會增加肩部肌群的參與，是少數能夠有效率整合全身力量快速傳遞的訓練動作。除了使用啞鈴，也可以搭配壺鈴進行單臂的上搏與挺舉動作。

1 雙腳與肩同寬，同時屈髖屈膝使軀幹前傾，雙手虎口轉向內側抓住啞鈴置於脛骨前方，維持腿後臀部與下背部的張力就起始位置。

2 雙腳快速爆發推蹬並配合髖關節伸展挺起背部，下肢與背部的肌群必須同時快速協調收縮。

3 配合下肢推蹬的動力站直身體，同時雙手帶動啞鈴直立上拉到肩部位置，上肢快速翻轉撐住啞鈴完成上搏動作。

補充

上搏指的是將負重從地面提起到肩部位置的動作，完整的挺舉流程會再次借力肩推將負重舉過頭頂。

實用技巧

上搏與挺舉屬於高水平的阻力訓練動作，需要有長期適當的技術指引與回饋修正，在進行大重量的上搏與挺舉訓練前，務必規劃適當的暖身流程由低負荷往上循序漸進。

重點提示

動作過程中保持視線直視前方，避免頭部多餘的轉動破壞動作的平衡，訓練前須確保核心肌群與相關關節適度活化來降低傷害風險。

> !注意　啞鈴上搏與挺舉是從舉重衍生的爆發力訓練動作，本身具備相對較高的危險性，必須有適當的技術水平並確保足夠的體能與專注力，從低負荷強度開始循序漸進。

4 放下啞鈴時配合下肢屈曲離心減速，並維持核心與下背穩定收縮。

優勢	啞鈴上搏與挺舉能在短時間內快速動員全身各大肌群的爆發力動作，除了增進肌力與爆發力外，更能夠改善下肢到全身力量傳遞的協調性。如果採取低負荷高反覆的編排，也能同時改善心肺與耐力表現。
缺點	上搏與挺舉是技術含量極高的訓練動作，對多數專項運動表現都能有所幫助，但需要長時間的練習與技術調整，並具備一定程度基礎的肌力水平，一般在阻力訓練經驗未達兩個月以前，不建議加入這項訓練動作。

變化動作

v 如果你需要全身更完整的訓練刺激，可以在上搏動作後繼續加入肩推，完成完整的挺舉流程，但這些動作同樣需要長時間的技術練習與調整。

強化腿部前側肌群

股四頭肌

▌股四頭肌的角色

下肢肌群在多數的運動項目中都會有很高的參與比例，奔跑與跳躍的表現是許多項目必備的重要動作元素，過去研究也證實腿部肌肉量的佔比，與衝刺或自行車等高輸出的運動表現有顯著的關聯性，下肢的肌肉量越高則肌力與爆發力的表現也會隨之提升，這點對於女性運動員來說也是如此。許多全身性的協調動作也都仰賴下肢作為主要的力量來源，這也說明為何下肢訓練一直都是阻力訓練中不可或缺的一環。

然而從體態外形的角度來說，下肢訓練的順位往往容易被軀幹或手臂的肌群所取代，但實際上許多阻力訓練動作都仰賴下肢肌群的參與。相較於上半身的肌肉，下肢肌群也容易有更好的肌肥大效果，所以千萬不要忽略接下來的訓練內容，這些動作可以讓你的訓練進展事半功倍。

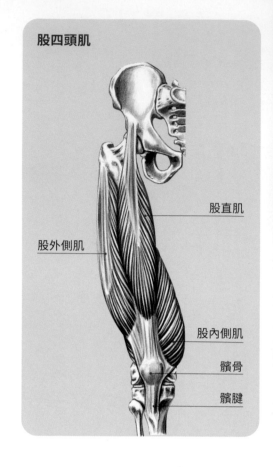

股四頭肌

股直肌
股外側肌
股內側肌
髕骨
髕腱

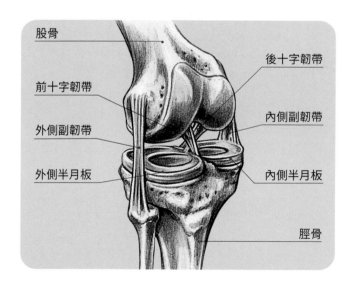

股骨
後十字韌帶
前十字韌帶
內側副韌帶
外側副韌帶
外側半月板
內側半月板
脛骨

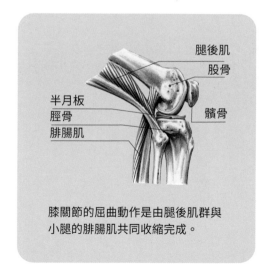

腿後肌
股骨
半月板
脛骨
腓腸肌
髕骨

膝關節的屈曲動作是由腿後肌群與小腿的腓腸肌共同收縮完成。

> **！注意** 無論在衝刺、跳躍、落地、減速與改變方向等動作中，膝關節都必須承受非常大的壓力與關節扭力，這時候周邊肌群就扮演非常重要的輔助角色，協助關節吸收這些動作產生的衝擊，發揮適當的保護機制。在訓練前的暖身階段，必須確保膝關節周邊包含股四頭肌、腿後肌群、內收肌與腓腸肌等肌肉適度的暖身活化，才能降低膝關節相關的傷害風險。

/// 啞鈴深蹲 Squat

這是針對股四頭肌、臀部、腿後與小腿等下肢主要肌群的雙側多關節訓練動作，同時也需要核心與下背肌群共同收縮維持姿勢穩定。單腳深蹲的變化也是近年相當流行的下肢訓練動作。

實用技巧

深蹲動作的下蹲深度容易受到踝關節活動度的影響，下蹲有困難者可以嘗試用槓片或木板將腳跟墊高來增加下肢穩定度，墊高腳跟的方式也會增加股四頭肌的參與比例。但相對地，如果選擇增加身體前傾角度來維持下蹲深度，則容易提高臀部、腿後與下背肌群的參與比例。

如果要執行超力竭的減量組合，可以在啞鈴深蹲到力竭後，放掉其中一個啞鈴並且如上圖雙手扣住啞鈴槓片做第二輪反覆，達到力竭後再放掉負重以徒手方式進行深蹲到最後一次力竭。

1 2 雙腳與肩同寬，同時腳尖朝前或稍微朝向外側。在下蹲預備位置，雙手呈中立位抓住啞鈴（虎口朝前），保持下背部與核心的張力讓腰椎處於自然伸展的中立位置，雙腳膝蓋朝前避免關節外翻，並保持腿部張力準備推蹬起立。

3 下肢肌群發力推蹬起身，確保下肢髖膝踝三關節同步協調伸展，並維持下背部與核心肌群穩定收縮。完全起身後便可離心下蹲回到起始位置。可依照個人肌力與關節活動度調整下蹲深度，下蹲時避免身體過度前傾使下背張力提高，專注於腿部目標肌群的收縮感受。

變化動作

深蹲有許多種不同的變化形式。

股骨比例與下蹲深度的關聯性

深蹲下蹲的距離越深,肌肉收縮延展的範圍越大,動作的強度與刺激就越完整。但除了考量到個人肌力水平與動作技術外,先天的骨骼結構也會影響深蹲的訓練效果,尤其對於大腿股骨比例相對較長者來說,在相同的下蹲深度下,軀幹必須有更大的前傾角度,才能將重心繼續維持在原本中立的鉛垂線上 (如右圖),這時如果又加上相對較短的軀幹比例,對前傾角度的影響就更加顯著,而前傾角度的增加勢必會提高下背肌群在深蹲過程中的負擔,增加原本深蹲動作的難度。

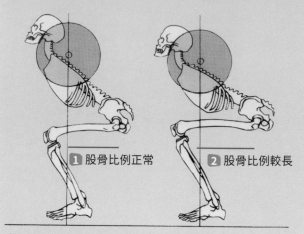

股骨與軀幹比例對深蹲時前傾角度的影響

1 股骨比例正常   **2** 股骨比例較長

1 股骨比例正常,軀幹比例較長者,下蹲時上半身的前傾角度較小。

2 股骨比例較長,軀幹比例較短者,下蹲時上半身的前傾角度較大,下背負擔相對較高。

靠箱深蹲

尚未掌握下蹲深度控制的初學者,配合木箱或家中的床椅進行靠箱深蹲就是很好的替代方式。靠箱的目的並不是在反覆間完全坐下休息用。基本上主要有兩種常見的訓練方式:

1 調整好後方椅子適當的距離後開始往下深蹲,感受到臀部輕觸座椅時,立刻快速往上站起回到起始位置。藉由縮短中間的接觸時間,來模擬增強式訓練的效果,提升下肢爆發力表現。

2 另一種方式是下蹲時完全靠到椅上,讓下肢肌肉放鬆一到二秒後再次推蹬起身。這種作法可以訓練到下肢肌群瞬間啟動的肌力與爆發力,對於需要從靜止狀態快速啟動加速的運動項目很有幫助。

重點提示

靠箱深蹲也可以用來作為下蹲深度的提醒指標,幫助剛練習深蹲的初學者以更標準穩定的姿勢完成每下動作,讓身體習慣適當的動作範圍,並確保每下反覆都有足夠的訓練強度。

1   **2**

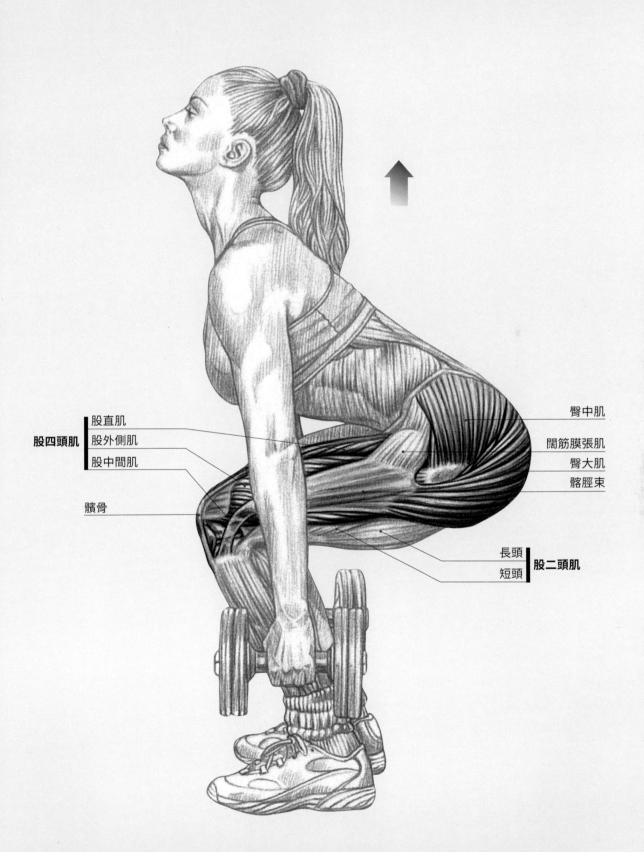

股四頭肌
股直肌
股外側肌
股中間肌

髕骨

臀中肌
闊筋膜張肌
臀大肌
髂脛束

長頭
短頭
股二頭肌

調整雙腳間距

V 初學者剛接觸深蹲訓練時，建議將雙腳保持略大於肩寬的距離，腳尖朝向前方或者略微往外來減少膝關節外翻的情形。掌握基本深蹲方式後，便可以嘗試調整雙腳間的距離。縮短雙腳間距往中間併攏會增加下蹲時膝關節主導的比例，進而提高股四頭肌的延展與收縮感受；反過來將雙腳往外撐開進行深蹲則會提高髖關節動作的主導比例，增加臀部、腿後與內收肌群的參與比例。讀者可以在熟練基本深蹲方式後，依照個人需求調整雙腳適當的間距。

開腿深蹲　　　　　　　併腿深蹲

維持肌肉張力

1 2 一般負重深蹲從啟動到直立的過程，肌肉張力的強度會逐漸降低，完全直立後負荷的承重感受相對較輕，因此你可以如右圖配合彈力帶進行深蹲訓練。由於彈性阻力的特性隨著雙腳推蹬起身的過程逐步加強負荷，藉由漸進式的彈性阻力，讓下肢肌肉在動作過程都能夠維持一定程度的肌肉張力。

3 當然你也可以同時搭配啞鈴與彈力帶來兼具兩種阻力特性。

另外也可以透過刻意不完全伸直雙腳來維持下肢肌肉的張力，這種方式會大幅增加深蹲動作的難度，因為無法在反覆間停留在完全直立的位置讓肌肉休息。實際訓練時，可先以持續張力的做法進行深蹲訓練到下肢肌群力竭後，再回復到原本完全伸直雙腳的方式稍作休息，並接著完成更多下的反覆次數。

彈力帶深蹲　　　　　啞鈴＋彈力帶深蹲

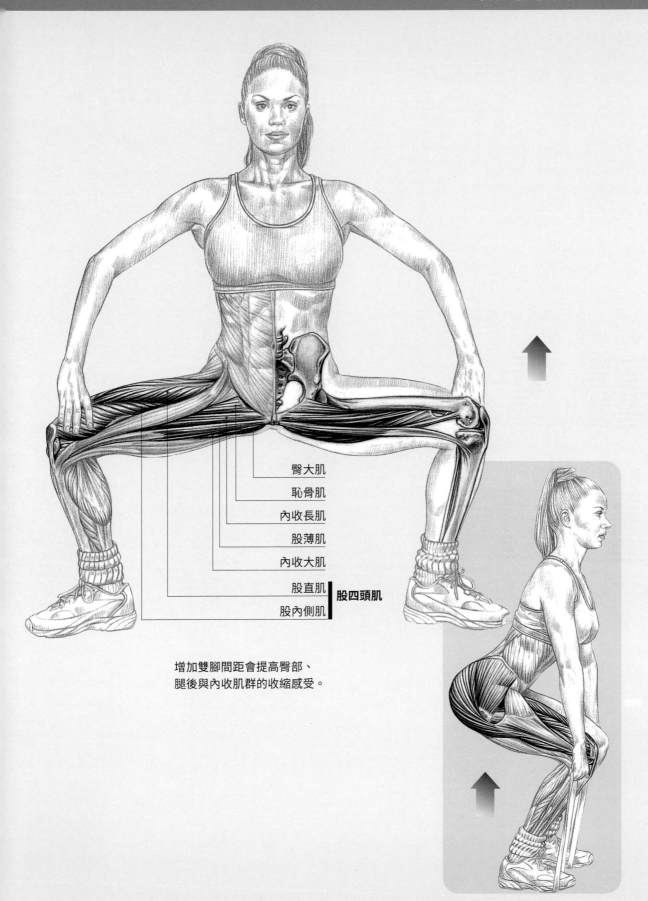

臀大肌
恥骨肌
內收長肌
股薄肌
內收大肌
股直肌　　股四頭肌
股內側肌

增加雙腳間距會提高臀部、
腿後與內收肌群的收縮感受。

/// 後腳抬高蹲 Unilateral Squat

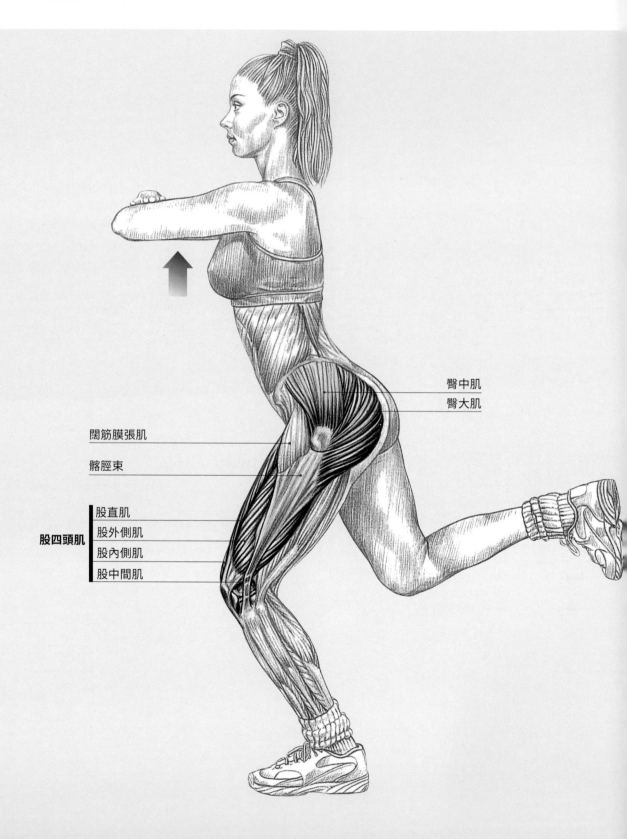

臀中肌
臀大肌

闊筋膜張肌

髂脛束

股四頭肌
股直肌
股外側肌
股內側肌
股中間肌

/// 助力肩推 Squat and Lift

1　**2**　**3**

重點提示

隨著動作技術與肌力水平的提升，進階者執行深蹲或硬舉時有可能採用極高強度的負重，如果將這兩項動作安排在同一次訓練，不僅會累積大量的疲勞，對下背結構的負擔與風險也會大幅提升，因此當你進入負重強度或訓練量較高的階段，建議將深蹲與硬舉等下肢大肌群的主訓練，錯開到不同的訓練時段，確保身體有足夠的時間休息恢復。

優勢

深蹲訓練可以在短時間內動員下肢主要大肌群，是提升腿部肌力與爆發力必備的訓練動作之一。相較於其他上半身的訓練動作來說，深蹲等下肢大肌群的阻力訓練，可以更有效地刺激肌肉生長相關的賀爾蒙分泌（例如生長激素與睪固酮），單一動作中刺激的肌群肌肉量越高，產生的正回饋也會提高相關激素的濃度，進而提升整體肌肥大的效果。

缺點

深蹲對於體能的消耗，與膝關節及下背結構的負擔相對較高。

! 注意　深蹲對於膝蓋、髖關節、腰椎與下背部肌群的負擔相對較高，訓練時務必透過適當的技術指引與調整，並評估自身骨骼結構比例與關節活動度來找到適當的深蹲形式，不需要勉強去達到任何可能會產生不適的下蹲深度或關節角度，並從徒手深蹲開始逐步漸進負荷強度。深蹲訓練後可以採取懸吊伸展來減輕腰椎與背部肌群的負擔。

/// 斜向深蹲 (西西式深蹲) Sissy Squat

這是針對股四頭肌的特殊深蹲變化動作,也可以採取單腳深蹲的方式執行。斜向深蹲動作模式與一般深蹲有很大的差異,可以大幅增加股四頭肌的延展範圍。一般採取徒手或低負重的訓練方式,對下背部的負擔也相對較低。

1 剛開始練習可用單手扶住椅背或牆面來協助動作穩定。雙腳與肩同寬,並維持下背部與核心穩定收縮,慢慢將軀幹傾向後方並配合重心轉換屈曲膝蓋頂向前方,過程中避免腳跟離開地面,並保持脊柱維持在中立位置。

　　依照個人股四頭肌離心能力穩定控制下蹲的速度與距離,在可控制的範圍內反覆深蹲,隨著動作熟練度提升可以逐步增加下蹲的深度,回到站立時保持膝蓋微彎,可以維持股四頭肌的張力增加動作強度。

實用技巧

建議初學者在練習時將腳跟墊高來增加下肢穩定度,可以將腳跟踩在槓片上或家中適當厚度木板等穩定物品。基本上腳跟墊得越高則動作難度就越低,在熟練動作模式後就可以嘗試移除槓片繼續訓練。

重點提示

這項動作必須以相對緩慢的速度穩定維持肌肉的張力,不需要採用過重的負荷或者任何爆發性的加速動作。斜向深蹲也是復健訓練中,常用來強化股四頭肌離心能力的方式之一 (參考 p.273)。

優勢	股直肌為股四頭肌中的雙關節肌,斜向深蹲可以有效增加股直肌在髖膝關節兩端的延展與收縮。改變肌肉在不同角度下的收縮刺激,對於離心控制能力的訓練也有助於減少衝刺與跳躍動作中的傷害風險。
缺點	進行斜向深蹲前,務必確保膝關節周邊肌群充分暖身,建議避免將斜向深蹲作為下肢的第一個訓練動作。

變化動作

V 可以雙手或單手抱著槓片等負重,來增加深蹲的強度。

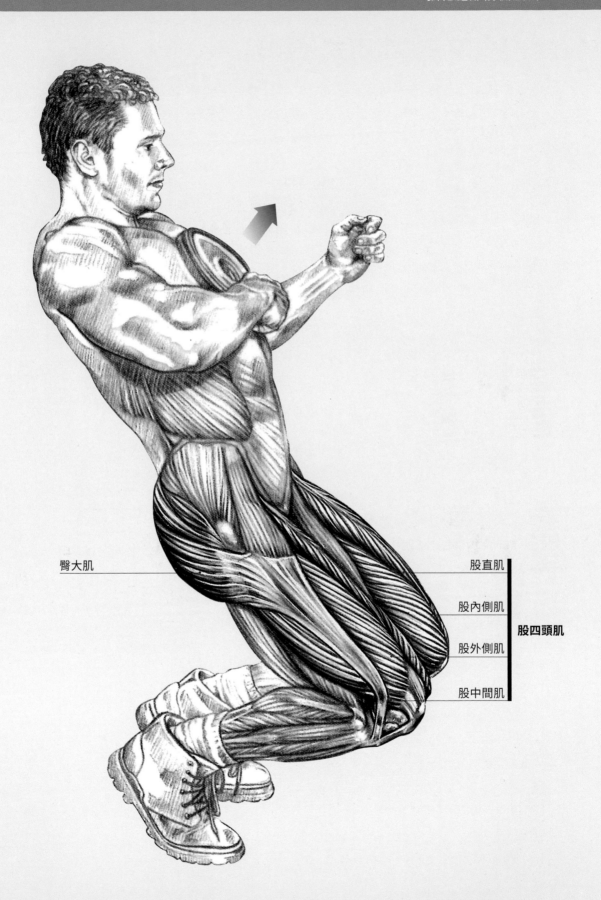

臀大肌

股直肌

股內側肌

股外側肌

股中間肌

股四頭肌

/// 前抬腿運動 Leg Lift

這是針對股直肌、腹部肌群與髂腰肌群為主的屈髖訓練動作，通常以單邊抬腿的方式執行，適合作為需要快速抬腿衝刺項目的輔助訓練。

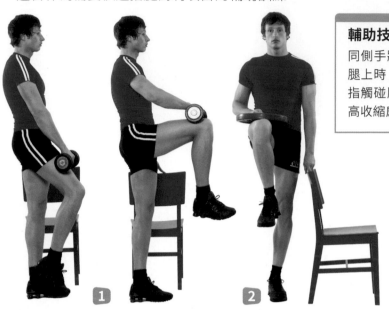

輔助技巧
同側手將啞鈴固定在腿上時，可以藉由手指觸碰肌腹位置來提高收縮感受度。

1 雙腳與肩同寬站立，單手將啞鈴或槓片等負重固定在同側大腿上方，另一手可以扶住椅背或背部靠牆來增加穩定性。

2 負重腳往前提膝，膝關節自然彎曲將大腿抬到與地面平行的位置，在頂點維持一秒穩定收縮後，再慢慢離心放下大腿回到起始位置，完成反覆次數後左右腳互換重複動作。

（變化動作）

可以藉由同側手往下抵住大腿來增加離心階段額外的阻力，隨著疲勞程度累積再適時降低手上的阻力，增加更多下的反覆。如果想增加更多的訓練量，也可以在力竭後放下負重，以徒手方式進行抬腿訓練來提高目標肌群的收縮刺激。

!注意 由於在前抬腿動作中負責屈曲髖關節的肌群中，有部分肌肉的起點位於腰椎上方，在肌肉反覆收縮的過程中容易增加腰椎往前過度伸展的壓力，因此訓練者必須特別留意維持核心與下背肌群的穩定來減少腰椎負擔。如果在過程中出現任何關節與肌肉摩擦的彈響聲，在無法正常緩解的情況下應避免進行這項訓練動作。

v 可以用對側腳踩住彈力帶，並將另一端固定在膝蓋上方，配合彈性阻力進行前抬腿訓練。也可以同時搭配啞鈴負重與彈力帶組成複合式阻力來增加訓練效果。

實用技巧

過程中避免負重腳重心完全落地，以維持目標肌群持續的收縮張力，反覆到力竭時可以輕靠在地面休息數秒後繼續完成更多下反覆。

重點提示

簡單低負荷的幾組前抬腿動作，也可以作為下肢大肌群主訓練前的暖身活動。另外，對於膝關節有損傷或不適的個案，前抬腿動作也可以在降低膝關節活動的前提下，維持大腿前側肌群的訓練量。

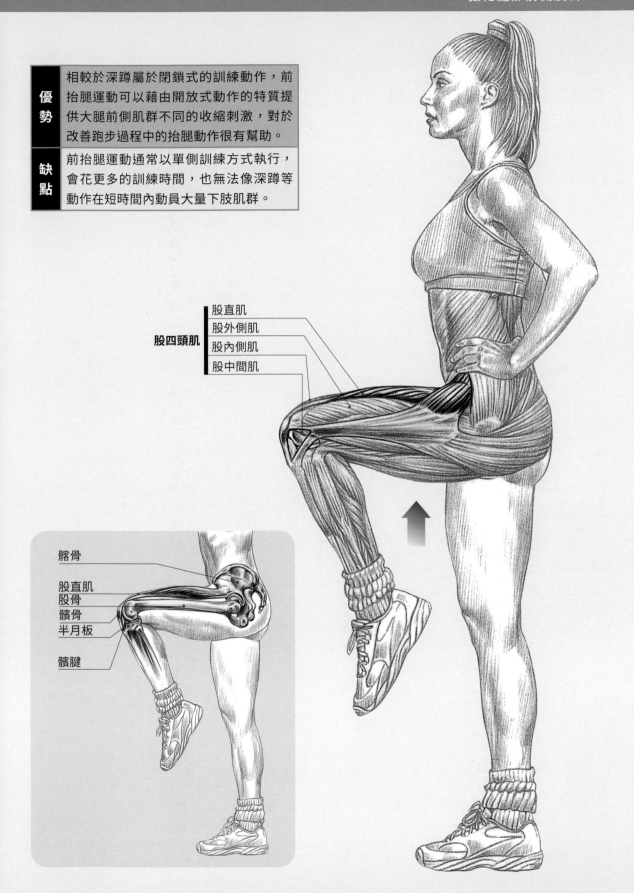

| 優勢 | 相較於深蹲屬於閉鎖式的訓練動作，前抬腿運動可以藉由開放式動作的特質提供大腿前側肌群不同的收縮刺激，對於改善跑步過程中的抬腿動作很有幫助。 |
| 缺點 | 前抬腿運動通常以單側訓練方式執行，會花更多的訓練時間，也無法像深蹲等動作在短時間內動員大量下肢肌群。 |

股四頭肌
　　　股直肌
　　　股外側肌
　　　股內側肌
　　　股中間肌

髂骨
股直肌
股骨
髕骨
半月板
髕腱

/// 分腿蹲 Lunge

這是針對下肢所有主要肌群的多關節訓練動作，與前面提過的後腳抬高蹲相似，
基本上以單側訓練的方式執行。

1 單腳往前自然跨步呈前後分腿姿勢，並依照個人下肢活動度與肌力調整前後腳適當距離。初學者可單手扶住牆面或椅背來增加穩定度，剛開始練習時，後腳膝蓋可微微彎曲降低強度，熟練動作後再將腳伸直增加腿後與小腿肌群的延展程度。

2 穩定姿勢後雙腳屈膝開始下蹲，過程中保持身體在中立位置，視線直視前方。在活動度與肌力許可的情況下，建議下蹲到前腳大腿與地面平行的深度。初學者可以先嘗試下蹲約 20 公分左右再逐步增加離心範圍。

穩定下蹲到低點後，雙腳推蹬往上回到起始位置，站直時膝蓋可以保持些微的彎曲來維持下肢肌肉張力，完成同側腳反覆次數後換到對側重複流程。也可以每下反覆都重新回到站姿左右交替執行 (參考 p.180 的變化動作)。

輔助技巧

空出的手可以輕觸大腿或臀部位置，來增加目標肌群的收縮感受度。

> **！注意** 分腿蹲對於膝關節與髖關節穩定的難度較高，但對於下背的負擔相對較輕。

優勢	分腿蹲可以提供下肢主要肌群完整的收縮刺激，並減輕下背與腰椎負擔，對於下肢前後側肌群也有很好的延展效果，有助於改善髖關節活動度。
缺點	下蹲過程中會增加後腳屈髖肌群的延展範圍，對屈髖肌群較為緊繃者可能容易出現腰椎過度伸展的情形，因此必須留意動作姿勢與穩定度，並設法改善目標肌群柔軟度。 　　膝蓋往前的幅度越大會提升關節的負擔，務必留意下蹲過程是否出現任何不適並適時作出修正。

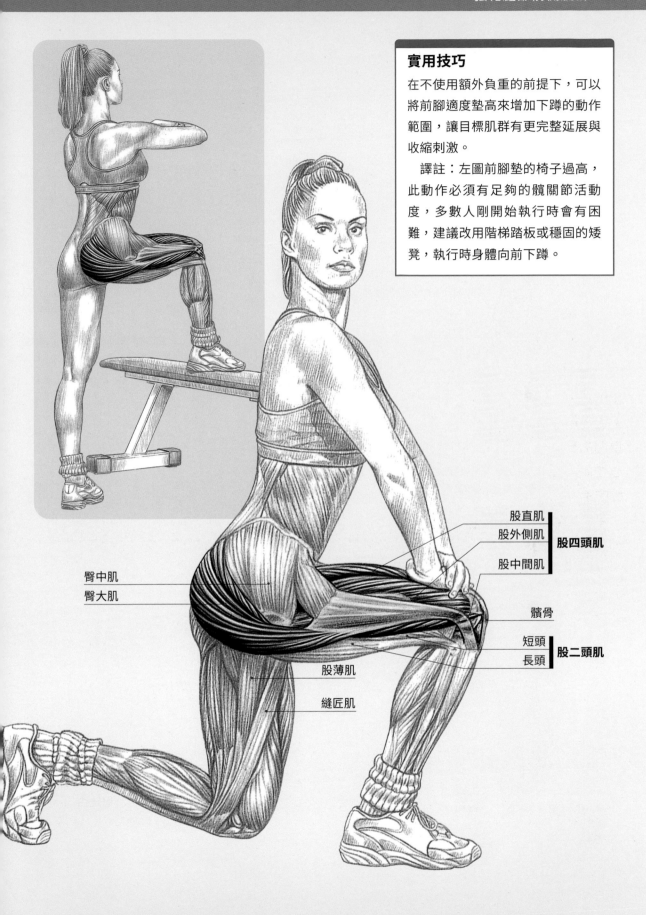

實用技巧

在不使用額外負重的前提下,可以將前腳適度墊高來增加下蹲的動作範圍,讓目標肌群有更完整延展與收縮刺激。

譯註:左圖前腳墊的椅子過高,此動作必須有足夠的髖關節活動度,多數人剛開始執行時會有困難,建議改用階梯踏板或穩固的矮凳,執行時身體向前下蹲。

股直肌
股外側肌　　**股四頭肌**
股中間肌

髕骨

短頭　**股二頭肌**
長頭

臀中肌
臀大肌

股薄肌

縫匠肌

▲ 正常分腿距離　　　　　　　　　　　▲ 寬版分腿距離

變化動作

分腿蹲訓練同樣有許多變化形式。
V 首先可以調整的就是往前跨步的距離，建議初學者採取正常或相對較小的步幅，先熟練身體重心的維持，與下蹲時肌肉的離心控制，接著再逐步增加前後分腿的距離。

可以選擇往前或往後跨步來增加身體協調控制的訓練，也可以交替混合兩種跨步方式。亦可左右腳輪流交替跨步下蹲，或者固定完成其中一側的反覆次數後再換到另一側重複相同動作流程。

動作反覆間，雙腳可以伸直稍作休息，或者雙腳維持彎曲在特定下蹲範圍內完成目標次數，後者可以增加對目標肌群耐力表現的刺激。

① 手持適當重量的啞鈴可以增加分腿蹲的訓練強度。

② 除了典型的前後分腿方式，也可以採取側向的左右分腿做法來訓練大腿內收肌群。這種方式需要特別留意膝蓋方向避免關節外翻，下蹲過程同樣也需要維持軀幹重心在中立穩定的位置。側向分腿蹲的訓練適合應用在武術、滑冰與直排輪等運動項目。

重點提示

前後分腿的距離越大，腿後與臀部肌群的感受度越明確，配合軀幹略微前傾也有類似的效果；相反地，如果縮小分腿的間距，股四頭肌做功的比例就會提高。

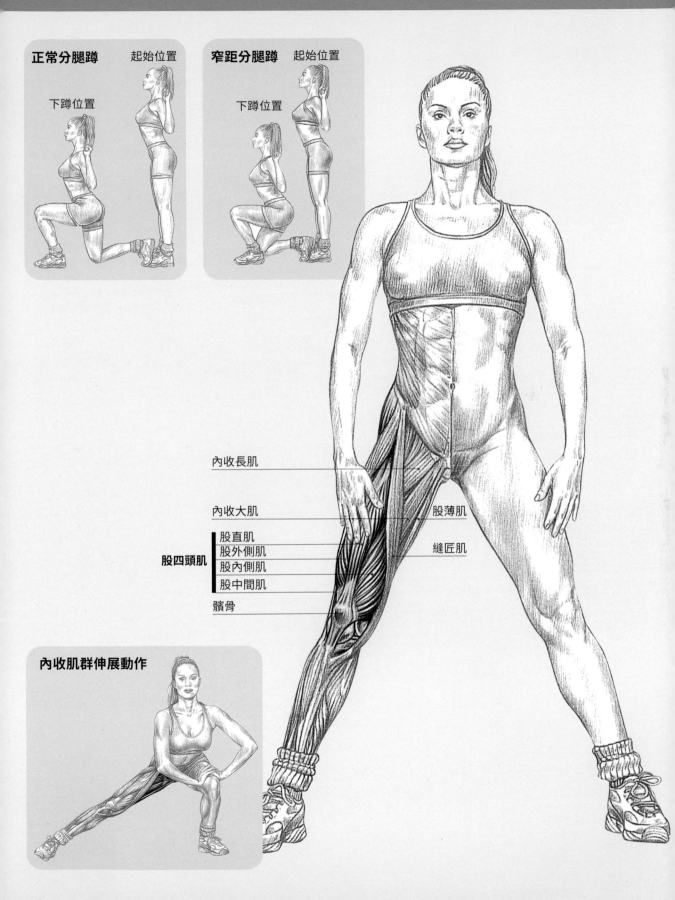

正常分腿蹲　　起始位置

下蹲位置

窄距分腿蹲　　起始位置

下蹲位置

內收長肌

內收大肌

股四頭肌 股直肌
股外側肌
股內側肌
股中間肌

髕骨

股薄肌

縫匠肌

內收肌群伸展動作

內收肌群

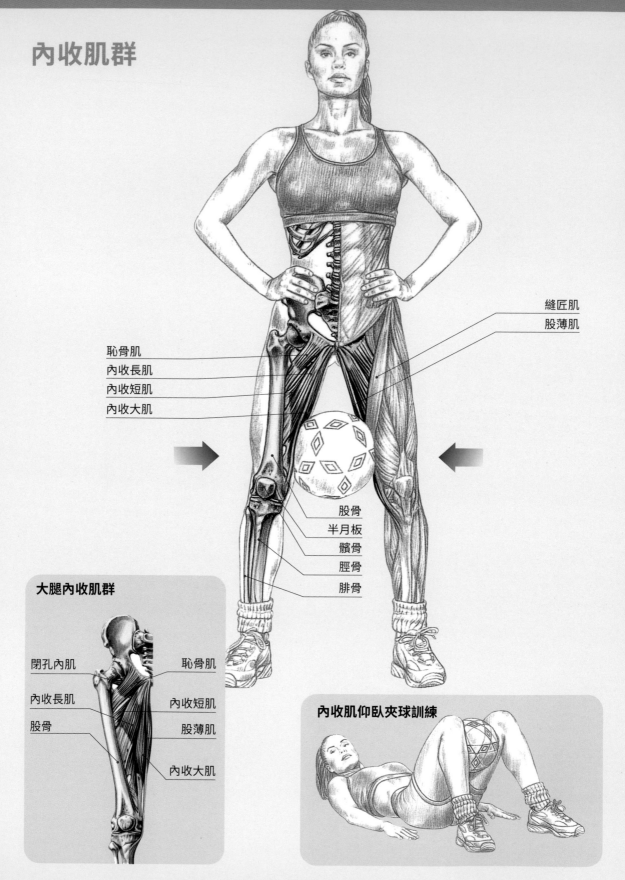

縫匠肌
股薄肌

恥骨肌
內收長肌
內收短肌
內收大肌

股骨
半月板
髕骨
脛骨
腓骨

大腿內收肌群

閉孔內肌
內收長肌
股骨

恥骨肌
內收短肌
股薄肌
內收大肌

內收肌仰臥夾球訓練

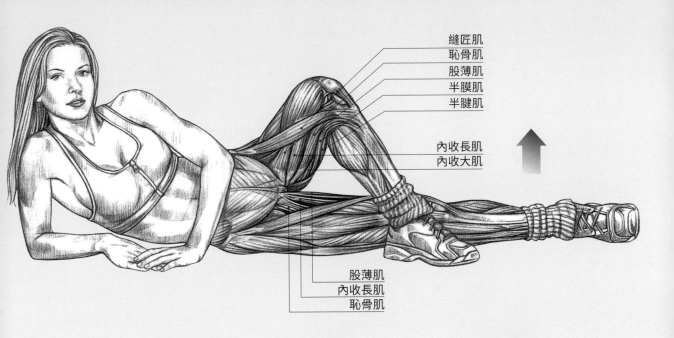

縫匠肌
恥骨肌
股薄肌
半膜肌
半腱肌

內收長肌
內收大肌

股薄肌
內收長肌
恥骨肌

1 **2** 可以藉由大腿內夾的動作
來訓練內收肌群，如前頁圖中搭配
徒手阻力、適當大小的抗力球，或
者專用的內收肌訓練阻力機台。

/// 內收肌群伸展動作 Stretching the Adductors

/// 腿部伸展運動 Leg Extension

這是針對股四頭肌的單關節訓練動作，可以配合彈力帶進行單側伸腿訓練。

1

2

> **！注意** 腿部伸展運動對膝關節產生的扭力相對較高，練習時避免使用過重的負荷，也不要採取爆發加速的方式，必須以穩定的動作節奏專注在股四頭肌的收縮感受。

1 坐在椅上並往後貼近椅背增加大腿支撐面積，雙腳膝蓋自然屈曲往下，同時併攏用腳掌夾住啞鈴。

2 收縮股四頭肌伸展膝關節將小腿往上舉到與地面平行的位置，維持二到三秒穩定收縮後再慢慢離心放下啞鈴。

實用技巧

剛開始時，建議以較低的負荷搭配高反覆的編排，來專注於股四頭肌的收縮感受，低強度的伸腿訓練也可以作為股四頭肌與膝關節的暖身活動。此外，也可以應用預先疲勞超級組的編排，將伸腿動作安排在深蹲訓練之前，增加股四頭肌在深蹲時的感受度。

重點提示

腿部伸展運動可以應用在暖身活動或作為訓練後的緩和運動，雖然對於股四頭肌肌肥大的效果並不顯著，但有助於提升腿部肌耐力，並改善腿部前側肌肉線條。

變化動作

V 如果家中有適當的固定點，也可以將彈力帶繞過座椅下方套在腳踝位置進行伸腿訓練，可依個人習慣採取雙腳或單腳的伸腿方式。

　　也可以同時配合啞鈴與彈力帶組成複合式的訓練阻力來增加動作強度。

V

優勢	腿部伸展運動可以有效獨立訓練股四頭肌，減少其他部位肌群的疲勞或代償影響，腰椎也不需要承受額外的負擔。
缺點	腿部伸展運動並不符合多數運動項目的動作模式，多數的下肢動作都需要前後側主動肌與拮抗肌群的協調收縮，因此不建議作為下肢主要的訓練動作。在編排時也需要注意股四頭肌與腿後肌群間訓練量的調適與平衡。

/// 腿部增強式訓練動作

Plyometric Exercises for the Thighs

腿部增強式訓練以彈跳動作
變化為主。

1 雙腳原地彈跳是最基本
的腿部增強式訓練動作，可
以改善下肢肌群爆發力。

2 動作熟練後，可以進階
到單腳原地彈跳的方式提高
動作強度。

3 可以配合適當高度的椅
子進行落地跳的訓練，落地
時必須盡可能縮短觸地時間
快速反向彈跳。

/// 股四頭肌伸展運動 Stretching the Quadriceps

1 搭配適當長度與阻力的彈力帶，將一端固定在單腳腳背，並經由背後往前繞過肩膀用手抓住。另一手扶住椅背或牆面維持穩定，慢慢往前拉動彈力帶伸展大腿前側肌肉與屈髖肌群，停留數秒後慢慢放回原點，將彈力帶固定到另一腳重複以上流程。

　　也可以如下頁解剖圖示，以徒手方式伸展股四頭肌與屈髖肌群。

2 採取跪姿並將小腿略微轉向大腿外側，雙手輔助平衡讓軀幹往後伸展大腿前側肌肉與屈髖肌群，保持緩慢的速度逐步延展到緊繃位置，維持數秒後再慢慢回到原點。隨著柔軟度的進展可以增加軀幹往下的幅度。

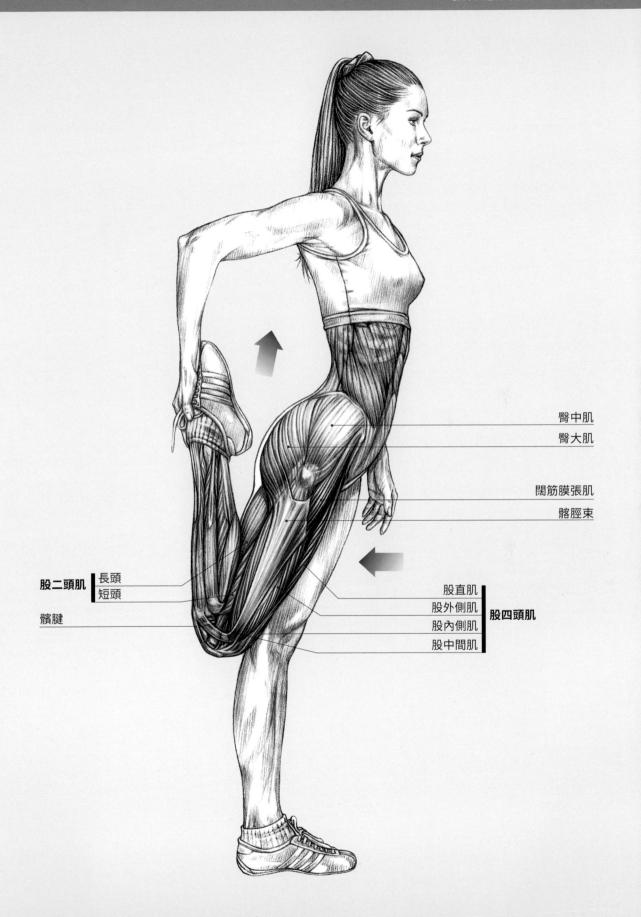

臀中肌

臀大肌

闊筋膜張肌

髂脛束

股二頭肌　長頭
　　　　　　短頭

髕腱

股直肌

股外側肌　　**股四頭肌**

股內側肌

股中間肌

強化腿部後側肌群

腿後肌群

▍腿後肌群功能

腿後肌群位於大腿背側的位置，由股二頭肌、半腱肌與半膜肌組成，屬於橫跨膝關節與髖關節的雙關節肌 (除了股二頭肌短頭)，主要功能為協助膝關節的屈曲與髖關節的伸展動作，並與大腿前側股四頭肌相互協調拮抗，完成行走、跳躍與奔跑等動作。在這些動作中，雙關節肌的優勢在於可以同時調節遠近兩端的肌肉收縮與延展，讓腿後肌群在下肢快速動作的過程中維持在最適收縮長度，發揮最佳的肌力與爆發力表現。

　　因此腿後肌群在多數運動項目中都扮演非常重要的角色，尤其在經由訓練過程整合股四頭肌、臀部與小腿肌群共同協調收縮，就可以大幅提升下肢肌群的動作表現。

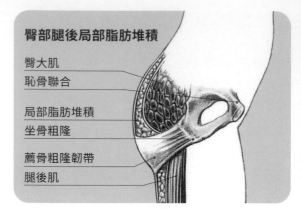

臀部腿後局部脂肪堆積

臀大肌
恥骨聯合
局部脂肪堆積
坐骨粗隆
薦骨粗隆韌帶
腿後肌

但由於腿後肌群位處身體背側，在肌肉外型展現上並不如股四頭肌般顯眼，訓練時的優先順位往往容易遭到忽略。

　　然而即使腿後肌群無法有顯著肌肥大的視覺感官，適度的鍛鍊還是可以達到修飾腿部線條的效果，尤其腿後上段與臀部比起前側更容易有局部的脂肪堆積，女性更有相對較高的機會形成所謂的橘皮組織 (p.205)，但只要配合適當的飲食控制與低強度高、反覆的腿後動作編排就能夠有所改善。

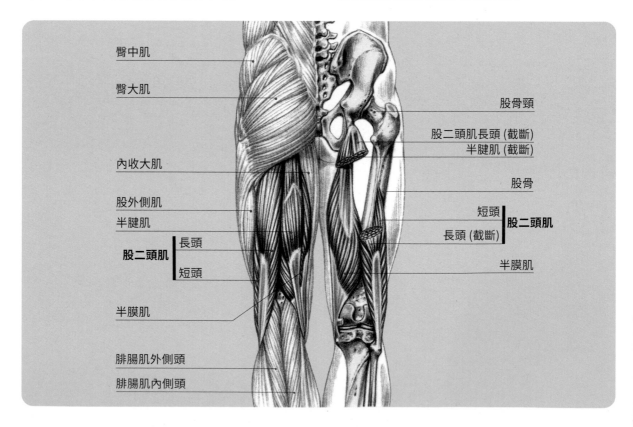

臀中肌
臀大肌
內收大肌
股外側肌
半腱肌
股二頭肌 長頭
短頭
半膜肌
腓腸肌外側頭
腓腸肌內側頭

股骨頸
股二頭肌長頭 (截斷)
半腱肌 (截斷)
股骨
短頭
長頭 (截斷) **股二頭肌**
半膜肌

/// 直腿硬舉 Straight-Legged Deadlift

這是針對臀部、腿後與下背部肌群的單關節硬舉變化動作，
也可以採取單腳直腿硬舉的訓練方式。

1 雙腳與肩同寬，雙手前臂轉向內側呈半旋前把位，分別抓住適當重量的啞鈴，保持核心與下背部張力使腰椎處於中立位上，屈曲髖關節使上半身往前傾，過程中膝蓋保持伸直但避免關節鎖死，注意力集中在腿後肌與臀部肌群的延展收縮。

2 上半身前傾的幅度，取決於個人髖關節的控制能力與下背腿後肌群的柔軟度。剛開始建議以較輕的負荷熟練動作控制，再逐步增加前傾角度，初學者可以微微彎曲膝蓋來降低動作難度。

> **！注意** 直腿硬舉的動作模式會使下背部承受更大的力矩，初學者容易為了維持與原本硬舉相同的前傾範圍，而出現腰椎前彎的代償動作，大幅增加腰椎與椎間盤結構損傷的風險。建議在保持腰椎中立曲線的前提下執行直腿硬舉訓練，初學者也可以透過膝蓋微彎來降低腿後張力，減少腰椎前彎的代償產生。

（變化動作）

1 單腳直腿硬舉也是相當常見的硬舉變化之一，可以提升髖關節的平衡控制，同時對下背的負擔也相對較低。起始位置單腳站立維持穩定後，對側手抓住適當重量的啞鈴準備往下，剛開始另一手可以扶住椅背或牆面來輔助動作平衡。

2 慢慢穩定控制屈曲髖關節使軀幹前傾，髖關節活動度較佳者可以前傾到上半身與地面平行的位置，讓目標肌群充分延展。接著穩定向心收縮腿後與臀部肌群回到站立位置，完成單邊反覆次數後，左右交替重複流程。

實用技巧

隨者反覆次數增加與疲勞程度的累積，維持核心收縮穩定腰椎的過程會變得越來越吃力，這時候可以稍微減少髖關節屈曲與身體前傾的範圍，盡量在不出現下背代償的前提下完成目標反覆次數，並維持臀部與腿後肌群穩定收縮。

在向心階段挺起軀幹時，上半身盡量不要超過與地面的垂直位置，讓腿後與臀部肌群可以在頂點繼續維持張力並避免下背過度伸展。在接近力竭時可以停留在站立姿勢稍作休息，再繼續完成更多下反覆。

重點提示

雖然相較於傳統硬舉來說，直腿硬舉只集中在髖關節的活動變化，但對肌肉控制的要求以及潛在的傷害風險其實並不容小覷，反而由於動作結構較為單一，使初學者更容易出現下背前彎的代償情形。

在負重狀態下，任何腰椎的活動都容易增加椎間盤與椎弓結構的損傷風險。此外，也會減少原本臀部與腿後肌群的收縮強度，因此在練習過程中，同樣也必須有正確的技術指引與適當的回饋調整。

優勢	直腿硬舉可以有效改善髖關節的活動度與控制能力，對於腿後肌與臀部肌群有非常明確的延展效果，提供日常活動中較少出現的收縮刺激。
缺點	直腿硬舉屬於硬舉變化中的單關節訓練動作，因此無法應用到雙關節肌在最適收縮長度的發力特性，目標肌群在向心階段啟動往上時可能會較為吃力。

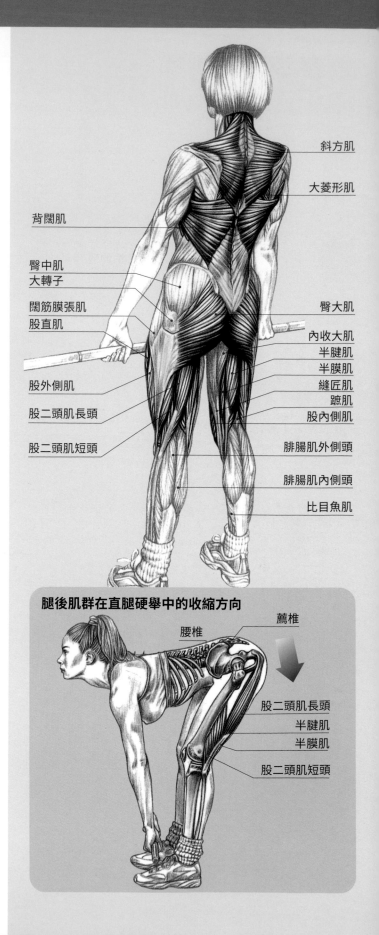

斜方肌
大菱形肌
背闊肌
臀中肌
大轉子
闊筋膜張肌
股直肌
臀大肌
內收大肌
半腱肌
半膜肌
縫匠肌
蹠肌
股內側肌
股外側肌
股二頭肌長頭
股二頭肌短頭
腓腸肌外側頭
腓腸肌內側頭
比目魚肌

腿後肌群在直腿硬舉中的收縮方向

薦椎
腰椎
股二頭肌長頭
半腱肌
半膜肌
股二頭肌短頭

/// 坐姿屈腿訓練 Seated Leg Curl

這是針對腿後肌群的單關節訓練動作，可以選擇以單腳或雙腳兩種屈腿方式。

1 將彈力帶綁在前方適當高度的固定點上 (例如將室內單槓固定在門框下方的位置)，調整適當距離坐在椅子上，並將彈力帶另一端套住腳踝就準備位置。

> **！注意** 雙腳伸直時需維持上半身保持中立避免過度前傾，以免腿後肌群過度延展，反而增加屈腿動作啟動的難度。

2 收縮腿後肌群將雙腳盡可能收往椅子下方，在屈膝位置維持二到三秒穩定收縮後，再慢慢離心伸膝回到起始位置。

實用技巧

坐姿屈腿動作的力量大小與軀幹的角度有很大的關係，以右圖動作為例，剛開始雙腿伸直時上半身自然挺直，隨著屈膝的過程上半身跟著同步前傾，屈膝到 90 度時上半身與大腿約呈 45 度左右的傾角，當腳掌完全收到椅下時上半身也幾乎完全貼近大腿。反過來離心回到原點時，配合上半身角度的調整會讓腿後肌群更容易發力，原因在於上半身傾角的改變，使得腿後肌群在遠端 (靠膝蓋端) 收縮的同時也延展了近端 (靠髖部端) 的長度，使得肌肉在動作過程中能維持在相對容易發力的最適收縮長度，因此屈腿動作會變得更加輕鬆。

重點提示

屈腿運動可以與直腿硬舉或基本硬舉搭配成超級組訓練，透過屈腿運動達到預先疲勞的效果，增加腿後肌群在硬舉時的收縮感受度。但由於腿後肌群已經在屈腿動作中累積了部分的訓練量與疲勞程度，轉換到硬舉訓練時必須使用相對較輕的負荷，避免增加下背的負擔與代償。

變化動作

你也可以採取單腳屈腿的做法來應用單側收縮的優勢，或者調整雙腳間距來改變腿後肌群的收縮感受。此外，也可以在單腳屈腿時調整身體面向，來改變腿後肌群內外兩側的刺激強度，注意配合座椅位置的調整來維持完整的屈膝範圍。

優勢	雖然從動作模式來看，坐姿屈腿是以膝關節為主的單關節訓練，但如果加上髖關節的活動來調整軀幹前傾的角度，同樣能夠應用到雙關節肌的動作特質，讓腿後肌群維持在最適收縮長度下完成動作。
缺點	然而在屈腿過程中，如果軀幹不做任何向前傾動作，腿後肌群在屈膝範圍的末段就會相對吃力，很難完全將雙腳收到大腿下方，腿後肌群收縮同時也會增加下背的張力，因此核心肌群必須更費力才能將軀幹穩定維持在中立位置。

/// 俯臥屈腿訓練 Lying Leg Curl

這是針對腿後肌群的單關節訓練動作，可以選擇雙腳或單腳的屈腿方式，
後者必須配合彈力帶執行。

> **！注意** 過度伸展下背雖然可以降低屈腿動作的難度，卻會增加椎間盤與腰椎結構的壓迫，必須盡量避免代償動作的產生。雙腳必須確實夾住啞鈴並以相對穩定的速度節奏，避免負重滑脫造成傷害。

1 雙腳腳掌往內夾住適當重量的啞鈴俯臥趴在地面或瑜伽墊上，雙手手肘撐著地面維持穩定。

2 收縮腿後肌群帶動小腿舉起啞鈴。由於啞鈴只能提供重力方向的阻力，在小腿完全垂直地面之前就可以反向離心回到原位，藉此維持腿後肌群在過程中的穩定收縮。

實用技巧

剛開始建議使用較輕的負荷熟悉動作模式，並確保啞鈴不會掉落，過程中保持穩定的速度節奏，避免任何爆發性的加速動作。

變化動作

1 **2** 相較使用啞鈴，俯臥屈腿訓練更適合搭配彈力帶作為阻力，主要有下列兩個原因：
1.彈力帶可以更穩定安全地固定在腳踝位置。
2.彈力帶可以提供持續的阻力，增加屈腿動作的活動範圍。

當然你也可以同時搭配彈力帶與啞鈴組成複合式阻力，建議在有同伴協助的前提下，才能確保安全並節省時間。

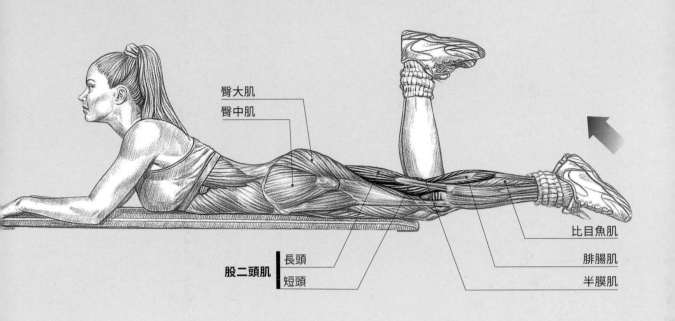

臀大肌
臀中肌
股二頭肌 長頭
短頭
比目魚肌
腓腸肌
半膜肌

重點提示

在進行俯臥屈腿訓練時，踝關節的角度也會改變屈膝動作的難易程度。因為小腿的腓腸肌屬於橫跨膝關節與踝關節的雙關節肌，除控制腳踝以外也會協助膝關節的屈曲。在屈膝過程中如果配合踝關節的背屈 (勾腳背動作)，便能讓腓腸肌維持在最適收縮長度來輔助腿後肌群的收縮，增加屈腿動作的力量，但這也會減少部分腿後肌群的參與比例。

　　然而相對地，如果在屈膝過程中將踝關節維持在蹠屈擺位 (腳背繃直)，雖然會使屈腿動作更加費力，但能夠減少腓腸肌的參與，提升腿後肌群的收縮強度。

　　你也可以同時結合上述的兩種做法來增加反覆次數，剛開始先以腳背繃直的方式進行屈腿訓練，反覆到接近力竭時開始勾起腳背來增加膝關節屈曲的力量，透過腓腸肌的參與完成更多下反覆，並提高整體動作的訓練刺激。

優勢	俯臥屈腿能夠有效獨立出腿後肌群的延展收縮，並幫助提升肌肉感受度。
缺點	相較於上一個坐姿屈腿訓練，俯臥屈腿的軀幹擺位無法應用到雙關節肌維持最適當收縮長度的輔助技巧，此外俯臥的姿勢更容易誘發臀部與下背肌群的代償，如果沒有適當的核心控制，反而容易使下背過度伸展，增加腰椎結構負擔。

/// 腿後肌群
伸展運動

**Stretching the
Hamstrings**

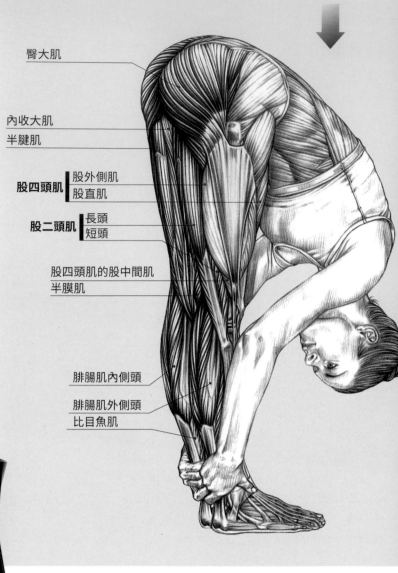

臀大肌

內收大肌
半腱肌

股四頭肌 ─ 股外側肌
　　　　　　股直肌

股二頭肌 ─ 長頭
　　　　　　短頭

股四頭肌的股中間肌
半膜肌

腓腸肌內側頭

腓腸肌外側頭
比目魚肌

1 單腳伸直往前,並將腳跟靠在地面
或高度適當的桌椅 (依腿後肌柔軟度而
定),雙手扶住大腿維持穩定並確保膝
關節伸直。

2 屈曲髖關節使軀幹前傾來延展前腳
腿後肌群,上半身前傾到適當的範圍內
停留數秒後左右交替,後方支撐腳可以
微微屈膝來增加前腳的伸展強度。

小腿後側肌群

▌小腿後側肌群功能

小腿後側肌群主要控制踝關節的蹠屈動作，無論是跳躍或衝刺動作都必須藉由小腿的推蹬，才能將下肢的力量完全發揮，因此在多數的運動項目中，小腿後側的力量表現都扮演非常關鍵的角色。

從外形角度來說，小腿後側的肌肉線條在某種程度上會比腿後肌群更加顯眼，但要鍛鍊出發達的小腿肌群其實並不容易，與其他主要大肌群相比，也經常是許多人容易忽略的區塊。

小腿後側主要由兩個肌肉所組成：

1. **腓腸肌**是位於小腿後側最外層，也是該部位肌肉量最明顯的肌肉。
2. **比目魚肌**位於腓腸肌下方，肌肉量相對較低。

除了肌肉外型與位置上的差異，腓腸肌是屬於橫跨膝蓋與腳踝的雙關節肌；比目魚肌則是以踝關節動作為主的單關節肌。這兩種肌肉性質的差異，會影響許多訓練動作上的調整。

因此，比目魚肌的收縮表現不會因為膝蓋屈曲與否而有所改變，但有趣的是依照之前說過的最適收縮長度理論，隨著膝關節屈曲角度的增加，腓腸肌群參與的比例也會隨之下降，這也是為何在屈膝約 90 度左右情況下，可以更有效的獨立出比目魚肌的收縮 (參考 p.201 坐姿舉踵訓練)。

反過來如果想提高腓腸肌的收縮強度，就必須在膝關節接近伸直的角度下訓練。最理想的作法除了保持膝蓋微彎，更建議搭配軀幹部分前傾，加強腓腸肌獨立收縮的效果 (參考 p.199 俯身舉踵訓練)。

> **!注意** 有部份觀念認為，舉踵訓練必須在雙腳完全打直的情況下才能有效收縮腓腸肌，但這點其實並不正確，從肌肉最適收縮長度的觀點來看，腓腸肌會在膝蓋微彎的情況下產生最大的收縮強度，因此正確的作法應該在舉踵訓練時保持膝關節些許的屈曲角度。此外，以實際表現應用而言，膝關節長時間維持完全打直的動作模式其實並不常見。

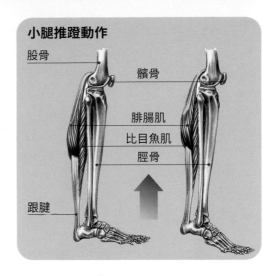

小腿推蹬動作

股骨　髕骨　腓腸肌　比目魚肌　脛骨　跟腱

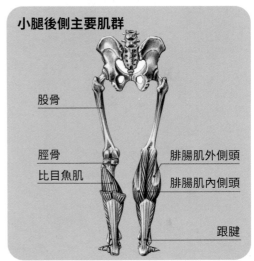

小腿後側主要肌群

股骨　脛骨　比目魚肌　腓腸肌外側頭　腓腸肌內側頭　跟腱

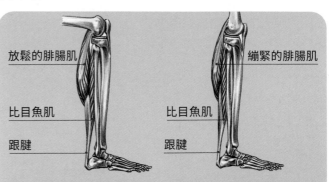

放鬆的腓腸肌　繃緊的腓腸肌　比目魚肌　跟腱

1 在屈膝的狀態下，腓腸肌近端靠近膝蓋的部分，肌肉會相對放鬆。在這個狀態下，當腳踝蹠屈舉踵時優先啟動的就是下方的比目魚肌，因此在屈膝擺位下的舉踵動作，主要是由比目魚肌收縮來完成。

2 相對地，如果膝關節在接近伸直的角度時，腓腸肌近端會受到延展，使得肌肉張力提升並處於相對容易發力的收縮長度，因此在伸膝角度下的舉踵動作，便會以腓腸肌的收縮為主。

/// 站姿舉踵 Standing Calf Raise

這是以小腿後側肌群為主的單關節訓練動作,其中以腓腸肌的收縮強度較高,主要以體重作為阻力來源。採取單腳舉踵的方式可以增加舉踵的動作範圍,與肌肉延展收縮的強度。

1 配合適當高度的啞鈴或木板將雙腳墊高,腳掌蹠趾關節的位置踩在槓片邊緣(可選擇單腳或雙腳訓練),在起始位置腳踝背屈使腳跟往下延展小腿後側肌群。

2 接著收縮肌肉用力往上舉踵撐起身體,在頂點維持一秒穩定收縮後,再慢慢離心往下回到原位,訓練時可以扶住椅背或牆面來輔助重心平衡。

變化動作

V 雖然可以藉由調整腳尖方向,來改變小腿內外側肌肉的參與比例 (詳見 p.198 右上圖),但這種方式實際上不會對肌肉外型有太大影響,而且為了避免膝關節過度擰轉,我們還是建議維持腳尖朝前方式進行舉踵訓練,尤其在額外負重的狀態下,任何關節角度的異常都有可能加劇傷害的累積。

基本上舉踵動作在腳尖朝前的位置下會有最好的力量表現,腳尖過多的內外轉動都有可能影響肌力的輸出與動作協調,因此這裡會建議讀者,如果需要改善肌肉收縮感受度,調整雙腳的間距(增加或減少皆可) 會比轉動腳尖更加安全有效。

可以藉由彈力帶或啞鈴來增加舉踵阻力,也可以同時結合兩種阻力形式增加訓練強度。

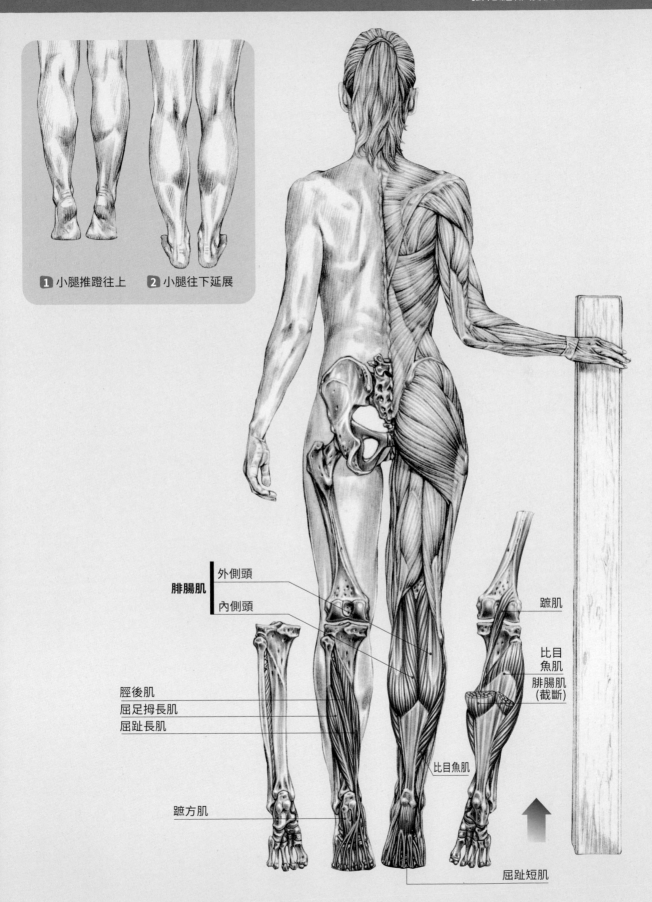

1 小腿推蹬往上　　**2** 小腿往下延展

腓腸肌

外側頭

內側頭

脛後肌

屈足拇長肌

屈趾長肌

蹠方肌

蹠肌

比目魚肌

腓腸肌
（截斷）

比目魚肌

屈趾短肌

!注意 可以善用單腳舉踵的方式來提升強度,便不需要增加過多額外的負重,減少腰椎與下背的負擔。

優勢	這是針對小腿後側肌群必備的經典訓練動作之一。
缺點	站姿舉踵的動作擺位,並無法完全發揮腓腸肌作為雙關節肌的「長度─張力」優勢,後面會介紹的俯身舉踵,可以讓腓腸肌處於更有利的收縮長度。

實用技巧

避免在舉踵過程中過度伸展下背而使得臀部前後位移,這些多餘的動作會影響目標肌群承重的穩定度,在離心往下延展的階段,避免雙腳過度伸直鎖死關節。

重點提示

某些人可能會將舉踵動作視為移動踝關節與蹠趾關節的多關節運動,但從訓練的目標肌群來說,主要的強度刺激來源還是集中在踝關節單關節的運動上。

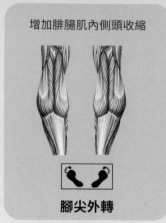

增加腓腸肌內側頭收縮

腳尖外轉

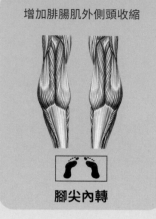

增加腓腸肌外側頭收縮

腳尖內轉

常見的兩種小腿肌肉形態差異

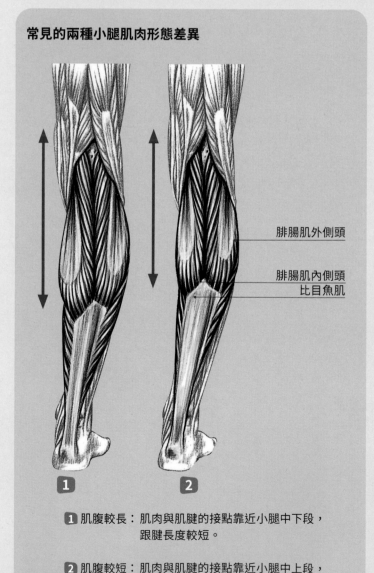

腓腸肌外側頭

腓腸肌內側頭
比目魚肌

1 肌腹較長:肌肉與肌腱的接點靠近小腿中下段,跟腱長度較短。

2 肌腹較短:肌肉與肌腱的接點靠近小腿中上段,跟腱長度較長。

/// 俯身舉踵訓練 Donkey Calf Raise

這是針對小腿後側肌群的單關節訓練動作，其中以腓腸肌的參與比例最高，可以採取單腳舉踵的方式來藉由體重加強訓練強度，增加目標肌群的延展與收縮的感受度。

優勢	俯身舉踵的姿勢擺位能讓腓腸肌處於最適收縮長度，可以更有效地獨立出目標肌群的延展與收縮刺激。
缺點	但由於身體前傾的姿勢會減低下肢部分的體重負擔，如果動作強度太低，建議搭配彈力帶或適當的額外負重方式。

1 配合適當高度的槓片墊高雙腳，蹠趾關節處靠近槓片邊緣讓腳跟懸空往下延展，屈曲髖關節使上半身前傾約60～70度，雙手扶住前方椅背協助平衡身體重心。

2 收縮小腿後側肌群往上舉踵，在最高點維持一秒穩定收縮後，再慢慢離心往下回到起始位置。

變化動作

1 可以配合同伴跨坐在接近髖部的位置，來加強舉踵訓練強度，這也是這項動作原文名稱的由來 (模擬騎驢乘坐動作的舉踵訓練)。

> **！注意** 如果要配合同伴跨坐的方式來增加額外阻力，跨坐的位置必須盡量靠近臀部來給予適當的阻力方向，避免直接跨上背部增加腰椎負擔。

實用技巧

膝蓋在過程中保持微彎避免完全伸直，尤其在向心往上推蹬時，更要特別留意避免膝關節鎖死。

重點提示

與站姿舉踵相同，某些人可能會把舉踵動作視為移動踝關節與蹠趾關節的多關節運動，但從訓練的目標肌群來說，主要的強度刺激來源還是集中在踝關節的單關節運動上。

2 如果沒有同伴配合，可以單手抓住啞鈴或者將彈力帶用雙腳踩住並繞過髖部來提供額外阻力。

/// 深蹲舉踵訓練 Sit Squat

這是以比目魚肌為主的單關節訓練動作，也包含部分腓腸肌的參與，基本上建議以雙側訓練方式執行。

> **！注意**　深蹲舉踵幾乎沒有受傷的風險。

1 採取深蹲姿勢稍微墊起腳尖，使腳跟懸空維持小腿張力。可以配合適當高度的槓片或木板墊高雙腳增加延展範圍，伸手扶住椅背增加身體穩定度。

2 保持蹲姿，舉踵往上撐起身體，到頂點維持一秒左右的收縮，再慢慢離心放下腳跟回到原點。

（變化動作）

可以調整雙腳間距來找到肌肉收縮感受度最明確的位置，保持腳尖朝向前方避免膝關節過度擰轉。

實用技巧

相較於腓腸肌來說，比目魚肌的組成具備更高比例的耐力表現型的肌纖維，因此在進行深蹲舉踵訓練時，建議採取高反覆的耐力訓練編排來因應肌肉特性 (每組 20～25 下反覆)。

重點提示

可以搭配前面介紹的動作組成舉踵系列的超級組訓練，做法是先以深蹲舉踵反覆到力竭後，立刻接著起身繼續做站姿舉踵，到第二次力竭後接著進入最後的俯身舉踵動作。

優勢	相較於站姿與俯身舉踵的動作，深蹲舉踵可以減輕下背負擔，在這個姿勢下也可以很容易地將腳跟撐到最高點，讓肌肉有更完整的收縮強度，是改善比目魚肌感受度必備的訓練動作。
缺點	雖然深蹲舉踵可以帶給肌肉相當完整的延展收縮範圍，但無法像前面兩種舉踵動作可以輕易增加額外阻力，你可以嘗試將槓片用手固定在大腿上方，來增加小腿肌群的訓練強度。

/// 坐姿舉踵訓練 Seated Calf Raise

這是針對比目魚肌為主的單關節訓練，也可以採取單腳舉踵的訓練方式。

> **！注意** 為了避免膝蓋受傷，切勿將負重 (無論是槓片或啞鈴) 直接壓在關節上方，建議將負重稍微往髖部方向移動約兩寸左右，放在股四頭肌遠端肌腹上，當然也不要過於靠近髖部，以免失去原本增加負重的阻力效果。

> **實用技巧**
> 在向心往上舉踵的過程，將腳掌重心保持在第二蹠趾關節左右的位置，盡可能將小腿往上頂高，保持踝關節在中立位垂直往下蹠屈，避免左右翻轉。

1 採取坐姿，並配合適當高度的槓片或書本將雙腳墊高使腳跟懸空，雙手可以抓住槓片或一到兩個適當重量的啞鈴，置於大腿靠近膝蓋的位置，提供舉踵動作足夠的訓練阻力。

2 收縮小腿後側肌群舉踵將膝蓋往上頂高，在頂點維持一秒左右穩定收縮，再慢慢離心延展回到起始位置。也可以採取單腳舉踵的方式將左右腳分開訓練。

優勢	坐姿舉踵可以排除其他大肌群影響，專注在小腿肌群的收縮感受，此外也不會增加下背額外的阻力負擔。
缺點	雖然坐姿舉踵在居家訓練或健身房都是相當常見的動作之一，但相較於前面幾種舉踵形式，對於小腿肌群的訓練強度較低，而且由於坐姿屈膝的狀態也大幅減低了腓腸肌的參與比例，主要是由比目魚肌來完成舉踵動作。

(變化動作)

雙腳可以輪流交替舉踵，來模擬小腿肌肉在跑步時的推蹬模式。首先雙手各持一個啞鈴置於左右腳大腿上方，當右腳往上舉踵時，左腳往下延展肌肉；接著換左腳往上推蹬時，右腳順勢放下腳跟，藉由左右交替的方式，讓肌肉更貼近實際運動中的收縮節奏。

> **補充**
> 坐姿舉踵對需要跳躍與衝刺動作的運動項目特別有幫助，在調整阻力與單邊左右交替的變化上也相當靈活方便。

/// 小腿肌群增強式訓練動作
Plyometric Exercises for the Calves

原地直膝跳是針對小腿後側肌群基本的增強式訓練動作之一，可以採取雙腳或單腳的彈跳變化。

1 原地雙腳直膝跳：
雙腳同時快速爆發推蹬原地起跳，過程中膝關節保持安全有限的活動範圍避免過度彎曲，以小腿肌群作為主要力量來源。

2 原地單腳直膝跳：
單腳快速爆發推蹬原地起跳，過程中膝關節保持安全有限的活動範圍避免過度彎曲，以小腿肌群作為主要力量來源。單腳彈跳對下肢關節的負擔較大，必須具備足夠的下肢肌力與適當的落地技術。

/// 小腿肌群伸展動作
Stretching the Calves

你可以選擇同時伸展雙腳小腿肌群，或將左右腳分開個別加強伸展。基本上會建議採取單邊伸展的好處在於：

- 兩腳關節活動度與肌肉的柔軟度不會互相影響，可以提高伸展動作的品質。
- 如果是配合體重輔助的伸展動作，單邊伸展自然會有更大的伸展強度與活動範圍。

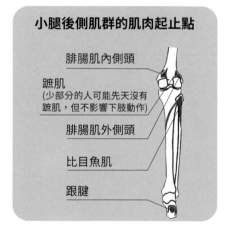

小腿後側肌群的肌肉起止點

腓腸肌內側頭

蹠肌
(少部分的人可能先天沒有蹠肌，但不影響下肢動作)

腓腸肌外側頭

比目魚肌

跟腱

小腿肌群包含許多深淺內外位置不同的大小肌肉，必須結合多種擺位與關節角度才能有完整的伸展效果，例如同樣以腳踝背屈伸展來說，配合伸直膝關節主要會伸展到腓腸肌；但在屈膝的情況下則會對比目魚肌有更好的伸展效果。

因此接下來會以不同的姿勢擺位去介紹不同的伸展動作 (包含站姿、弓箭步或內外翻等角度)，每項動作都有個別對應的主要伸展肌肉，可以依照當天訓練內容與狀態編排完整的伸展流程。

1 站姿伸展：用槓片或木板將雙腳墊高（也可以採取單腳伸展），高度落差越大則伸展強度越高，腳尖踩在邊緣順著重力自然往下延展小腿後側肌群（以腓腸肌居多），每組伸展約 12 秒後放鬆休息。

！注意 適度的踝關節活化與小腿肌群伸展，可以幫助運動員降低踝關節扭傷風險，一般人在進行下肢訓練前，也可以藉由低強度的小腿伸展來提高肌肉的準備狀態。

　　良好的踝關節活動度也會大幅提升深蹲等下肢多關節動作的品質，藉由改善踝關節背屈的活動角度，可以減少下背與髖關節的代償產生。此外在小腿肌群中部分雙關節肌也會參與膝關節的相關動作，在進行股四頭肌或腿後肌群等大重量訓練前，也必須配合小腿肌群的伸展與活化來提高動作準備程度。

3 坐姿彈力帶伸展：採取坐姿、雙腳往前伸直，雙手抓住彈力帶兩端並將中段繞過前腳掌位置，保持軀幹穩定直立後，雙手拉動彈力帶被動伸展小腿後側肌群，每組伸展約 10～30 秒後慢慢回到原點放鬆休息。

5 腳踝內翻伸展：小腿外側肌肉的伸展動作（主要為腓骨長肌與腓骨短肌），這些肌肉在踝關節過度內翻時往往也會出現拉傷的情況。適度活化與訓練小腿外側肌肉，可增加踝關節穩定性以降低扭傷風險，休息時也可藉由輕度被動的內翻伸展來改善外側肌群柔軟度。

　　伸展時可扶住椅背維持穩定，雙腳與肩同寬，將重心慢慢偏向一側，配合重心轉移將該側腳掌外緣轉向地面，使踝關節內翻。伸展過程必須漸進緩慢，以免肌腱或韌帶損傷，並配合重心轉移調整適當的伸展強度，單腳伸展 10～30 秒後慢慢回到原點，再將重心偏向另一側重複動作。

2 弓箭步伸展：跨步往前呈弓箭步並配合槓片將前腳腳尖墊高，將前腳跟下壓來延展小腿後側肌群（以比目魚肌居多）。身體重心往前幅度越多則伸展強度越高，維持穩定伸展 10～30 秒後慢慢回到原點，左右腳互換重複流程。

4 軀幹前傾伸展：站姿雙腳前後分開，配合槓片墊高後腳腳尖，腳跟往下延展時，配合上半身前傾來增加後腳伸展的強度，雙腳前後間距越大則身體前傾越多，肌肉伸展強度就越高，過程中可扶住椅背維持穩定伸展約 10～30 秒後慢慢回到原點，前後腳互換重複流程。

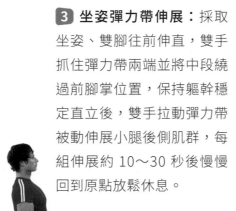

強化臀部肌群

▌臀部肌群功能

臀部肌群主要負責髖關節的伸展與外展動作。在站立或行走時，臀中肌可以維持骨盆與下肢的穩定，當速度提升到快跑或衝刺時，臀部肌群會協同腿後肌肉產生快速爆發的髖部伸展動作，讓下肢可以快速擺盪推進。在跳躍動作中，臀部肌群也會同時負責爆發性的伸髖動作以及落地時離心緩衝的功能，因此對於多數運動項目來說，臀部肌群的鍛鍊都是不可或缺的。

從外形角度來說，經過規律訓練後的臀部肌群對於改善下肢線條有很大的幫助，不可諱言地，強健緊實的臀部線條總能在第一時間吸引目光，當然追求臀部線條也早已不是女性的專利，越來越多的男性也開始意識到臀部鍛鍊對於運動與外型上的助益，這也是臀部訓練開始受到重視與流行的原因。

局部燃脂迷思

局部燃脂 (Spot reduction) 是指藉由特定部位的訓練動作，來減少該部位的皮下脂肪累積，例如以高反覆的腹部或臀部訓練，來設法減少腹部與臀部囤積的脂肪。然而過去多數的研究都已證實，無法藉由單一動作來影響身體特定區塊的脂肪分布，因此從實務訓練與執行面來說，要達到長遠穩定的減脂與維持效果必須兼顧兩個要點：

①適當的飲食控制與規劃，達到合理範圍的熱量赤字 (calorie deficit)。

②配合長期阻力訓練與心肺耐力訓練，維持長遠增肌減脂的效果。

重點提示

前面介紹過的深蹲、分腿蹲與硬舉對於臀部肌群也都有非常好的訓練效果，詳細的作法就不在這邊重複敘述，建議讀者在這些經典下肢多關節動作中試著將專注力集中在收緊臀部肌肉來提高感受度，或者在安全範圍內增加髖關節的活動度來提高臀部肌群的延展收縮，而本節也會繼續介紹更多可以獨立訓練臀部肌群的單關節訓練動作，幫助讀者建立更完整的下肢訓練規劃。

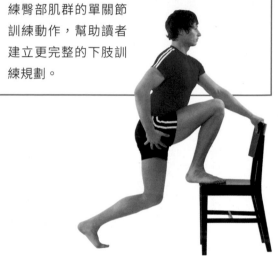

綜合上述內容，我們可以知道臀部肌群無論在下肢肌力與爆發力表現，或者肌肉外型線條上都扮演非常重要的角色。雖然每個人訓練的動機與目的可能不盡相同，但從健康促進與長遠發展的核心觀點來說，應盡量維持肌肉在功能與外型上的平衡，避免過於強求外型線條而忽略了肌肉應有的動作功能，在之後有關腹部肌群訓練的內容也會出現相同的探討。

經過前面的說明，我們可以理解有關局部燃脂的迷思，但是讀者還是可以藉由特定動作的高反覆編排來強化該部位的肌肉線條，例如在早晨空腹時段與晚上就寢前進行二到四組每組 20 至 50 下的徒手腹部或臀部的訓練，再配合適當的飲食規劃與規律的阻力加上心肺耐力訓練，就可以有效控制脂肪堆積。

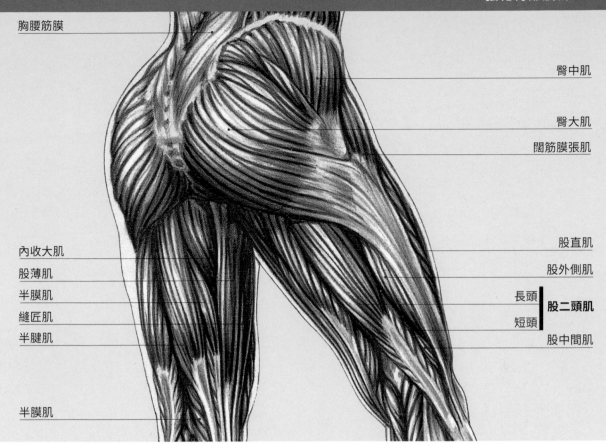

胸腰筋膜

臀中肌

臀大肌

闊筋膜張肌

內收大肌

股直肌

股薄肌

股外側肌

半膜肌

長頭　　**股二頭肌**

縫匠肌

短頭

半腱肌

股中間肌

半膜肌

橘皮組織的形成

橘皮組織是許多女性都會遇到的困擾，在男性個案中相對少見，主要的生理機轉如下：

[1] 皮下脂肪位於表皮下方的真皮層與淺層的肌肉之間，從真皮到肌肉之間會形成許多連結的束狀結締組織，這些結締組織的形狀與分佈是造成橘皮組織的原因之一。

[2] 在女性個案中，這些束狀的結締組織的排列較為鬆散且與皮下脂肪相互垂直，當該部位的脂肪開始累積時，脂肪便容易向上突出，往上擠壓真皮層使皮膚呈現不規則的凹凸表面，這也是橘皮組織名稱的由來。

[3] 然而在男性個案中，連結真皮與肌肉的結締組織呈現不規則斜向交叉的分佈，使得脂肪不容易往上突出擠壓到真皮層，形成橘皮組織的機率就相對較低。

[4] 此外，這些突出的皮下脂肪對於真皮層的擠壓會影響局部的微循環，使得該區塊的氧氣供給與代謝受到限制，導致皮膚無法獲得足夠的養分供給開始失去彈性，隨著年紀增長、皮膚變薄，有可能會讓橘皮組織的狀況更加嚴重。

[5] 但除了外型美觀上的影響，對多數人來說，橘皮組織並不會對健康造成嚴重危害，橘皮組織的數量與外顯程度通常會與基因、性別、年齡、膚況與體脂狀態有關，雖然無法從單一因素完全避免橘皮組織的形成，但搭配飲食規劃與規律訓練，讓體重與體脂維持在健康的合理範圍內，就能夠達到一定程度的改善。

/// 伸髖運動 Hip Extension

這是針對臀部肌群的單關節運動，也包含部分下背與腿後肌群的協同收縮，
建議採單腳伸髖方式執行。

> **！注意** 動作過程中，避免藉由
> 下背過度伸展的代償方式舉起
> 後腳，應確保下背部維持中立
> 來減輕負擔，並將注意力集中
> 在控制髖關節的活動。

1 採取站姿，雙腳與牆面
或椅背保持 15cm 的距離，
軀幹微微前傾，雙手扶住椅
背或牆面維持姿勢穩定。

2 收縮一側臀部肌群使單
腳往後做伸髖動作，伸髖腳
自然伸直往後抬高，在最高
點收緊臀部肌群維持一秒穩
定收縮後，慢慢往前回到起
始位置。完成單腳反覆次數
後左右互換重複上述流程。

實用技巧

初學者在進行伸髖訓練時，容易藉由骨盆翻轉來增加伸髖腳
向後的幅度 (如右圖)，但骨盆的翻轉實際上是增加了髖關節
外展的代償動作，反而降低了臀大肌應有的收縮強度，因此
在訓練過程中必須確保骨盆朝向前方。

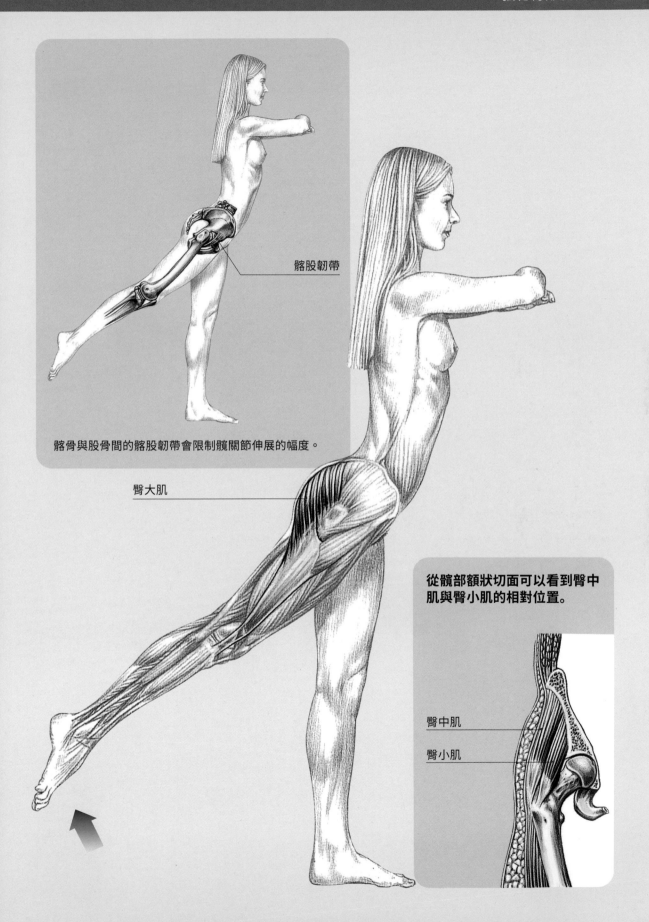

髂股韌帶

髂骨與股骨間的髂股韌帶會限制髖關節伸展的幅度。

臀大肌

從髖部額狀切面可以看到臀中肌與臀小肌的相對位置。

臀中肌

臀小肌

變化動作

你也可以選擇在地面或床墊採取四足跪姿來提高伸髖動作的強度。如果是在床墊上,可以將膝蓋靠近邊緣來增加伸髖腳整體的活動範圍。在地面則建議搭配軟墊或瑜伽墊來避免膝蓋不適。

優勢	伸髖動作可以有效獨立出臀部肌群的延展收縮,對於提升肌肉感受度很有幫助。
缺點	但相較於其他涵蓋臀部肌群的下肢多關節動作,只能採取單邊抬腿的伸髖動作相對費時。

1. 俯身採取四足跪姿,維持屈膝 90 度的位置收起單腳懸空準備往後做伸髖動作。

2. 收縮臀部肌群使髖關節往後伸展,過程中順勢將後腳伸直,增加阻力提高肌肉收縮強度。

3. 反覆到接近力竭時,可以增加屈膝角度來降低伸髖動作的強度,讓自己可以額外完成更多下反覆。

輔助技巧

在站姿伸髖動作中,可以將同側手往後碰觸臀部肌群,藉由觸覺來提高肌肉收縮感受度,這是單邊訓練動作常用來促進神經肌肉連結的技巧。

重點提示

站姿伸髖動作將彈力帶繞過雙腳腳踝,來增加伸髖動作阻力 (如右頁圖)。

4. 在四足跪姿伸髖動作中,可以將彈力帶繞過下腳腳踝與伸髖腳膝窩上方約 3 公分左右的位置,提供伸髖動作額外的彈性阻力。

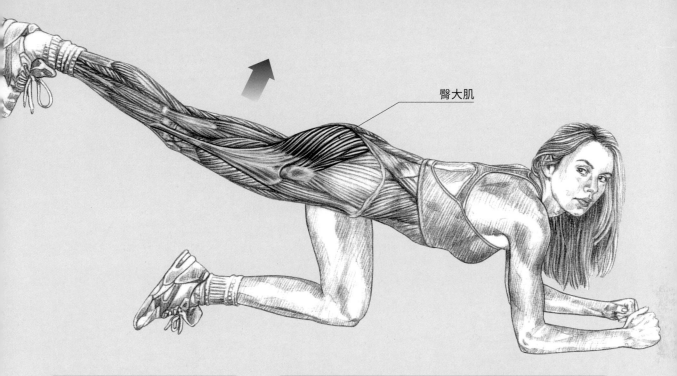

臀大肌

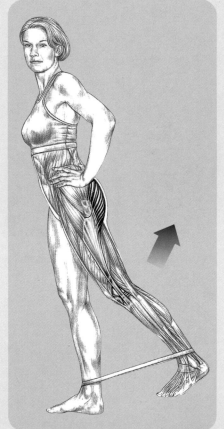

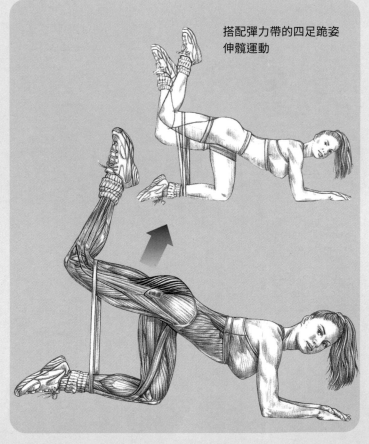

搭配彈力帶的四足跪姿
伸髖運動

/// 側抬腿運動 (髖外展運動) Lateral Leg Raise (Abduction)

這是針對臀中肌與臀小肌的單關節訓練動作，基本上以單側訓練方式執行。

1 在床上或地面採取側臥姿勢，可以用下手枕住頭部或直接用手肘支撐身體，上手扶在腹部前方協助身體維持穩定準備開始抬腿。

2 上腳自然伸直沿著身體側邊往上抬腿，盡可能收縮臀部肌群，外展髖關節將上腳抬高，在頂點維持一秒穩定收縮後，再慢慢離心內收回到起始位置，雙腳併攏但不完全放鬆以維持肌肉張力。持續完成目標次數後，換邊側臥重複流程。

變化動作

1 **2** 也可以採取站姿進行側抬訓練，但動作的強度與阻力相對較低。

! 注意 側抬動作的範圍必須以髖關節外展的活動度為主，避免為了增加抬腿高度而產生側腹肌群的代償動作。過程中維持核心肌群穩定收縮，避免腰部過度擰轉，反而增加腰椎結構負擔。

補充

可以將彈力帶繞過腳踝來增加髖外展動作的阻力。也可以先配合彈力帶進行側抬腿訓練，反覆到接近力竭時脫掉彈力帶，以徒手方式繼續完成更多下反覆。

實用技巧

過程中必須盡量收緊臀部肌群，上腳在內收往下時，避免完全放鬆併攏以維持目標肌群的肌肉張力。

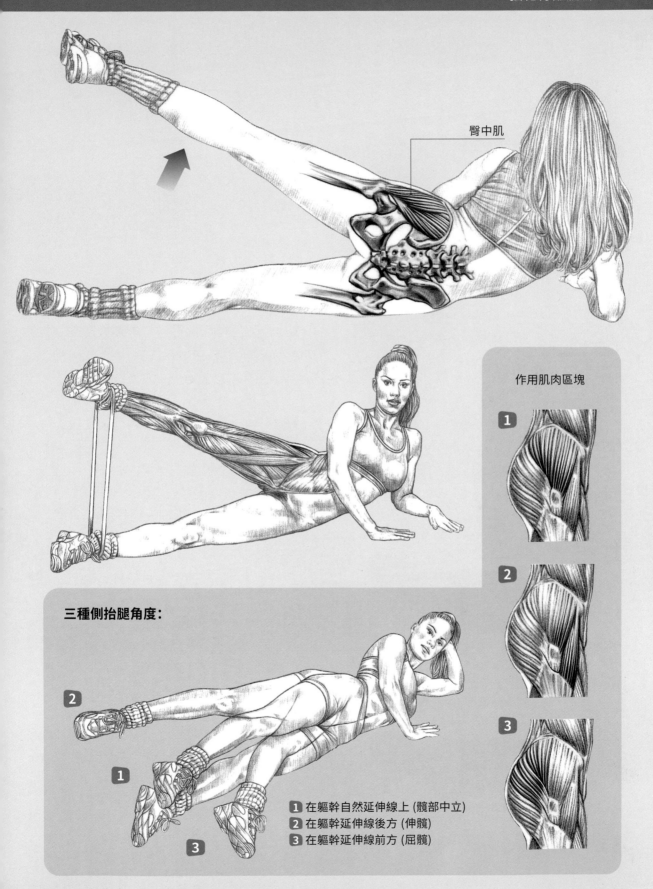

臀中肌

作用肌肉區塊

1

2

3

三種側抬腿角度:

1 在軀幹自然延伸線上 (髖部中立)
2 在軀幹延伸線後方 (伸髖)
3 在軀幹延伸線前方 (屈髖)

優勢	藉由側抬腿運動可以有效鍛鍊臀中肌與臀小肌,讓臀部外側上緣的弧度更加飽滿。
缺點	但相對其他多關節訓練動作,側抬腿運動刺激的肌群較少且訓練相對費時。

重點提示

同側手可以放在上腳臀部外側位置,來增加外展動作時肌肉收縮的感受度。

變化動作

①②你也可以採取四足跪姿進行髖部外展訓練,雙手與膝蓋維持軀幹穩定後,單腳在屈膝 90 度的擺位下,直接外展髖關節往側邊抬腿。四足跪姿側抬腿的作法難度相對較高,對於尚未掌握臀部肌肉外展控制的初學者,還是建議從前面基本的側臥抬腿方式開始練習。

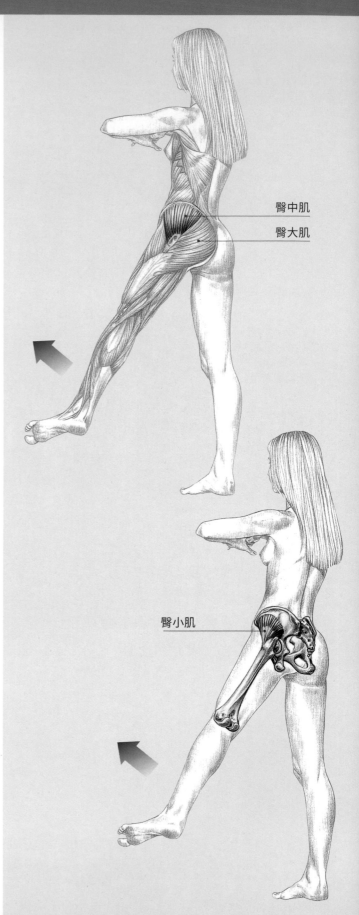

臀中肌

臀大肌

臀小肌

臀大肌
闊筋膜張肌
臀中肌

/// 橋式 Bridge

這是針對臀部、腿後與下背肌群的單關節訓練動作，也可以採取單腳橋式的訓練方式。

實用技巧

可以調整雙腳間距以及腳跟到臀部的距離，來改變動作難度與肌肉收縮感受度。基本上雙腳越靠近臀部，往上伸髖進行橋式時，臀部肌群的感受度就越明顯。

輔助技巧

在不影響動作平衡的前提下，可以用手觸碰臀部來增加肌肉收縮感受度。

1 仰臥在地面或墊子，雙手放在身體兩側，同時雙腳與肩同寬屈膝約 90 度，雙腳踩穩準備往上伸髖。

！注意 橋式的高度取決於雙腳到臀部的距離與髖關節伸展的範圍，避免為了增加高度出現下背過度伸展的代償動作，下背在過程中應保持中立減少腰椎負擔，視線直視上方，應避免頭部左右轉動 (下頁素描圖中女性視線為錯誤示範)。

2 收縮臀部與腿後肌群伸展髖關節將軀幹往上頂高，過程中穩定收縮核心維持下背中立，避免腰椎過度伸展，在頂點收緊臀部肌群維持一秒收縮後，再慢慢離心往下回到起始位置。

在完成目標次數前避免臀部完全放鬆回到地面，反覆到接近力竭時，可以在地面短暫休息數秒後繼續完成更多下反覆。

上述為動態橋式的訓練方式。另外也可以停留在頂點，維持伸髖姿勢採取靜態橋式訓練，建議剛開始每下停留 10～30 秒的時間，再慢慢回到地面放鬆休息。

重點提示

可以搭配橋式與深蹲訓練，互補加強對臀部肌群的訓練刺激。第一種方式是橋式連接深蹲的預先疲勞超級組。

採取預先疲勞超級組的優勢在於可藉由橋式預先活化臀部肌群，提高深蹲時肌肉的收縮感受，但由於肌肉已經累積部分疲勞程度，建議在進入深蹲環節時使用較輕的負荷，避免下背肌群負擔過大。

反過來另一種方式，就是先進行深蹲再連接橋式的後力竭超級組訓練，這種方式可以在完成主要動作後，再藉由單關節動作補強針對特定肌群提高訓練刺激。

如果目標是為了強化臀部肌肉量與線條，建議採取後力竭超級組的訓練方式。

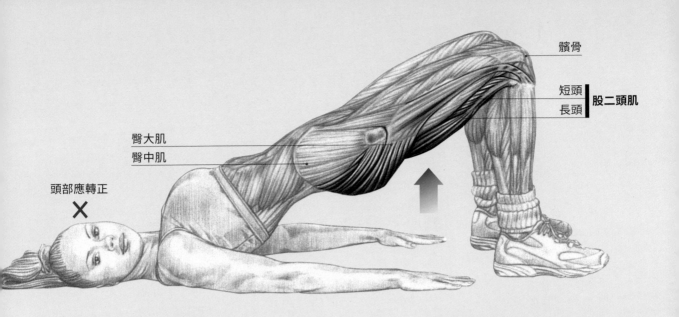

髖骨

短頭
長頭
股二頭肌

臀大肌
臀中肌

頭部應轉正
✗

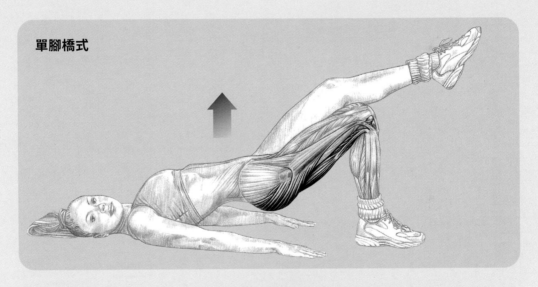

單腳橋式

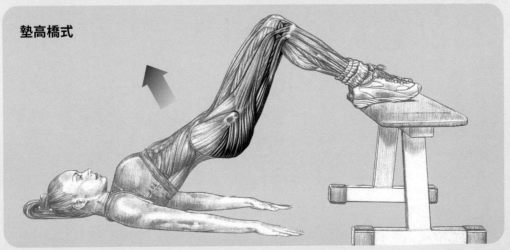

墊高橋式

（變化動作）

可以藉由下列幾種橋式變化來增加訓練強度：

① 單腳橋式訓練。

② 在腹部增加額外負重。

③ 配合適當高度的椅子或床緣將雙腳墊高，增加髖關節伸展範圍，來提高目標肌群的收縮強度。

你可以同時搭配左述變化來組成強度更高的橋式訓練，或者採取難度遞減的超力竭訓練編排，先以雙腳墊高搭配額外負重的方式 (雙手或單手將負重固定在身上以免滑落) 進行橋式訓練，反覆到力竭後放下負重繼續墊高橋式動作，到第二次力竭時雙腳回到地面以基本橋式做最後一輪反覆。

優勢	橋式訓練可以有效強化身體背側肌群的肌力與肌耐力，並提升髖關節與核心的穩定度。
缺點	橋式動作會增加下背肌群張力，腰椎或下背有傷病史的個案，在訓練前務必審慎評估背部狀況。

/// 臀部肌群伸展動作
Stretching the Glutes

弓箭步可以有效伸展前腳臀部肌群。

① 透過前後分腿的弓箭步姿勢可以伸展前腳的臀大肌，柔軟度較佳者也可以配合適當高度的椅子或階梯將前腳墊高，並彎曲後腳使身體往下增加前腳屈髖角度，來提高臀部肌群的延展效果，每下伸展約 10～30 秒，可依個人肌肉狀態增加時間，完成後左右腳前後互換重複動作。

股四頭肌
股直肌
股外側肌
股內側肌
股中間肌

髕骨

股二頭肌
短頭
長頭

臀中肌
臀大肌

腓腸肌內側頭
腓腸肌外側頭
比目魚肌

腿後肌群伸展

臀大肌伸展

改善髖關節旋轉肌群柔軟度

髖關節除了前面提過的伸展、屈曲、外展與內收動作外，還包含內轉與外轉動作 (或稱作內外旋)。其中控制髖關節內轉的主要肌群包含闊筋膜張肌與臀中肌；而髖關節的外轉動作則是由被臀大肌覆蓋的六條小肌肉所控制 (分別為梨狀肌、孖上肌、閉孔內肌、閉孔外肌、孖下肌與股方肌)，這些肌肉構成髖關節旋轉肌群。

　而髖關節旋轉肌群的活動度與柔軟度其實與下背部的疼痛有很大的關聯性，尤其在高爾夫、棒球或網球等需要透過下肢發力帶動身體擰轉的運動中。腰椎水平轉動的角度其實非常有限，下半身大部分的轉動角度都來自雙腳髖關節內外轉的配合，因此當髖關節旋轉肌的活動度受限時，就很有可能因腰椎過度擰轉代償而導致下背部不適。此外，這些肌群長期緊繃也有可能導致骨盆傾斜，進而影響脊椎排列，加劇下背痛的產生。

　因此不僅需要大量髖關節活動的足球、武術或高爾夫等專項運動員，其他人適度伸展並強化髖關節旋轉肌群的活動度與肌肉控制能力，絕對能有效提升運動表現，並有助於減少腰椎、骨盆與髖關節相關的慢性傷害風險。下面的內容會介紹如何簡單評估髖關節內外轉的活動度，以及適當的伸展動作。

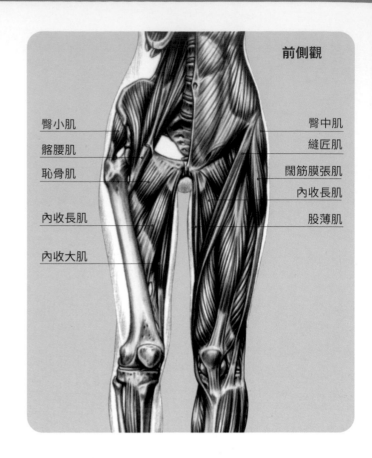

前側觀

臀小肌
髂腰肌
恥骨肌
內收長肌
內收大肌

臀中肌
縫匠肌
闊筋膜張肌
內收長肌
股薄肌

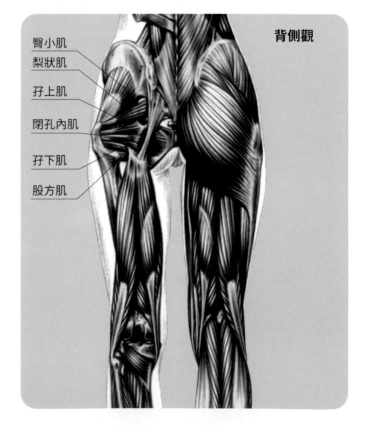

背側觀

臀小肌
梨狀肌
孖上肌
閉孔內肌
孖下肌
股方肌

/// 髖關節內外轉被動活動度測試

Checking the Rotator Muscles in the Hip

1 這裡介紹髖關節內外轉活動度簡易的自我檢測方式。首先坐在椅上或較高的位置讓腳掌可以微微懸空，配合彈力帶繞過其中一腳腳掌另一端用手抓住。

2 對側手往內拉動彈力帶，將腳掌拉向對側腳方向，帶動大腿股骨做出髖關節被動外轉的動作 (手臂力量足夠轉動大腿即可)，過程中保持 90 度屈膝，並將大腿貼住下方座椅。正常被動外轉的角度約在 45 度至 65 度之間。

3 接著將彈力帶用同側手抓住拉向外側，帶動大腿使髖關節被動內轉。正常被動內轉活動度約在 30 至 45 度之間。

　　完成後將彈力帶固定到另一腳重複上述流程。

/// 髖旋轉肌群伸展

Stretching the Hips

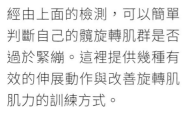

經由上面的檢測，可以簡單判斷自己的髖旋轉肌群是否過於緊繃。這裡提供幾種有效的伸展動作與改善旋轉肌肌力的訓練方式。

　　首先，上面介紹的檢測動作本身就可以作為旋轉肌群的伸展運動，以相同的方式拉動彈力帶被動外轉或內轉髖關節，稍微增加彈力帶的張力，讓髖關節維持在內外轉最大的角度位置，每組伸展停留 10～30 秒左右，可以依個人感受度增加伸展時間，並以漸進的方式增加活動角度，避免任何突發加速的動作。

　　另一種針對髖關節外轉肌群的伸展方式在瑜伽動作中稱為鴿式，如上圖雙腳在地面前後分開，前腳屈膝將大腿外側貼住地面，後腳自然往後伸直，配合身體重心往前伸展前腳髖部外轉肌群，每組動作停留 10～30 秒，可依個人感受延長伸展時間，完成後，前後腳互換重複動作。

　　最後針對旋轉肌群的肌力訓練同樣可以參考上面的檢測動作，差別在於將彈力帶張力作為訓練阻力，往相反的方向進行內轉或外轉動作。可以配合手臂力量來增減內外轉動作的阻力大小，注意盡量以低阻力高反覆的編排，以免旋轉肌群承受過高的訓練強度，過程中維持穩定的動作速度與節奏，避免爆發性的加速動作。

鍛鍊腹部肌群

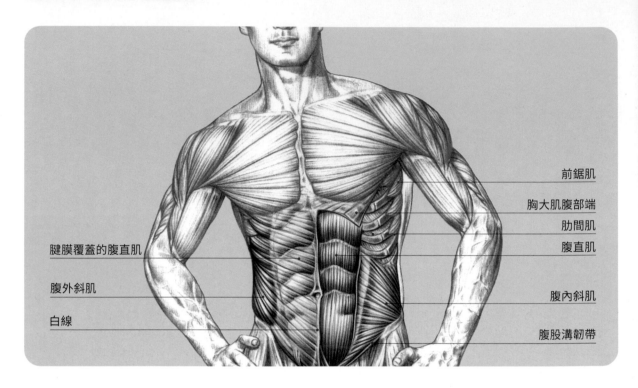

前鋸肌

胸大肌腹部端

肋間肌

腹直肌

腱膜覆蓋的腹直肌

腹外斜肌

白線

腹內斜肌

腹股溝韌帶

▌腹部肌群功能

腹部肌群除了協助腰部屈曲與旋轉等基本動作外，最重要的功能是維持穩定的肌肉張力來保護腰椎結構，降低從日常活動到專項運動所帶來的壓力與衝擊，並協助由下肢到上半身的力量傳遞與動作協調。此外，深層腹部肌群的控制，也會影響呼吸深度與頻率的調節。

從體態外型的角度來說，腹部肌群的線條絕對是展現精壯體態不可或缺的部分，除了透過訓練讓腹部淺層肌群達到肌肥大的效果之外，深層核心肌肉的張力也會影響腹部外顯的形狀 (參考 p.222 下圖)。最後還需要搭配適當的飲食規劃控制體脂，才能讓訓練的效果更加顯著。

然而多數人對腹部肌群訓練動作的認知，往往只集中在上腹部的區塊，靠近骨盆與鼠蹊部的下腹部肌群反而是大家最容易忽略的部位，使得腹部肌群在肌力與肌肉徵召控制上出現部分失衡的現象，長期下來也會影其他全身性動作的協調。

此外，下腹部區塊也是人體容易堆積皮下脂肪的部位之一，藉由下腹部肌群的訓練搭配適當的飲食控制，可以更有效地改善該部位的外型線條。另外，提升下腹部肌群的肌肉控制能力，也能改善骨盆過度前傾的情況來減輕下背部的負擔。因此好的腹部循環訓練，應該同時整合上、下腹部的訓練動作，並兼顧深層核心肌群的肌肉控制，才能有效提升運動表現並降低潛在的傷害風險。

腹部肌群走向與相對位置關係

在人類演化成直立行走的過程中，腹部肌群的功能有了很大的改變。如圖中軀幹由淺層到深層分別覆蓋了不同走向的肌肉，這些肌肉在行走到奔跑等動態過程中，會共同收縮協調骨盆與軀幹相對的位移，目的是為了讓脊柱與腹腔中的重要器官維持在相對安全穩定的中立位置，避免軀幹在承受外力時出現過度的擰轉或前後傾斜。因此無論你的訓練目標為何，在規劃訓練時千萬不能忽略腹部肌群作為軀幹關鍵穩定肌群的重要性。

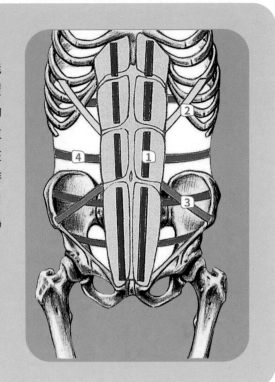

1 腹直肌
2 腹外斜肌
3 腹內斜肌
4 腹橫肌

腹部肌群動作

伸展　　　　　收縮

重點提示

腹部肌群可以產生上下兩端的收縮動作，收縮上腹部的肌肉可以屈曲上段腰椎並帶動胸廓靠近腹部（活動範圍有限）；而收縮下腹部肌群則可以屈曲下段腰椎使骨盆後傾，因此規劃訓練時必須兼顧這兩個方向的動作，才能帶給腹部肌群完整的收縮刺激。

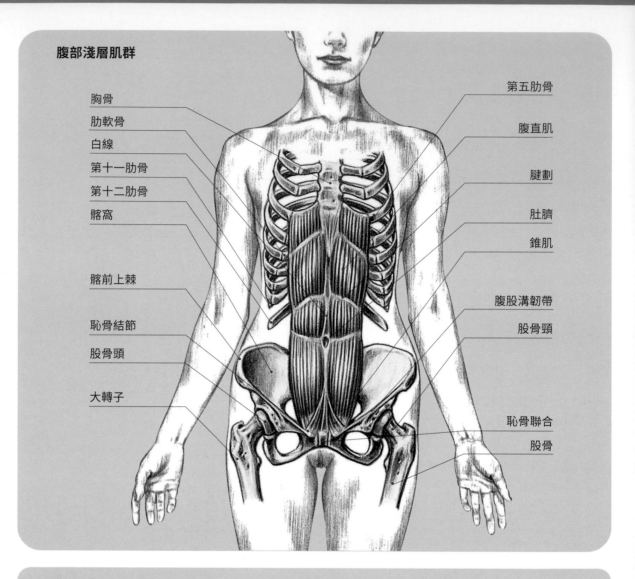

腹部淺層肌群

胸骨
肋軟骨
白線
第十一肋骨
第十二肋骨
髂窩

髂前上棘

恥骨結節
股骨頭

大轉子

第五肋骨
腹直肌

腱劃

肚臍
錐肌

腹股溝韌帶
股骨頸

恥骨聯合
股骨

腹腔壁矢狀切面

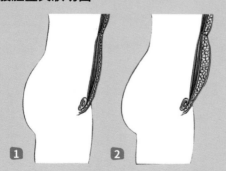

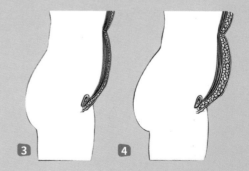

1 腹部平坦：肌肉具備適當張力且皮下脂肪較少

2 腹部微凸：肌肉具備適當張力但皮下脂肪較多

3 腹部微凸：皮下脂肪較少但肌肉鬆弛缺乏張力

4 腹部凸出：皮下脂肪較多且肌肉鬆弛缺乏張力

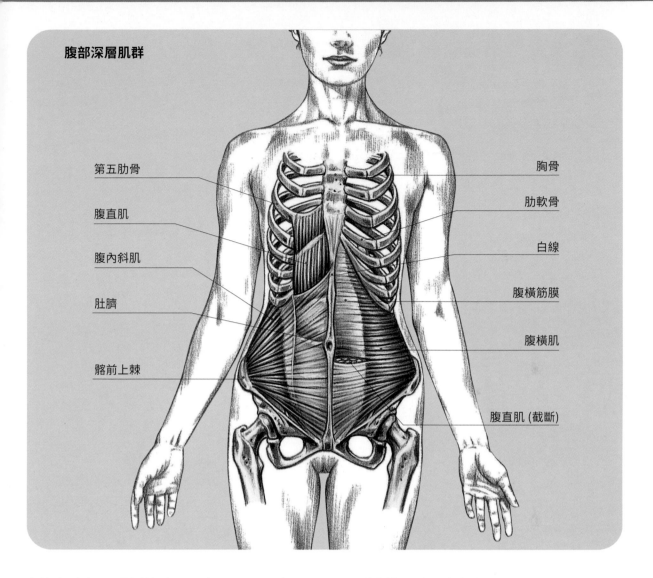

腹部深層肌群

第五肋骨

腹直肌

腹內斜肌

肚臍

髂前上棘

胸骨

肋軟骨

白線

腹橫筋膜

腹橫肌

腹直肌 (截斷)

在進行腹部肌群訓練時，最容易混淆且出現代償的就是屈髖肌群的動作，其中包含腰大肌、股直肌與髂肌這三條肌肉的影響最為顯著。這些動作通常乍看之下是以腹部肌群為主，但實際上收縮強度最高的卻是屈髖肌群，讀者可以從訓練時下背部的張力感受來判斷。

例如在仰臥姿勢下的任何動態或靜態抬腿動作，都有可能因為屈髖肌群強力的收縮，牽動腰椎上的肌肉附著點，使得下背張力提高，從前面的解剖圖示可以看到腹部肌群的遠端接點僅止於骨盆上方，因此單純的腹部

肌群收縮，並不會產生下肢活動。

這些誘發屈髖肌群強力收縮的動作容易使下背過度伸展，增加椎間盤與腰椎結構損傷的風險。

此外在抬腿的過程中，腹部肌群為了平衡下背張力維持脊柱中立，會產生強力的靜態收縮 (肌肉等長收縮)，影響局部的循環使血氧供應與代謝下降，使得在反覆過程腹部肌群中的血乳酸快速累積產生強烈的肌肉燒灼感，同時肌肉在接近無氧狀態下也無法維持長時間的高反覆訓練，反而無法讓腹部肌肉達到肌肥大與改善外型線條的效果。

> **！注意   避開高風險的腹部訓練動作**
>
> 在許多不同的腹部訓練變化中，並非所有的動作都能兼具效果與安全性，其中部分動作甚至反而有較高的傷害風險。建議初學者可以先從下背張力與腰椎擺位作為判斷依據，避免從事容易提高下背張力使腰椎過度伸展的腹部訓練動作。

> **！注意   注意頭部位置**
>
> 頭部與頸椎的擺位會直接影響腹部肌群的收縮強度，如果嘗試將頭部完全後仰貼住地面，你會發現下背部的肌群不自主地反射收縮，同時腹部肌肉的力量相對減弱，即便收縮的強度變化非常細微但確實會造成影響；反過來如果屈曲頸椎使頭部微微前傾，腹部肌群的張力就會提高，同時背部肌肉也會相對放鬆貼住地面，因此在進行腹捲等仰臥姿的腹部訓練時，都建議在過程中扣緊下顎減少頭部擺動。

另外，在執行任何肌力訓練動作時，頭部的擺位與視線方向都會影響力量表現。頭部過多的擺動或偏移都會干擾目標肌群的收縮強度，也會使頸椎暴露於較高的傷害風險，因此除了少部分的單側訓練動作以外，在多數的訓練情境下，頸椎與頭部都必須維持在相對中立的擺位，即便反覆到接近力竭時，肌肉控制能力開始下降時，也要盡可能減少擺動的幅度避免頸部肌肉代償。

而視線的方向很多時候會直接影響肌肉收縮與重心平衡，例如在深蹲動作中嘗試將頭部轉向其中一側，通常肌肉收縮強度與身體重心也會隨之偏移，因此才會建議盡量將視線維持在前方保持平衡。同樣的道理回到腹部訓練動作，在執行腹捲等仰臥姿的腹肌訓練時，建議將頭部微微前傾屈曲頸部，將視線看向腹部的位置來增加腹部肌群收縮強度，並讓身體重心集中在下腹部與骨盆位置，避免身體在腹捲反覆中多餘的位移或滾動。

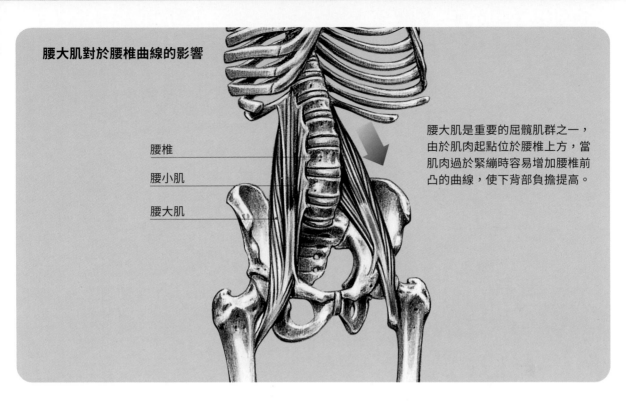

腰大肌對於腰椎曲線的影響

腰椎

腰小肌

腰大肌

腰大肌是重要的屈髖肌群之一，由於肌肉起點位於腰椎上方，當肌肉過於緊繃時容易增加腰椎前凸的曲線，使下背部負擔提高。

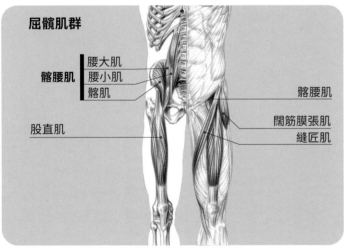

屈髖肌群

髂腰肌 { 腰大肌　腰小肌　髂肌

股直肌

髂腰肌

闊筋膜張肌

縫匠肌

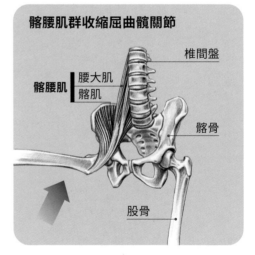

髂腰肌群收縮屈曲髖關節

椎間盤

髂腰肌 { 腰大肌　髂肌

髂骨

股骨

！注意 為了有效收縮腹部肌群，在進行腹捲等動態腹部訓練時，必須適度的屈曲腰椎，如果下背過度伸展反而會提高屈髖肌群參與的比例，使腹部肌群的訓練效果下降且容易增加下背負擔。

正確姿勢：適度屈曲腰椎

錯誤姿勢：下背過度伸展

錯誤姿勢：下背過度伸展

/// 腹捲 Crunch

這是針對腹部肌群最常見的訓練動作之一，其中以上腹肌群的收縮強度較高，可以衍生出許多不同的變化動作。

> **! 注意**　進行腹捲訓練時，雙手可以放在胸前或頭部兩側，但避免直接扣住後腦，後者容易因為雙手過度用力代償，反而增加頸椎的負擔。

重點提示
將雙腳墊高，可以減少下背過度伸展的情形。

1 仰臥在地面，雙腳屈膝或搭配椅子將雙腳墊高，雙手環抱在胸前 (左右手分別搭住對側肩膀)。

2 穩定骨盆與下肢後，收縮上腹部肌群，使腰椎屈曲將胸口捲向腹部，在頂點維持肌肉穩定收縮兩秒後，再慢慢反向回到起始位置，過程中維持穩定的速度節奏，避免任何加速的爆發動作。

向心往上時可配合吐氣來增加動作範圍與收縮強度，離心回到地面的過程再吸氣重新調整呼吸。

很多人會為了完成更多下的反覆次數而縮小動作範圍，將腹捲動作集中在頂點附近，省略掉原本完整的離心與向心收縮範圍，但這種做法反而會讓動作品質與效果大打折扣，建議讀者養成習慣專注在每下反覆肌肉收縮的範圍與強度，而非單純追求更多的反覆次數。

實用技巧

可以改變雙手的擺位來調整腹捲動作的強度，除了基本雙手抱胸的作法以外，將雙手往前伸直，可以降低腹捲動作的難度。

反過來，如果雙手往後擺在頭部兩側，則會提高肌肉收縮的強度，因此你也可以先從強度最高的方式開始腹捲訓練，當反覆到接近力竭時將雙手往前伸直來降低難度，讓自己可以額外完成更多下的反覆次數。

也可以配合槓片等負重來增加腹捲動作的強度。

優勢	腹捲是可以有效強化腹部肌群的經典動作，對於腰椎的負擔也相對較低。
缺點	標準的腹捲動作範圍其實非常有限 (上半身最多離地約 15cm 左右)，很多人會為了增加動作範圍而使腰椎完全離開地面，但這種方式會增加屈髖肌群的收縮代償，反而降低腹肌訓練的效果，並且容易提高下背部的負擔。

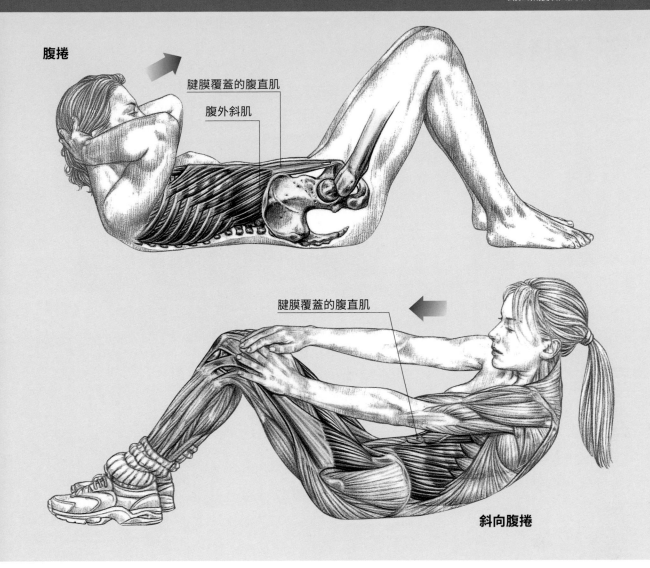

腹捲

腱膜覆蓋的腹直肌

腹外斜肌

腱膜覆蓋的腹直肌

斜向腹捲

變化動作

如果想在腹捲訓練中加入部分腹外斜肌的收縮刺激，可以採取上圖中斜向腹捲的變化動作，稍微改變軀幹往前彎曲的走向，來增加側腹部肌群的參與程度。

基本上起始位置與原本的腹捲動作相同，但在向心往前的階段，配合部分軀幹的側彎與旋轉動作，增加該側腹外斜肌的收縮強度，雙手可以順勢往該側大腿外的方向延伸，直到腹直肌與腹外斜肌收縮到緊繃後維持兩秒，再慢慢離心回到原位。過程中同樣保持穩定的速度節奏，避免任何爆發加速的動作，並保持骨盆與下段腰椎平貼地面來減少屈髖肌群的代償，專注於目標肌群的收縮感受。

在離心往下的過程，避免頭部完全放鬆躺下以維持腹部肌群足夠的張力，個案可以選擇完成單邊反覆次數後再換到另一側重複動作，也可以採取左右交替的方式完成所有次數。同樣地，雙手的擺位越靠近雙腿則收縮的強度越低，反過來將雙手靠往頭部則會增加腹捲的難度。

/// 仰臥舉腿 (反向腹捲) Lying Leg Raise (Reverse Crunch)

這是針對下腹部肌群的腹捲變化動作，為了降低腰椎負擔，基本上不建議採取單邊側向的變化動作。

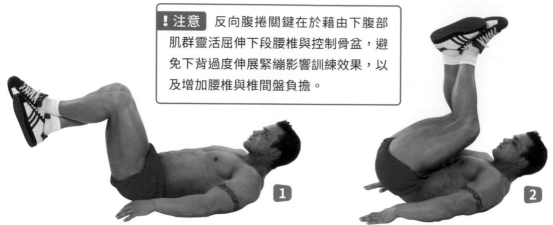

> **！注意** 反向腹捲關鍵在於藉由下腹部肌群靈活屈伸下段腰椎與控制骨盆，避免下背過度伸展緊繃影響訓練效果，以及增加腰椎與椎間盤負擔。

1 仰臥在地面，雙腳屈髖屈膝呈 90 度，雙手放在身體兩側保持軀幹穩定。

2 收縮下腹部肌群帶動骨盆後傾並屈曲下段腰椎，以穩定的速度將骨盆捲向胸口的方向，雖然實際上骨盆不會真的接觸胸口，但保持這意象可以幫助下腹部肌群完整收縮。過程中保持上半身穩定，將下腹肌群收縮到極致後，在頂點維持兩秒穩定的靜態收縮。

3 接著慢慢離心放下骨盆回到起始位置，避免臀部完全放鬆貼回地面，以保持下腹部肌肉持續的張力，重複動作直到完成目標反覆次數，過程中保持頭部中立視線，看向正上方或稍微看向腹部位置。

（變化動作）

保持伸腳往上方伸直進行反向腹捲可以稍微降低動作的難度(如右頁圖)，反過來如果屈膝保持小腿貼近骨盆進行反向腹捲則會相對吃力，讀者可以依照個人感受度決定適合的訓練方式，也可以先以屈膝方式反覆到接近力竭後再將雙腳往上伸直，稍微降低強度來完成更多下反覆。

優勢	下腹部肌群是許多人在腹部訓練經常忽略的位置，藉由反向腹捲可以有效增進下腹部肌力，並改善骨盆前傾的問題。
缺點	初學者容易藉由屈髖肌群的力量來完成反向腹捲動作，但這種方式會影響下腹部肌群的收縮強度，並增加下背部與腰椎的張力。因此建議剛開始採取更緩慢的動作節奏去習慣下腹部肌肉的收縮控制，盡量避免屈髖肌群的代償。

實用技巧

初學者容易把雙腳往上的高度作為反向腹捲的強度指標，但更精準的目標應該以骨盆往上靠向胸口的幅度為主。過程中，雙腳只需要維持穩定的姿勢，並將注意力集中在控制骨盆與腰椎的活動。

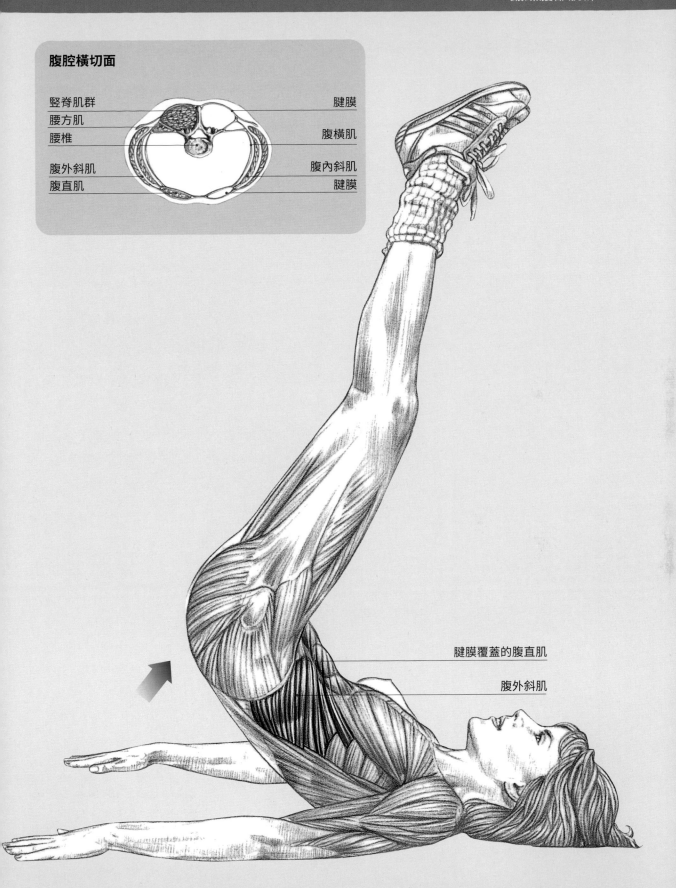

腹腔橫切面

豎脊肌群	腱膜
腰方肌	
腰椎	腹橫肌
腹外斜肌	腹內斜肌
腹直肌	腱膜

腱膜覆蓋的腹直肌

腹外斜肌

/// 懸吊舉腿 Hanging Leg Raise

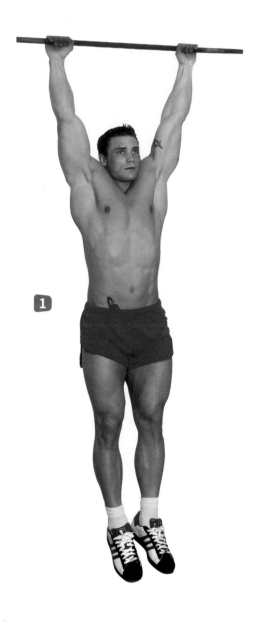

1 可以配合室內單槓以懸吊的方式增加反向腹捲的動作強度,雙手旋前抓住單槓 (拇指相對) 並保持肩寬左右的距離,可以選擇雙腳完全伸直 (訓練強度較高) 或者屈膝 90 度放鬆小腿 (難度相對較低),並往前屈曲髖關節抬起大腿到與地面平行的位置。

2 從大腿平行地面的位置開始收縮下腹部肌群,將膝蓋收往胸口方向,重點在於藉由下腹部的力量控制骨盆與腰椎屈曲往上,髖關節維持在固定的屈曲角度以免增加屈髖群的代償。在頂點維持肌肉穩定收縮一秒左右的時間,再慢慢離心回到起始位置。保持大腿在平行地面以上的位置進行腹捲運動,直到完成目標反覆次數後,再往下放鬆雙腿。

　　許多人會習慣將每下反覆都回到大腿往下伸直的位置,但這種方式其實有一半的範圍都在執行屈髖抬腿的動作,反而降低下腹部肌群的訓練效率。此外,在反覆過程中也必須盡量維持穩定的動作速度,避免在懸吊狀態下產生過多身體晃動的慣性影響動作品質。

重點提示

坐姿反向腹捲也是另一種常見的腹捲變化形式，居家訓練時可以搭配適當高度的座椅或床緣進行訓練。但由於在坐姿的情況下，腰椎會直接承受部分體重，往上屈曲捲腹的動作容易受到限制，相較於其他反向腹捲的變化來說，肌肉延展收縮的範圍較少，因此不建議作為主要的反向腹捲訓練方式。

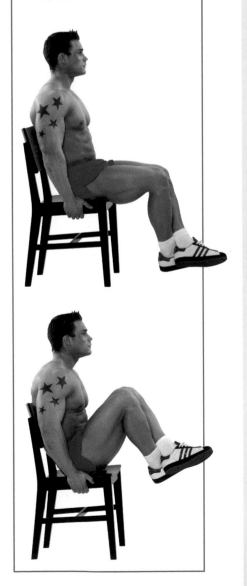

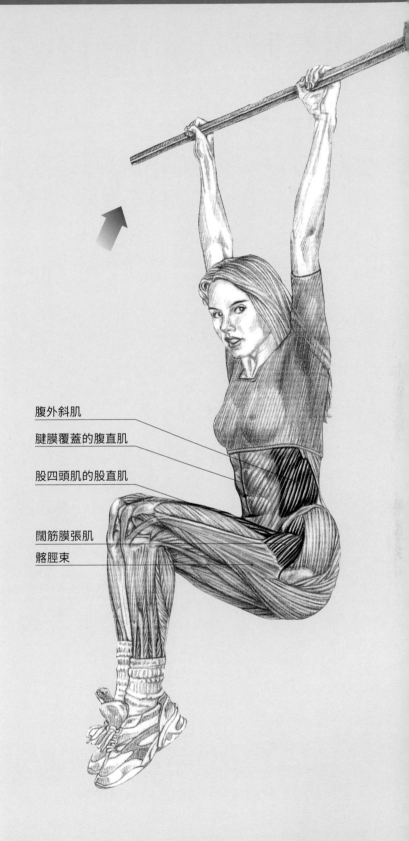

腹外斜肌

腱膜覆蓋的腹直肌

股四頭肌的股直肌

闊筋膜張肌

髂脛束

腹內外斜肌

側腹部肌群包含外層的腹外斜肌與覆蓋在下方的腹內斜肌，主要協助軀幹產生左右側彎與腰部旋轉的動作。

> **！注意**　即便在側腹肌群的動作中，也要留意避免下背過度伸展，而增加椎間盤擠壓的風險。

腹直肌

腹外斜肌

腹股溝韌帶

腹外斜肌

腹直肌

腱膜覆蓋的腹直肌

腹內斜肌

腹內斜肌

/// 側腹捲 Side Crunch

這是針對側腹肌群的訓練動作，基本上以單邊訓練方式執行。

> **輔助技巧**
> 可以將對側手放在側腹部肌肉的位置，來提高收縮感受度。

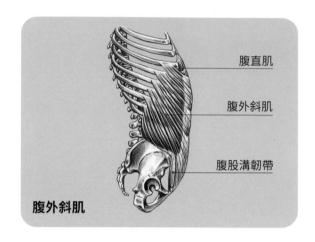
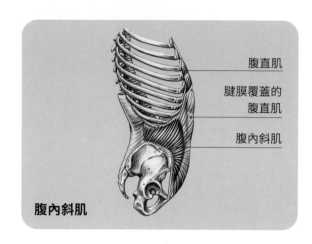

1 採取側臥姿勢躺在地面或床墊，上手扶住頭部協助減少頸部肌肉負擔，同時下腳自然往下伸直，並將上腳往前屈膝 90 度靠在地面維持側躺姿勢平衡。

2 收縮側腹部肌群使下方肩膀離開地面，將上手肘靠向髖部外側，並配合下手觸碰側腹肌肉來提高收縮感受，在最高點維持兩秒左右的穩定收縮後，再慢慢離心回到起始位置。維持側腹張力避免肩膀完全放回地面，直到完成該側目標次數，接著換邊側躺重複上述流程。

優勢	這是針對側腹部肌群最有效的基本動作之一，通常不需要太大的動作範圍，就可以有明確的肌肉收縮感受。
缺點	除了部分需要特別強化側腹肌力的運動項目（例如拳擊），基本上側腹訓練動作不需要使用過高的訓練負荷，對於以改善側腹外觀線條為目標的個案來說，建議採取低強度高反覆的訓練方式，並配合適當飲食規劃控制體脂比例。

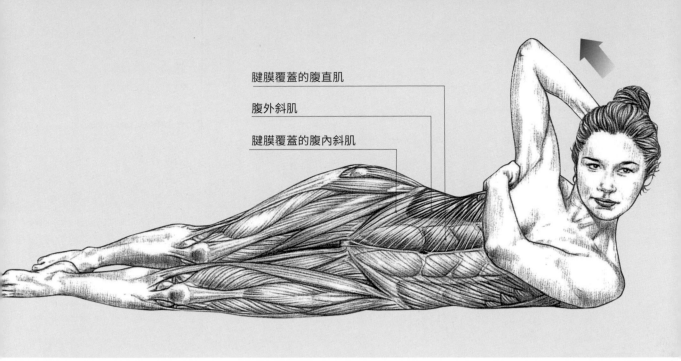

腱膜覆蓋的腹直肌

腹外斜肌

腱膜覆蓋的腹內斜肌

實用技巧

向心階段往上的過程，除了腰部側彎動作外，必須配合部分往前的旋轉，才能完整收縮腹外斜肌。

!注意　保持頭部在中立位置，減少頸部肌肉收縮代償以免造成頸椎負擔。

重點提示

在不同的訓練時段可以調整腹直肌與側腹肌群的動作順序，避免疲勞狀態重複影響單一部位。

（變化動作）

①　上手的擺位可以決定側腹捲動作的強度，除了前面將手擺在頭部側邊的基本方式，也可以將上手往頭上延伸來增加軀幹側彎的力矩，提高側腹肌群收縮的強度。

②　反過來如果將手沿著身體側邊往下伸直，則可以降低側腹肌群的收縮強度。

因此如果想增加側腹肌群的訓練量，可以先將手往上伸直以強度較高的方式進行側向腹捲，反覆到接近力竭時收手回到頭部側邊繼續反覆；到第二次力竭時再將手往下延伸，降低強度完成更多下反覆，藉由強度遞減來增加更多的訓練刺激。

當然到最後一輪你也可以選擇用上手扣住大腿背側，藉由手臂的力量提供些許助力，徹底耗盡側腹肌群的力量，但這種助力技巧只能在接近真正力竭的時候使用，避免在一開始產生依賴，反而降低側腹部肌群應有的訓練強度。

/// 站姿轉體訓練 Standing Twist

這是針對腹內外斜肌的訓練動作，基本上以單側訓練方式執行，來讓肌肉有最完整的延展收縮，是鍛鍊側腹人魚線必備的動作之一。

1 將彈力帶固定在胸口左右的高度，雙手抓住彈力帶的另一端靠近胸口，移動步伐來取得適當的距離，身體離固定點越遠則彈性阻力越大。

2 站穩雙腳，收縮側腹肌群將軀幹轉向遠離固定點的方向，在維持髖關節與骨盆穩定的前提下，腰部轉體的範圍建議控制在 45 度以內，以免產生其他部位的代償。在轉體終點維持一秒穩定收縮後，再慢慢離心回到中立位置，過程中保持穩定的速度，減少甩動產生的慣性。

實用技巧

站姿轉體的訓練效果來自於彈力帶提供的側向轉體阻力，但另一種常見的背槓轉體動作阻力是來自於垂直方向的負重 (參考下頁上圖動作)，無法提供側腹肌群足夠的收縮刺激。此外，槓鈴大範圍轉動的慣性也會增加下背與腰椎損傷的風險，因此不建議讀者採取這種訓練方式。

重點提示

採取低強度搭配高反覆的訓練編排，可以有效改善側腹部的肌肉線條，建議強度控制在每組反覆 25 下左右完成 2 到 4 組反覆。

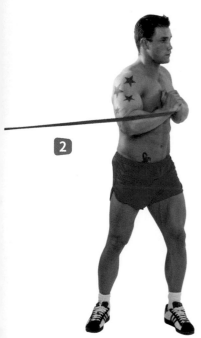

（**變化動作**）

⬚1 也可以採取仰臥屈髖舉腿的姿勢進行腹部轉體動作，雙腳伸直會增加轉體動作的強度，建議初學者可以先從屈膝轉體的方式開始訓練 (參考下頁下圖動作)。接236頁

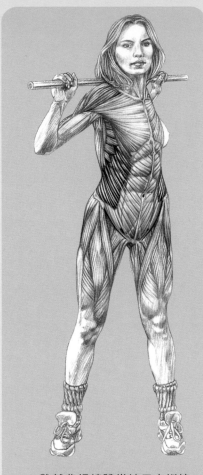

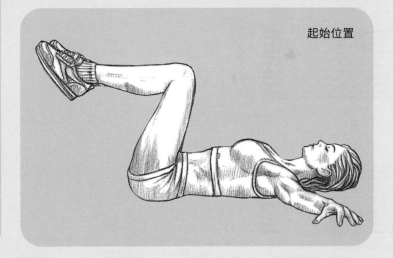

優勢	站姿轉體動作可以讓側腹肌群有非常完整的延展收縮範圍，搭配適當的飲食控制可以有效鍛鍊出側腹部的肌肉線條。
缺點	對於腰椎或下背有相關傷害病史的個案，建議在訓練前諮詢專業醫療評估。

起始位置

✕ 雖然背槓轉體常被用來訓練側腹肌群，但其實效果並不顯著，且對腰椎與下背肌群的傷害風險較高。

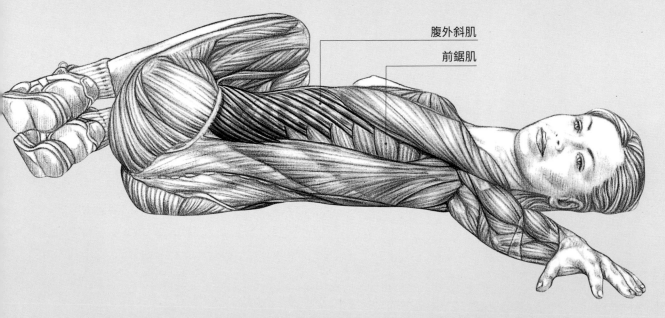

腹外斜肌

前鋸肌

② 除此之外，也可以在單槓懸吊的姿勢下進行
側腹肌群的訓練 (依強度選擇屈膝或直膝)。懸吊
姿勢的優勢在於可減少重力對腰椎的壓迫，也會
提高對核心穩定能力的挑戰。

! 注意　由於腰椎在側彎與旋轉的活
動度都非常有限，建議在進行側腹
肌群訓練時，將注意力集中在肌肉
穩定的收縮與控制，避免為了增加
活動範圍而採取快速爆發的動作模
式，反而會增加腰椎與下背肌群受
傷的風險。以左邊圖中的側彎訓練
為例，即便在側彎小範圍的活動角
度下，還是有可能造成椎間盤與腰
椎結構的壓迫，因此務必保持相對
穩定的動作節奏。

　　雖然雙手各持一個啞鈴的側彎訓
練可以增加訓練效率，但如果啞鈴
重量較大，對於腰椎的負擔也相對
較高，建議在時間允許的情況下，
盡量以單手單邊的啞鈴側彎訓練為
主來降低腰椎承重。

呼吸肌與橫隔膜的訓練方式

呼吸肌群對於耐力表現的重要性

過去研究已經證實，在需要長時間維持穩定強度輸出的耐力型運動中，控制肋骨擴張收縮的呼吸肌群與胸腔下方的橫隔膜，也會隨著運動時間增加產生疲勞，累積到一定程度同樣也會影響整體運動表現。

　　因此對於多數人來說，即便沒有從事耐力型運動，適度的鍛鍊呼吸肌與橫隔膜也能夠有效改善運動與組間休息的比例，提升整體訓練效率。

當然除了強化呼吸肌群本身的耐力表現外，配合深層腹部的核心訓練，也有助於改善呼吸調節，使呼吸的節奏與深度更加穩定省力。

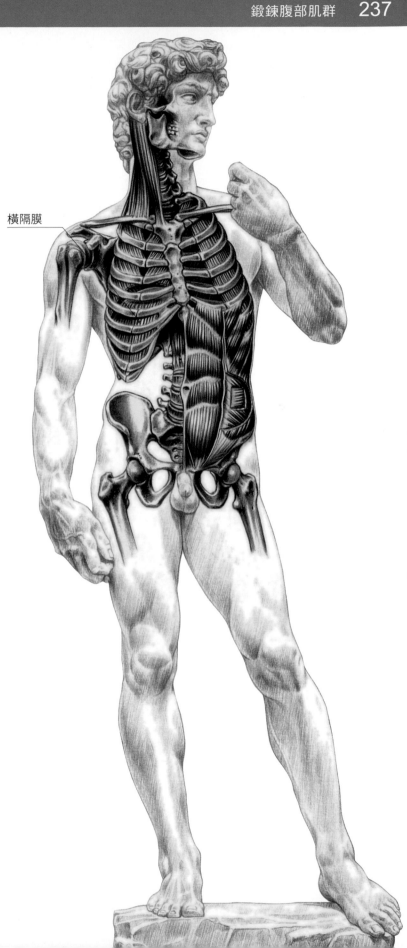

橫隔膜

/// 橫隔膜收縮運動 Diaphragm Contraction

這是針對橫隔膜與其他呼吸肌群為主的訓練動作。

1 採取四足跪姿穩定軀幹後，慢慢吸氣擴張胸廓，同時配合背部自然往上拱起，這時橫隔膜會收縮往下增加胸腔空間。

2 在肋骨完全擴張的位置短暫停留後，慢慢放鬆吐氣並配合下背回到自然伸展曲線。

實用技巧

相較於前面的許多訓練，橫隔膜收縮運動看似並不費力，但只要確實完成每下反覆累積到 20 次以上時，就會開始察覺要維持相同深度的呼吸變得更加費力，呼吸肌群與橫隔膜的收縮感受也會相對提升，因此讀者必須保持耐心盡可能完成更多下反覆，才能得到足夠的訓練刺激。

重點提示

在進行深蹲或硬舉等大重量訓練時，維持足夠腹腔內部壓力，對於支撐脊柱有很大的幫助。而腹腔壓力的維持取決於周邊的肌肉控制，包含周圍的腹橫肌、下方的骨盆底肌與上方的橫隔膜，因此適度的鍛鍊橫隔膜也有助於降低腰椎與下背的傷害風險。

【變化動作】

V 如果在四足跪姿下還是無法有明確的動作感受，可以嘗試採取相對容易的坐姿或更簡單的仰臥方式進行呼吸訓練。

你也可以採取超級組訓練方式整合上述動作變化：

- 先從四足跪姿的橫膈膜收縮運動開始。

- 反覆到接近力竭時，轉身仰臥降低動作強度完成更多下呼吸反覆。

優勢 這項動作同時也會刺激腹橫肌的延展收縮，有助於強化深層核心肌群的耐力與肌肉控制能力。

/// 肋骨擴張運動 Rib Cage Expansion

透過外在阻力增加肋骨與胸廓擴張的阻力，來強化呼吸肌群肌力與耐力表現。

採取仰臥姿勢搭配適當重量的槓片置於胸口上方，慢慢吸氣抵抗外在阻力擴張肋骨，完全擴張胸廓後再慢慢呼氣放鬆肋間肌肉，維持穩定呼吸節奏重複上述流程。

變化動作

你也可以搭配彈力係數較低的環狀彈力帶環繞胸廓周圍，藉由彈性阻力提供肋間肌適當的訓練強度，或使用現在市面上通過衛生檢驗的呼吸阻力訓練器，可以直接調整更精準的呼吸阻力強度。

實用技巧

與橫隔膜收縮運動相同，建議採取高反覆的訓練方式，才能有效提升呼吸肌群的耐力表現 (建議每組完成 50 下以上)。

❗注意 剛開始建議使用較輕的槓片，讓呼吸肌群可以從低強度循序漸進增加阻力，以免造成肌肉負擔過高或壓傷肋骨胸廓。

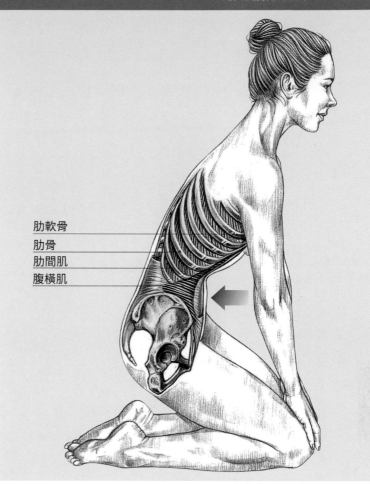

肋軟骨
肋骨
肋間肌
腹橫肌

/// 是否需要伸展腹部肌群？

基本上為了維持腹部正常收縮保護的張力，在沒有特別緊繃或不適的情況下，並不需要過於頻繁的伸展腹部肌群。且過去許多軀幹伸展動作都有可能超出腰椎本身的活動範圍，以常見的俯趴後仰伸展為例，對於沒有特定專項需求 (如舞蹈或體操等) 的個案來說，並不需要過大的腰椎伸展範圍，以免增加腰椎結構的負擔。

然而多數人在運動後容易出現的下背部緊繃情形，反而與腹部肌群伸展的關聯性較低。一般來說，在沒有其他外力因素的前提下，屈髖肌群的緊繃更有機會增加下背與腰椎負擔，因此可以參考前面提過的弓箭步伸展來幫助緩解

下背不適，過程中維持上半身直立，可以增加後腳屈髖肌群的延展強度 (參考 p.178)。

訓練課表編排

1 男性肌力訓練

專注提升訓練效率

基本上對初學者來說，編排全身性的肌力訓練是最理想做法之一，但多數人的首要目標通常不外乎改善肌肉外型與線條，因此可以針對在視覺效果上特別顯著的部位安排適當的訓練動作，並專注在以肌肥大為主的訓練強度與反覆次數及組數，幫助個案在初期提升增肌的效率，建立穩定的信心與持續投入的訓練動機。

此外對於每週訓練時間有限的個案來說，提高這些關鍵部位在訓練上的優先順位更加重要，配合適當的飲食規劃便能在有限的訓練頻率下維持良好的體態。而一般而言，要帶給人強壯線條外型的視覺效果，必須從下列肌群開始著手：

- 肩部側面肌群 (增加肩部視覺寬度)
- 肱三頭肌外側 (增加手臂圍度)
- 肱二頭肌 (增加手臂視覺肌肉量)
- 胸部肌群 (上半身最顯眼的肌群)
- 腹部肌群 (展現線條與體脂控制的成效)

以短時間內的視覺成效來說，專注於上述身體正面大肌群的效果確實較為顯著，但要兼顧肌力平衡與長遠訓練的維持，還是必須適度補強背部與下肢肌群。

重點提示

接下來的課表範例都會條列出建議的反覆次數與組數範圍，剛開始訓練時務必從最低的次數及組數開始循序漸進，依照個人體能進程與感受度逐步增加訓練量。

其中也會有部分動作，建議搭配進階的減量技巧 (參考 p.58)，這時就必須從高反覆次數、高強度開始往下遞減，甚至在每組反覆都接近力竭再逐步降低強度，讓自己可以完成更高的訓練總量。

初學基本增肌訓練：
每週 2 練

訓練日 1

肩部：
側平舉 (減量技巧)
▶ p.118
反覆 4 到 5 組；
每組 12 到 8 下

胸部：
胸推
▶ p.134
反覆 4 到 5 組；
每組 10 到 6 下

肱二頭肌：
二頭肌彎舉
▶ p.82
反覆 3 到 5 組；
每組 12 到 8 下

肱三頭肌：
雙手手掌內轉的
窄距伏地挺身 ▶ p.94
+
三頭後屈伸 ▶ p.100
超級組
反覆 4 組；
每組 15 到 10 下

腹部：
腹捲 ▶ p.226
反覆 5 組；
每組 20 下

斜向腹捲 ▶ p.227
反覆 3 組；
每組 20 下

2

訓練日 2

肱二頭肌：
窄握引體向上 ▶ p.90
＋
錘式彎舉 ▶ p.84
超級組
🔄 反覆 5 組；
每組 10 到 8 下＋
每組 12 到 15 下

肱三頭肌：
反向撐體 ▶ p.102
＋
三頭仰臥屈伸 ▶ p.98
超級組
🔄 反覆 5 組；
每組 15 到 10 下

肩部：
側平舉 (減量技巧)
▶ p.118
🔄 反覆 4 到 5 組；
每組 12 到 8 下

胸部：
胸部飛鳥 ▶ p.136
🔄 反覆 4 到 5 組；
每組 10 到 6 下

腹部：
腹捲 ▶ p.226
🔄 反覆 5 組；
每組 10 到 15 下
斜向腹捲 ▶ p.227
🔄 反覆 5 組；
每組 20 下

初學基本增肌訓練：
每週 3 練
如果在作息時間與體能狀態允許的情況下，可以將下列課表加入前面兩個課表之間，組成每週三練的訓練規劃，藉此補強背部與下肢肌群的訓練刺激，讓整體規劃更加完整。當然由於個人進度與疲勞狀態的差異，可以採取隔週的方式輪流交替每週三練與二練的訓練頻率。

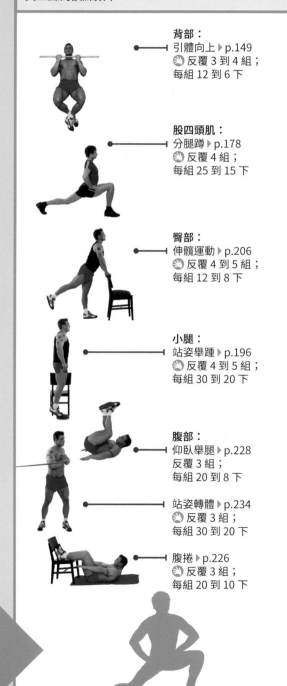

背部：
引體向上 ▶ p.149
🔄 反覆 3 到 4 組；
每組 12 到 6 下

股四頭肌：
分腿蹲 ▶ p.178
🔄 反覆 4 組；
每組 25 到 15 下

臀部：
伸髖運動 ▶ p.206
🔄 反覆 4 到 5 組；
每組 12 到 8 下

小腿：
站姿舉踵 ▶ p.196
🔄 反覆 4 到 5 組；
每組 30 到 20 下

腹部：
仰臥舉腿 ▶ p.228
反覆 3 組；
每組 20 到 8 下

站姿轉體 ▶ p.234
🔄 反覆 3 組；
每組 30 到 20 下

腹捲 ▶ p.226
🔄 反覆 3 組；
每組 20 到 10 下

進階增肌訓練：
每週 3 練

當你規律執行前面基本增肌的課表一至兩個月後，便可以準備轉換到進階的增肌課表來加強整體的訓練強度，讓目標肌群可以持續產生足夠的肌肥大適應。

　　如果在轉換期疲勞程度明顯增加，建議先調降一到兩組的反覆組數，給身體足夠的時間恢復適應後，再3逐步回到應有的訓練量。

訓練日 1

肩部：
側平舉配合減量技巧
▶ p.118
🕐 反覆 4 到 5 組；
每組 12 到 8 下

胸部：
胸推 ▶ p.134
🕐 反覆 4 到 5 組；
每組 10 到 6 下

肱二頭肌：
二頭肌彎舉 ▶ p.82
🕐 反覆 3 到 5 組；
每組 12 到 8 下

肱三頭肌：
雙手手掌內轉的
窄距伏地挺身 ▶ p.94
＋
三頭後屈伸 ▶ p.100
超級組
🕐 反覆 4 組；
每組 15 到 10 下

腹部：
腹捲 ▶ p.226
🕐 反覆 5 組；
每組 20 下

斜向腹捲 ▶ p.227
🕐 反覆 3 組；
每組 20 下

訓練日 2

背部：
引體向上 ▶ p.149
🕐 反覆 3 到 4 組；
每組 12 到 6 下

股四頭肌：
深蹲 ▶ p.167
🕐 反覆 4 組；
每組 25 到 15 下

臀部：
伸髖運動 ▶ p.206
🕐 反覆 4 到 5 組；
每組 12 到 8 下

小腿：
站姿舉踵 ▶ p.196
🕐 反覆 4 到 5 組；
每組 30 到 20 下

腹部：
仰臥舉腿 ▶ p.228
🕐 反覆 3 組；
每組 20 到 8 下

站姿轉體 ▶ p.234
🕐 反覆 3 組；
每組 30 到 20 下

腹捲 ▶ p.226
🕐 反覆 3 組；
每組 20 到 10 下

在經過數月的練習熟練後，個案可以在原本編排的框架下，從本書第 2 篇的內容找到許多對應的變化動作自行替換，讓肌肉能夠持續接受不同的訓練刺激產生適應。此外，也可以按照個人平時運動的喜好與習慣，去選擇適合的替代動作，增加訓練強度的變化性。

初學全身性肌力訓練：每週 2 練

訓練日 1

肩部：
側平舉 ▶ p.118
反覆 3 到 4 組；
每組 12 到 8 下

胸部：
胸推 ▶ p.134
反覆 3 到 5 組；
每組 12 到 6 下

背部：
引體向上 ▶ p.149
反覆 3 到 5 組；
每組 12 到 6 下

肱三頭肌：
三頭仰臥屈伸 ▶ p.98
反覆 3 到 4 組；
每組 12 到 10 下

肱二頭肌：
肱二頭肌彎舉 ▶ p.82
反覆 3 到 4 組；
每組 10 到 8 下

股四頭肌：
深蹲 (配合減量技巧)
▶ p.167 (雙手各持一個啞鈴 →
雙手共持一個啞鈴 →
徒手深蹲)
反覆 3 到 5 組；
每組 10 到 6 下

小腿：
站姿舉踵 (配合減量技巧)
▶ p.196
(使用 1 到 2 個啞鈴 →
徒手舉踵)
反覆 2 到 4 組；
每組 15 到 20 下

腹部：
腹捲 ▶ p.226
反覆 3 到 5 組；
每組 20 到 30 下

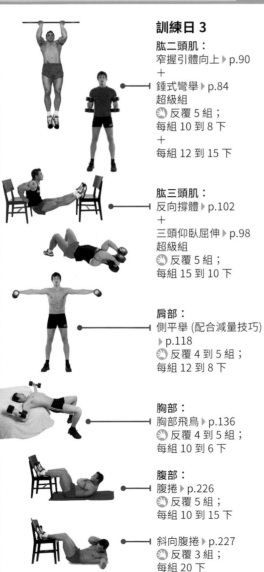

訓練日 3

肱二頭肌：
窄握引體向上 ▶ p.90
＋
錘式彎舉 ▶ p.84
超級組
反覆 5 組；
每組 10 到 8 下
＋
每組 12 到 15 下

肱三頭肌：
反向撐體 ▶ p.102
＋
三頭仰臥屈伸 ▶ p.98
超級組
反覆 5 組；
每組 15 到 10 下

肩部：
側平舉 (配合減量技巧)
▶ p.118
反覆 4 到 5 組；
每組 12 到 8 下

胸部：
胸部飛鳥 ▶ p.136
反覆 4 到 5 組；
每組 10 到 6 下

腹部：
腹捲 ▶ p.226
反覆 5 組；
每組 10 到 15 下

斜向腹捲 ▶ p.227
反覆 3 組；
每組 20 下

初學全身性肌力訓練：每週 3 練

訓練日 1

肩部：
側平舉 ▶ p.118
+
坐姿肩推 ▶ p.112
預先疲勞超級組
反覆 3 到 4 組；
每組 12 到 8 下

胸部：
胸推 ▶ p.134
+
胸部飛鳥 ▶ p.136
後力竭超級組
反覆 3 到 5 組；
每組 12 到 6 下

背部：
引體向上 ▶ p.149
+
仰臥拉舉 ▶ p.154
後力竭超級組
反覆 3 到 5 組；
每組 12 到 6 下

肱三頭肌：
三頭仰臥屈伸
配合減量技巧 ▶ p.98
(雙手各持啞鈴 →
雙手共持一個啞鈴)
反覆 3 到 4 組；
每組 12 到 10 下

肱二頭肌：
二頭肌彎舉 ▶ p.82
+
錘式彎舉 ▶ p.84
超級組
(配合減量技巧雙手
各持啞鈴 → 雙手共持
一個啞鈴)
反覆 3 到 4 組；
每組 10 到 8 下

腹部
(可依體能狀態調整)：
腹捲 ▶ p.226
反覆 3 到 5 組；
每組 20 到 30 下

訓練日 2

胸部：
伏地挺身 ▶ p.131
反覆 4 到 5 組；
每組 12 到 6 下

背部：
划船 ▶ p.152
反覆 3 到 5 組；
每組 12 到 6 下

肩部：
坐姿肩推 ▶ p.112
+
俯身側平舉 ▶ p.122
超級組
反覆 3 到 5 組；
每組 10 到 6 下

肱二頭肌：
二頭肌彎舉 ▶ p.82
反覆 3 到 4 組；
每組 12 到 10 下

肱三頭肌：
三頭仰臥屈伸 ▶ p.98
反覆 3 到 5 組；
每組 12 到 6 下

腿後肌群：
硬舉 ▶ p.161
反覆 3 到 5 組；
每組 12 到 6 下

股四頭肌：
腿部伸展 ▶ p.184
反覆 4 到 6 組；
每組 10 到 6 下

小腿：
俯身舉踵 ▶ p.199
反覆 2 到 4 組；
每組 25 到 50 下

腹部：
懸吊舉腿 ▶ p.230
反覆 3 到 5 組；
每組 10 到 12 下

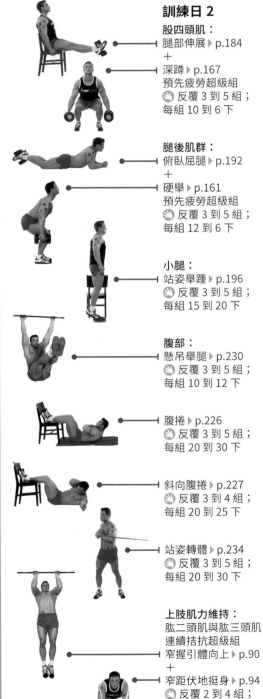

訓練日 2

股四頭肌：
腿部伸展 ▶ p.184
＋
深蹲 ▶ p.167
預先疲勞超級組
🌀 反覆 3 到 5 組；
每組 10 到 6 下

腿後肌群：
俯臥屈腿 ▶ p.192
＋
硬舉 ▶ p.161
預先疲勞超級組
🌀 反覆 3 到 5 組；
每組 12 到 6 下

小腿：
站姿舉踵 ▶ p.196
🌀 反覆 3 到 5 組；
每組 15 到 20 下

腹部：
懸吊舉腿 ▶ p.230
🌀 反覆 3 到 5 組；
每組 10 到 12 下

腹捲 ▶ p.226
🌀 反覆 3 到 5 組；
每組 20 到 30 下

斜向腹捲 ▶ p.227
🌀 反覆 3 到 4 組；
每組 20 到 25 下

站姿轉體 ▶ p.234
🌀 反覆 3 到 5 組；
每組 20 到 30 下

上肢肌力維持：
肱二頭肌與肱三頭肌
連續拮抗超級組
窄握引體向上 ▶ p.90
＋
窄距伏地挺身 ▶ p.94
🌀 反覆 2 到 4 組；
每組 12 到 6 下

訓練日 3

胸部：
伏地挺身 ▶ p.131
＋
胸部飛鳥 ▶ p.136
預先疲勞超級組
🌀 反覆 4 到 5 組；
每組 12 到 6 下

背部：
划船 ▶ p.152
＋
俯身側平舉 ▶ p.122
後力竭超級組
🌀 反覆 3 到 5 組；
每組 12 到 6 下

肩部：
坐姿肩推 ▶ p.112
＋
側平舉 ▶ p.118
後力竭超級組
🌀 反覆 3 到 5 組；
每組 10 到 6 下

肱二頭肌：
窄握引體向上 ▶ p.90
＋
二頭肌彎舉 ▶ p.82
後力竭超級組
🌀 反覆 3 到 4 組；
每組 12 到 10 下

肱三頭肌：
三頭仰臥屈伸 ▶ p.98
＋
三頭後屈伸 ▶ p.100
超級組
🌀 反覆 3 到 5 組；
每組 12 到 6 下

腹部：
(可依體能狀態調整)
懸吊舉腿 ▶ p.230
🌀 反覆 3 到 5 組；
每組 10 到 12 下

進階全身性肌力訓練：
每週 4 練

1

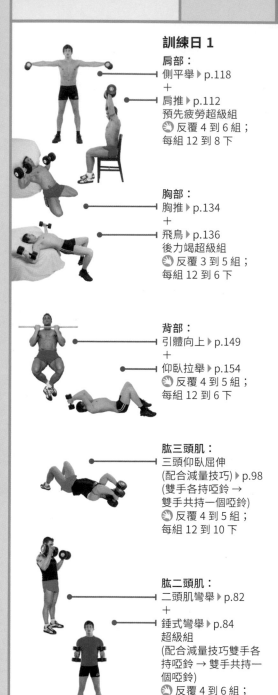

訓練日 1

肩部：
▶ 側平舉 ▶ p.118
＋
▶ 肩推 ▶ p.112
預先疲勞超級組
🌀 反覆 4 到 6 組；
每組 12 到 8 下

胸部：
▶ 胸推 ▶ p.134
＋
▶ 飛鳥 ▶ p.136
後力竭超級組
🌀 反覆 3 到 5 組；
每組 12 到 6 下

背部：
▶ 引體向上 ▶ p.149
＋
▶ 仰臥拉舉 ▶ p.154
🌀 反覆 4 到 5 組；
每組 12 到 6 下

肱三頭肌：
▶ 三頭仰臥屈伸
(配合減量技巧) ▶ p.98
(雙手各持啞鈴 →
雙手共持一個啞鈴)
🌀 反覆 4 到 5 組；
每組 12 到 10 下

肱二頭肌：
▶ 二頭肌彎舉 ▶ p.82
＋
▶ 錘式彎舉 ▶ p.84
超級組
(配合減量技巧雙手各
持啞鈴 → 雙手共持一
個啞鈴)
🌀 反覆 4 到 6 組；
每組 10 到 8 下

2

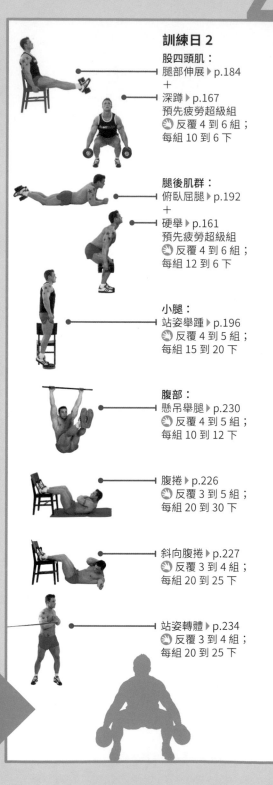

訓練日 2

股四頭肌：
▶ 腿部伸展 ▶ p.184
＋
▶ 深蹲 ▶ p.167
預先疲勞超級組
🌀 反覆 4 到 6 組；
每組 10 到 6 下

腿後肌群：
▶ 俯臥屈腿 ▶ p.192
＋
▶ 硬舉 ▶ p.161
預先疲勞超級組
🌀 反覆 4 到 6 組；
每組 12 到 6 下

小腿：
▶ 站姿舉踵 ▶ p.196
🌀 反覆 4 到 5 組；
每組 15 到 20 下

腹部：
▶ 懸吊舉腿 ▶ p.230
🌀 反覆 4 到 5 組；
每組 10 到 12 下

▶ 腹捲 ▶ p.226
🌀 反覆 3 到 5 組；
每組 20 到 30 下

▶ 斜向腹捲 ▶ p.227
🌀 反覆 3 到 4 組；
每組 20 到 25 下

▶ 站姿轉體 ▶ p.234
🌀 反覆 3 到 4 組；
每組 20 到 25 下

3

訓練日 3

胸部：
伏地挺身 ▶ p.131
＋
胸部飛鳥 ▶ p.136
後力竭超級組
🔄 反覆 5 到 6 組；
每組 12 到 6 下

背部：
划船 ▶ p.152
＋
俯身側平舉 ▶ p.122
後力竭超級組
🔄 反覆 4 到 5 組；
每組 12 到 6 下

直立上拉 ▶ p.116
＋
側平舉 ▶ p.118
後力竭超級組
🔄 反覆 4 到 5 組；
每組 10 到 6 下

肱二頭肌：
窄握引體向上 ▶ p.90
＋
二頭肌彎舉 ▶ p.82
後力竭超級組
🔄 反覆 4 到 5 組；
每組 12 到 10 下

肱三頭肌：
三頭仰臥屈伸 ▶ p.98
＋
三頭後屈伸 ▶ p.100
超級組
🔄 反覆 4 到 5 組；
每組 12 到 6下

4

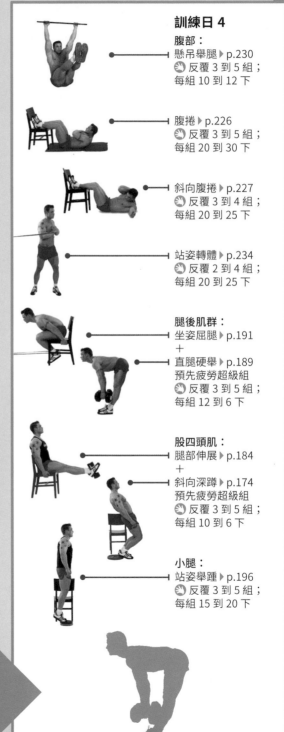

訓練日 4

腹部：
懸吊舉腿 ▶ p.230
🔄 反覆 3 到 5 組；
每組 10 到 12 下

腹捲 ▶ p.226
🔄 反覆 3 到 5 組；
每組 20 到 30 下

斜向腹捲 ▶ p.227
🔄 反覆 3 到 4 組；
每組 20 到 25 下

站姿轉體 ▶ p.234
🔄 反覆 2 到 4 組；
每組 20 到 25 下

腿後肌群：
坐姿屈腿 ▶ p.191
＋
直腿硬舉 ▶ p.189
預先疲勞超級組
🔄 反覆 3 到 5 組；
每組 12 到 6 下

股四頭肌：
腿部伸展 ▶ p.184
＋
斜向深蹲 ▶ p.174
預先疲勞超級組
🔄 反覆 3 到 5 組；
每組 10 到 6 下

小腿：
站姿舉踵 ▶ p.196
🔄 反覆 3 到 5 組；
每組 15 到 20 下

專項運動員全身分段訓練：
每週 5 練

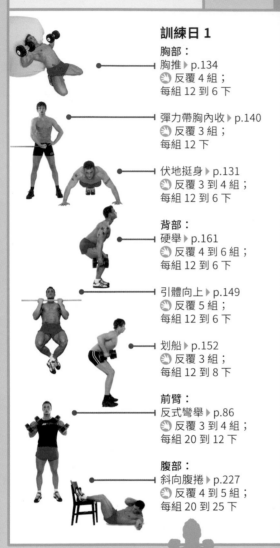

訓練日 1

胸部：
胸推 ▶ p.134
🔄 反覆 4 組；
每組 12 到 6 下

彈力帶胸內收 ▶ p.140
🔄 反覆 3 組；
每組 12 下

伏地挺身 ▶ p.131
🔄 反覆 3 到 4 組；
每組 12 到 6 下

背部：
硬舉 ▶ p.161
🔄 反覆 4 到 6 組；
每組 12 到 6 下

引體向上 ▶ p.149
🔄 反覆 5 組；
每組 12 到 6 下

划船 ▶ p.152
🔄 反覆 3 組；
每組 12 到 8 下

前臂：
反式彎舉 ▶ p.86
🔄 反覆 3 到 4 組；
每組 20 到 12 下

腹部：
斜向腹捲 ▶ p.227
🔄 反覆 4 到 5 組；
每組 20 到 25 下

訓練日 2

肩部：
側平舉 ▶ p.118
🔄 反覆 4 到 5 組；
每組 12 到 20 下

俯身側平舉 ▶ p.122
🔄 反覆 4 組；
每組 12 下

坐姿肩推 ▶ p.112
🔄 反覆 4 到 5 組；
每組 12 到 8 下

肱二頭肌：
二頭肌彎舉 ▶ p.82
🔄 反覆 4 組；
每組 12 到 8 下

窄握引體向上 ▶ p.90
🔄 反覆 4 組；
每組 12 到 6 下

肱三頭肌：
三頭仰臥屈伸 ▶ p.98
🔄 反覆 4 組；
每組 12 到 8 下

窄距伏地挺身 ▶ p.94
🔄 反覆 3 組；
每組 12 到 20 下

訓練日 3

股四頭肌：
深蹲 ▶ p.167
🔄 反覆 4 組；
每組 12 到 8 下

分腿蹲 ▶ p.178
🔄 反覆 3 組；
每組 15 到 10 下

腿部伸展 ▶ p.184
🔄 反覆 2 組；
每組 12 下

腿後肌群：
俯臥屈腿 ▶ p.192
🔄 反覆 3 組；
每組 15 到 10 下

坐姿屈腿 ▶ p.191
🔄 反覆 3 組；
每組 15 到 10 下

小腿：
站姿舉踵 ▶ p.196
🔄 反覆 3 組；
每組 12 到 20 下

腹部：
腹捲 ▶ p.226
🔄 反覆 5 到 6 組；
每組 10 到 20 下

訓練日 4

背部：
引體向上 ▶ p.149
🔄 反覆 5 到 6 組；
每組 12 到 6 下

划船 ▶ p.152
🔄 反覆 4 到 5 組；
每組 12 到 8 下

仰臥拉舉 ▶ p.154
🔄 反覆 3 組；
每組 12 到 20 下

胸部：
伏地挺身 ▶ p.131
🔄 反覆 4 到 6 組；
每組 12 到 6 下

胸部飛鳥 ▶ p.136
🔄 反覆 3 到 4 組；
每組 12 到 6 下

彈力帶胸內收 ▶ p.140
🔄 反覆 3 組；
每組 12 到 20 下

訓練日 5

肩部：
俯身側平舉 ▶ p.122
🔄 反覆 4 到 5 組；
每組 12 下

直立上拉 ▶ p.116
🔄 反覆 4 到 5 組；
每組 12 到 8 下

側平舉 ▶ p.118
🔄 反覆 4 到 5 組；
每組 12 到 10 下

肱二頭與肱三頭肌組合：
窄握引體向上 ▶ p.90
🔄 反覆 5 組；
每組 15 到 6 下

窄距伏地挺身 ▶ p.94
🔄 反覆 5 組；
每組 12 到 20 下

錘式彎舉 ▶ p.84
🔄 反覆 4 組；
每組 12 到 8 下

三頭仰臥屈伸 ▶ p.98
🔄 反覆 4 組；
每組 12 到 8 下

腹部：
懸吊舉腿 ▶ p.230
🔄 反覆 5 到 6 組；
每組 10 到 20 下

上肢肌力強化訓練

針對想要特別強化上肢肌肉量者,這裡也整理出兩個訓練日的課表,可以幫助額外補強。

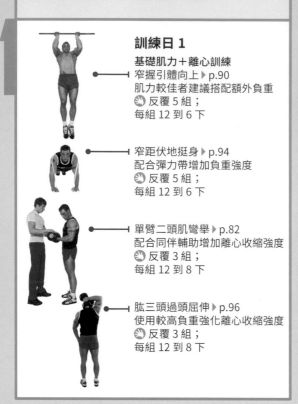

訓練日 1

基礎肌力＋離心訓練

窄握引體向上 ▶ p.90
肌力較佳者建議搭配額外負重
🔄 反覆 5 組;
每組 12 到 6 下

窄距伏地挺身 ▶ p.94
配合彈力帶增加負重強度
🔄 反覆 5 組;
每組 12 到 6 下

單臂二頭肌彎舉 ▶ p.82
配合同伴輔助增加離心收縮強度
🔄 反覆 3 組;
每組 12 到 8 下

肱三頭過頭屈伸 ▶ p.96
使用較高負重強化離心收縮強度
🔄 反覆 3 組;
每組 12 到 8 下

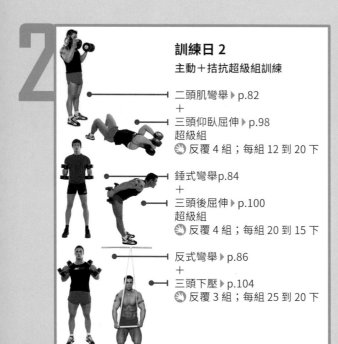

訓練日 2

主動＋拮抗超級組訓練

二頭肌彎舉 ▶ p.82
＋
三頭仰臥屈伸 ▶ p.98
超級組
🔄 反覆 4 組;每組 12 到 20 下

錘式彎舉 p.84
＋
三頭後屈伸 ▶ p.100
超級組
🔄 反覆 4 組;每組 20 到 15 下

反式彎舉 ▶ p.86
＋
三頭下壓 ▶ p.104
🔄 反覆 3 組;每組 25 到 20 下

20 分鐘全身循環肌力訓練

進行循環訓練時,務必盡量縮短組間與動作轉換間的休息長度。一般來說,連續三組的循環可以在 20 分鐘以內的時間完成。隨著肌力與肌耐力的提升,可以增加每次訓練循環的次數,一般建議每週執行兩次以上的循環訓練,才能有足夠的訓練效果。

入門循環

肩部:
側平舉 ▶ p.118
每組 12 到 8 下

胸部:
胸部飛鳥 ▶ p.136
每組 15 到 10 下

背部:
划船 ▶ p.152
每組 10 到 6 下

肱二頭肌:
二頭肌彎舉 ▶ p.82
每組 12 到 8 下

肱三頭肌:
三頭仰臥屈伸 ▶ p.98
每組 15 到 10 下

腿部:
深蹲 ▶ p.167
每組 15 到 10 下

腹部:
腹捲 ▶ p.226
每組 20 到 25 下

進階循環

背部:
引體向上 ▶ p.149
每組 12 到 6 下

肩部:
側平舉 ▶ p.118
每組 12 到 8 下

胸部:
胸推 ▶ p.134
每組 10 到 6 下

肱二頭肌:
二頭肌彎舉 ▶ p.82
每組 12 到 8 下

肱三頭肌:
三頭後屈伸 ▶ p.100
每組 15 到 10 下

腿部:
分腿蹲 ▶ p.178
每組 20 到 15 下

腹部:
腹捲 ▶ p.226
每組 20 到 25 下

腹部強化循環訓練

下列的兩組循環主要是強化腹部肌群線條並讓腰身曲線更加緊實，建議將訓練時間安排在早上或傍晚作為主訓練外額外加強的課表。依照個人體能狀態，每次訓練建議採取 2 到 4 次連續不間斷的循環，每項動作反覆次數在 15 到 50 下之間。在循環訓練的過程，雖然會稍微增加每下反覆的動作速度，但仍要注意維持穩定的肌肉控制，避免過度依賴身體擺動的慣性，反而增加下背負擔。

入門循環

● 腹捲 ▶ p.226

● 仰臥舉腿 ▶ p.228

● 斜向腹捲 ▶ p.227

● 站姿轉體 ▶ p.234

進階循環

● 懸吊舉腿 ▶ p.230
　＋
● 仰臥舉腿 ▶ p.228
　超級組

● 負重腹捲 ▶ p.226

● 同側斜向腹捲 ▶ p.227
　＋
● 同側站姿轉體 ▶ p.234
　超級組
　(完成後左右互換)

女性肌力訓練

2

針對女性的編排以可以兼顧肌力與心肺耐力的循環訓練為主，過程中盡量減少組間休息長度以維持足夠的強度刺激。初學者可以在動作轉換間稍作停留，隨著肌力與耐力的提升，到後來便可以連續不間斷地完成所有的目標循環次數。

　循環訓練的優勢在於可在有限的時間內達到一定程度的燃脂效果，並能兼顧心肺適能與心血管的健康狀況，因此在過程中除了盡可能提高反覆的次數外，更要在不影響動作品質的前提下縮短每次循環的完成時間。

　循環訓練中依照個案體能水平的不同，每項動作的反覆次數在 25 至 50 下之間，基本上建議讓動作反覆到出現一定程度的肌肉燒灼感，才能達到足夠的燃脂效果。初學者必須先以提升肌肉收縮感受度，與確保動作品質為主要目標，隨著肌耐力與肌力的提升再穩定追求完成所有的目標次數，當你可以輕鬆完成 50 下以上的反覆時，就可以適度增加動作難度與負荷，並準備轉換到進階的循環課表。

　每次訓練建議至少完成兩次以上的循環，並隨著肌力提升增加循環的總數，整體循環完成時間必須控制在 30 分鐘之內以確保強度足夠集中。每週建議安排二到四天的訓練日，對於體能狀態與時間允許的個案，甚至每天都能夠進行循環訓練，基本上無論是體態或肌力，最終都取決於身體對於外界強度刺激產生的適應，所以在訂出自己的目標後就必須投入相對應的時間與努力。

接下來會按不同區塊介紹對應的循環課表，個案可依個人需求編排適當的循環組合 (例如臀部＋腹部循環訓練)，一般在實務執行上有下面三種選擇：

1. 完成單一部位的所有循環次數，再接著進行下一個部位的循環。(ex：臀部1st → 臀部2nd → 腹部1st → 腹部2nd)

2. 不同部位間的循環交替執行，可以讓目標肌群在部位轉換時有更多恢復時間。(ex：臀部1st → 腹部1st → 臀部2nd → 腹部2nd)

3. 不同部位的循環編排到不同的訓練日執行，可以讓個部位肌群有最充分的休息恢復。(Ex：訓練日1：臀部1st；訓練日2：腹部1st；訓練日3：臀部2nd；訓練日4：腹部2nd)

臀部線條強化訓練

雖然這組課表編排在女性肌力訓練的部分，但適用於任何想額外加強臀部與腿後肌力並改善線條外型的個案。

入門循環
- 深蹲
  (增加軀幹前傾角度)
  ▶ p.167
- 橋式 ▶ p.214
- 伸髖運動 ▶ p.206

進階循環
- 同側四足跪姿
  伸髖運動 (力竭)
  ▶ p.208

  +

- 同側站姿
  伸髖運動 (力竭)
  ▶ p.206
  超級組。
  同側完成所有反覆後，左右腳互換重複循環。

- 直腿硬舉 ▶ p.189

- 橋式 ▶ p.214

- 深蹲
  (增加軀幹前傾角度)
  ▶ p.167

下肢肌力強化訓練

入門循環
- 深蹲 ▶ p.167
- 分腿蹲 ▶ p.178
- 直腿硬舉 ▶ p.189
- 橋式 ▶ p.214

進階循環
- 同側腳分腿蹲
  ▶ p.178

  +

- 同側單角直腿硬舉
  ▶ p.189 超級組。
  同側完成所有反覆後，左右腳互換重複循環。
  🕐 反覆 2 到 3 組
  超級組

  完成上述反覆再進行下一輪超級組：

- 深蹲 ▶ p.167

  +

- 橋式 ▶ p.214
  超級組
  🕐 反覆 2 到 3 組
  超級組

  完成上述反覆再進行最後一輪超級組：

- 同側四足跪姿
  伸髖運動 (力竭)
  ▶ p.208

  +

- 同側站姿伸髖運動
  (力竭)
  ▶ p.206 超級組。
  同側完成所有反覆後，左右腳互換重複循環。

  體能狀態允許，建議上述所有動作循環 2 次。

腹部線條強化訓練

入門循環

腹捲 ▶ p.226

斜向腹捲 ▶ p.227

+

橫隔膜收縮運動 ▶ p.238

進階循環

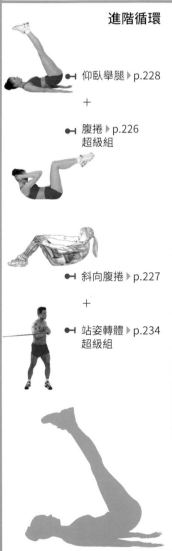

仰臥舉腿 ▶ p.228

+

腹捲 ▶ p.226
超級組

斜向腹捲 ▶ p.227

+

站姿轉體 ▶ p.234
超級組

全身線條強化訓練

下列的循環課表主要針對下肢、腹部肌群與上半身容易被忽略的特定部位做補強。以女性個案為例，下腹部、臀部與上臂背側三頭肌的部位，經常是皮下脂肪容易堆積外顯的區塊，因此除了適當的飲食規劃，配合提高這些部位的肌肉量，才能有效改善整體線條。另外針對生活中常見圓背或聳肩等姿勢不良的問題，也加入背闊肌與中下斜方肌的動作，來避免身體前後側的肌肉失衡。

剛開始建議每週訓練兩次，每次訓練執行兩次連續的循環，完成時間控制在 15 分鐘以內，隨著體能狀態提升再逐步增加到 3、4 次的循環數量，在能夠相對不費力地完成 4 次循環後，便可以準備進入進階循環課表。

入門循環

橋式 ▶ p.214

深蹲 ▶ p.167

橫隔膜收縮運動 ▶ p.238

腹捲 ▶ p.226

三頭後屈伸 ▶ p.100

划船 ▶ p.152

俯身側平舉 ▶ p.122

二頭肌彎舉 ▶ p.82

三頭過頭屈伸 ▶ p.96

進階循環

分腿蹲 ▶ p.178
+
直腿硬舉 ▶ p.189
超級組

深蹲 ▶ p.167
+
橋式 ▶ p.214
超級組

俯身側平舉 ▶ p.122
+
划船 ▶ p.152
超級組

側平舉 ▶ p.118

三頭後屈伸 ▶ p.100

二頭肌彎舉 ▶ p.82
+
三頭過頭屈伸 ▶ p.96
超級組

仰臥舉腿 ▶ p.228
+
腹捲 ▶ p.226
超級組

3 專項化肌力訓練

五個訓練規劃進程

▌階段 1：目標肌群

如果要藉由阻力訓練來提升特定專項運動的表現，必須先瞭解該專項所需的主要肌群，以及這些肌群在運動過程中展現的收縮特質，才能編排適當的強度與訓練量，幫助人體產生符合專項特性的肌肉適應。

在基礎肌力的部分主要有下列兩個訓練方向：

- 下肢基礎專項肌力訓練
- 全身性專項基礎循環訓練

在階段 1 的主要目標，是幫助運動員熟悉基礎阻力訓練動作的執行方式，並掌握正確的動作技術。

▌階段 2：編排循環訓練

在階段 1 訓練經過數週後，個案已經掌握並熟練基本阻力訓練動作的執行方式，接著到階段 2 便可將這些動作重新編排組合成專項性的循環肌力訓練，增加對心肺適能的考驗並提高整體訓練效率。

▌階段 3：提高訓練量

經過一到兩個月的循環訓練適應執行方式與訓練節奏後，接著便可以準備提升訓練量來增加阻力訓練的效益，同時也可以加入上搏與挺舉等高技術的爆發力動作，讓訓練內容更貼近專項需求。但基於訓練量的增加，到階段 3 便需要按部位進行分段式的訓練編排，維持動作品質並避免過度訓練的風險。

▌階段 4：加入專項考量

經過三到六個月的基礎肌力與循環訓練後，接著便可配合競賽週期加入更多與專項相關的訓練動作，讓目標肌群的收縮形式更貼近實際競賽需求。在後面的課表範例中也會依照個別專項的特質，詳細分類出對應的訓練處方。

▌階段 5：規劃個人課表

經過前面四個階段，已經幫助個案掌握完整的專項化肌力訓練流程，同時也代表個案已經完成 12 到 18 個月的規律訓練，接著就可以更深入地針對個人目標、弱鏈補強與其他優先考量，並配合競賽週期制定個人化長期的專項體能規劃。

反覆次數及組數訓練或循環訓練

說明到這裡，讀者一定會產生一個疑問：典型的反覆次數及組數訓練與連續不間斷的循環訓練，自己到底適合採取哪種編排方式呢？這裡提供過去運科專家所做的一個訓練實驗為例，對象為兩組第一次接觸網球運動的新手：

1. 第一組學員採取反覆次數及組數訓練的方式，先以固定的次數與組數反覆練習正拍動作，熟練後再以相同的編排進行反拍動作的練習。
2. 第二組學員則是以循環訓練的編排邏輯，隨機輪流交替正拍與反拍動作的執行。

實驗過程中，每次訓練兩組學員在正拍與反拍的反覆總量完全相同，分別在當日訓練結束與完成為期十天的訓練後進行測驗。結果發現第一組學員在當天訓練結束後，對於基礎動作技術有更佳的掌握度，然而在完成十天訓練後的整體技術表現卻是第二組學員較為優異。

上述實驗的結果說明了次數及組數訓練與循環訓練的差異：

1 第一組學員的表現告訴我們，對於剛接觸或技術挑戰較高的動作而言，採取典型次數及組數訓練的方式可以幫助初學者更快掌握動作協調。相對地，循環訓練雖然有較好的訓練效率，卻容易影響仍處在動作學習階段個案的專注力。

2 然而在實際競賽中，專項技術動作的發揮會有更大的隨機變化性，採取循環訓練的輪替編排可以幫助個案適應動作間的協調轉換，因此兩種訓練編排方式最大的不同在於使用的時機與訓練的目標。

　　實際賽場上，極少有專項只需要單一肌群動作就能完成比賽。以足球為例，雖然選手在賽場上多數的時間都在奔跑衝刺，仍需要隨機應變做出許多急停與方向路徑的變化，再加上盤球、傳球與射門等決策動作，所以即便是以下肢肌群為主的專項，仍需要加入許多不同角度與收縮形式的阻力訓練動作，並配合循環訓練的編排才能有效提升運動表現。下面就是針對足球專項設計的循環訓練課表，建議每項動作反覆20 到 50 下；每次訓練執行 2 到 5 次循環：

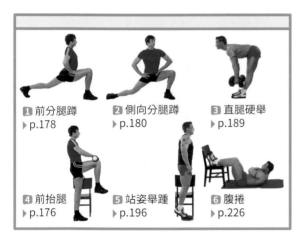

1 前分腿蹲
▶ p.178

2 側向分腿蹲
▶ p.180

3 直腿硬舉
▶ p.189

4 前抬腿
▶ p.176

5 站姿舉踵
▶ p.196

6 腹捲
▶ p.226

　　對於網球、英式橄欖球與游泳等需要整合下肢到上半身整體動作協調的專項而言，在循環訓練的編排上就會有更多動作的選擇與變化，讓選手能在阻力訓練的過程中學習適應不同動作間的協調轉換。下面就是針對全身肌力強化常見的循環編排之一，建議每項動作反覆 8 到 25 下；每次訓練執行 3 到 6 次循環：

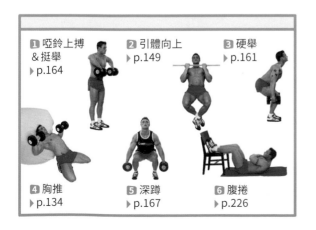

1 啞鈴上搏
＆挺舉
▶ p.164

2 引體向上
▶ p.149

3 硬舉
▶ p.161

4 胸推
▶ p.134

5 深蹲
▶ p.167

6 腹捲
▶ p.226

肌力訓練到運動表現間的轉換

　　介入阻力訓練之所以可以改善運動表現，其關鍵在於藉由訓練提升的肌力、耐力或爆發力等特質可以成功的轉換到運動表現上，對於剛接觸阻力訓練的初學者來說，通常肌力進展與運動表現上的轉換效果在初期都會非常顯著，但隨著運動員肌力水平與動作技術的提升，維持兩者間轉換效率的難度也會跟著提高。

　　為了確保阻力訓練能持續輔助專項運動表現，訓練動作的選擇與強度和訓練量的編排，必須更貼近專項所需的肌肉收縮性質，並配合競賽時程規劃適當的訓練週期，才能在賽季期發揮較佳的運動表現。

總結

　　經過上述說明，我們可以理解循環訓練除了增進肌力與肌耐力之外，更可以藉由不同動作間的轉換，幫助運動員增加神經肌肉控制上的適應與協調。相對地，如果個案本身的目標是以改善外型線條為主，加入循環訓練的重點就在於節省組間休息時間來提高訓練效率。但無論個案的出發點為何，在進入循環訓練階段以前，都必須經過基本反覆分組的訓練來熟悉每項動作的執行技巧。

　　專項肌力訓練的目的在於增加肌肉的功能性，讓肌肉的收縮特質與動作協調可以因應賽場上的需求，因此編排的訓練動作內容都必須具備與某部分專項特質的關聯性 (例如垂直跳躍、單側收縮或改變方向等特質)，讓運動員能在強化肌力的同時，也能確保足夠的神經肌肉適應。

▌階段 1：基礎肌力訓練

剛接觸阻力訓練動作的運動員必須在階段 1 經過數週的訓練，藉由反覆次數及組數的編排幫助運動員熟悉基本阻力訓練動作的執行方式，確保動作品質穩定後再逐步漸進到階段 2 的循環訓練。

下肢基礎專項肌力訓練
(Ex：足球、徑賽、自由車與高山滑雪等)
- 每週 2 到 3 練

腹部：
腹捲 ▶ p.226
🔄 反覆 3 組；每組 20 到 30 下

股四頭肌：
腿部伸展 ▶ p.184
🔄 反覆 2 組；每組 12 到 15 下

深蹲 ▶ p.167
🔄 反覆 3 到 4 組；每組 10 到 6 下

腿後：
俯臥屈腿 ▶ p.192
🔄 反覆 2 組；每組 12 到 15 下

硬舉 ▶ p.161
🔄 反覆 3 到 4 組；每組 12 到 8 下

小腿：
站姿舉踵 ▶ p.196
🔄 反覆 3 組；每組 15 到 20 下

全身性專項基礎肌力訓練
(Ex：英式橄欖球、划船、壁球、技擊項目、越野滑雪等)
- 每週 2 到 3 練

胸部：
胸推 ▶ p.134
🔄 反覆 3 到 4 組；每組 15 到 8 下

背部：
窄握引體向上 ▶ p.150
🔄 反覆 3 到 5 組；每組 12 到 6 下

肩部：
側平舉 ▶ p.118
🔄 反覆 3 到 4 組；每組 15 到 10 下

肱三頭肌：
三頭過頭屈伸 ▶ p.96
🔄 反覆 3 組；每組 12 到 15 下

肱二頭肌：
二頭肌彎舉 ▶ p.82
🔄 反覆 2 到 3 組；每組 10 到 15 下

腹部：
腹捲 ▶ p.226
🔄 反覆 3 組；每組 20 到 30 下

▌階段 2：循環訓練

在階段 1 經過 1 到 2 個月的訓練熟練各項動作的執行技巧後，在本階段便可以重新組合採取循環訓練的編排方式。

下肢專項基礎循環訓練
🔄 每次 2 到 5 循環
- 強化肌力與肌肥大目標次數 10 到 20 下
- 強化肌耐力目標次數 25 到 50 下
- 每週 2 到 3 練

1 前分腿蹲 ▶ p.178
2 側向分腿蹲 ▶ p.180
3 直腿硬舉 ▶ p.189
5 站姿舉踵 ▶ p.196
4 深蹲 ▶ p.167
6 腹捲 ▶ p.226

全身性專項基礎循環訓練
🔄 每次 3 到 5 循環
- 強化肌力與肌肥大目標次數 15 到 25 下反覆
- 強化肌耐力目標次數 25 到 50 下反覆
- 每週 2 到 3 練

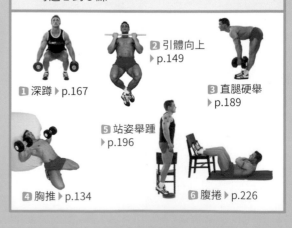

1 深蹲 ▶ p.167
2 引體向上 ▶ p.149
3 直腿硬舉 ▶ p.189
5 站姿舉踵 ▶ p.196
4 胸推 ▶ p.134
6 腹捲 ▶ p.226

▌階段 3：增加訓練量

經過 1 到 2 個月的循環訓練後，基本上便可依照個案的體能水平適度增加整體訓練量，讓目標肌群可以持續因應新的強度刺激產生適應，同時加入上搏與挺舉等技術水平較高的爆發力動作，讓訓練內容更貼近專項需求。

全身性專項進階循環訓練

🕐 每次 4 到 6 循環
- 強化肌力與肌肥大目標次數 10 到 20 下
- 強化肌耐力目標次數 25 到 50 下

建議如下方表格所示延長週期時間，將四組訓練課表平均分配在兩週左右的時間內。在第 5 與第 12 個訓練日可以依個人專項需求選擇適合的課表補強目標肌群，課表A 上肢肌群訓練量的佔比較高；課表B 則是將重點集中在下肢肌群肌力，基本上以兩週為一個週期循環所有課表。

☀	1	2	3	4	5	6	7	8	9	10	11	12	13	14
🔗	A¹	✕	B¹	✕	A²/B²	✕	✕	A²	✕	B²	✕	A¹/B¹	✕	✕

下肢專項進階循環訓練

🕐 每次 3 到 6 循環
- 強化肌力與肌肥大目標次數 10 到 20 下
- 強化肌耐力目標次數 25 到 50 下

最理想的作法會建議個案可以隨機調整不同訓練日循環的動作順序，藉此增加訓練過程中的變化與刺激強度。建議每週安排 2 到 3 天的循環訓練日，並如下方週期表中輪流穿插課表A 與課表B 的訓練內容。

註：✕ 表示休息日

日程 ☀	1	2	3	4	5	6	7
課表 🔗	A	✕	B	✕	A/B	✕	✕

課表 A (上肢肌力為主)

A¹

1 硬舉 ▶ p.161
2 前抬腿 ▶ p.176
3 啞鈴上搏＆挺舉 ▶ p.164
4 腿部伸展 ▶ p.184
5 划船 ▶ p.152
6 胸推 ▶ p.134
7 坐姿屈腿 ▶ p.191
8 側平舉 ▶ p.118
9 腹捲 ▶ p.226

A²

1 引體向上 ▶ p.149
2 斜向深蹲 ▶ p.174
3 啞鈴上搏＆挺舉 ▶ p.164
4 俯臥屈腿 ▶ p.192
5 斜板胸推 ▶ p.134
6 俯身側平舉 ▶ p.122
7 仰臥舉腿 ▶ p.228

課表 A

1 啞鈴上搏＆挺舉 ▶ p.164
2 深蹲 ▶ p.167
3 前抬腿 ▶ p.176
4 直腿硬舉 ▶ p.189
5 腹捲 ▶ p.226
6 站姿舉踵 ▶ p.196

課表 B

1 深蹲 ▶ p.167
2 胸推 ▶ p.134
3 啞鈴上搏＆挺舉 ▶ p.164
4 直腿硬舉 ▶ p.189
5 斜向腹捲 ▶ p.227

全身性專項進階循環訓練

課表 B（下肢肌力為主）

B¹

1 深蹲 ▶ p.167　　2 寬距伏地挺身 ▶ p.131　　3 直腿硬舉 ▶ p.189

4 站姿舉踵 ▶ p.196　　5 啞鈴上搏＆挺舉 ▶ p.164　　6 仰臥舉腿 ▶ p.228

B²

1 直腿硬舉 ▶ p.189

2 胸推 ▶ p.134　　3 深蹲 ▶ p.167

4 側平舉 ▶ p.118　　5 斜向深蹲 ▶ p.174　　6 腹捲 ▶ p.226

轉體訓練對運動表現的重要性

多數的運動項目除了四肢主要肌群的參與，也都會包含範圍大小不等的軀幹旋轉動作，例如高爾夫的揮桿擊球、網球的正反拍、拳擊的勾拳與體操空翻轉體動作等，這些動作通常都需要將下肢力量配合軀幹的擰轉傳遞到全身或上肢來完成任務，因此這裡也特別整理出有助於提升轉體動作表現的循環訓練動作，幫助運動員達到以下目的：

- 增進轉體爆發力與動作協調
- 同時強化周邊肌群抗擰轉的離心保護能力，來減少腰椎與下背部的負擔。

基礎軀幹旋轉肌力訓練
🔄 每項反覆 25 到 50 下做 2 到 4 循環

1 站姿轉體 ▶ p.234　　2 斜向腹捲 ▶ p.227

進階軀幹旋轉肌力訓練
🔄 每項反覆 15 到 50 下做 3 到 6 循環

1 側腹捲 ▶ p.232　　2 站姿轉體 ▶ p.234　　3 斜向腹捲 ▶ p.227

█ 階段 4：提高訓練的專項性

經過前面三階段約六到八個月的訓練後，接下來便可採取更貼近專項表現需求的動作編排方式。由於各個運動項目所需目標肌群與肌力表現性質都不盡相同，後面會針對不同專項提供對應的循環課表範例，讀者可以嘗試練習並依照個人感受與目標調整動作內容，重新組合成適合自己的專項訓練規劃。

此外，也提供適合該專項的增強式訓練課表，建議在充分暖身後於主要循環訓練之前執行，藉由增強式動作提高目標肌群的神經肌肉連結並增加肌肉的活化程度，但讀者必須留意雖然增強式動作沒有額外的負重，反覆落地的衝擊與快速離心到向心收縮的轉換，還是會對肌肉造成一定程度的負擔，在訓練時務必從最低的反覆次數及組數開始執行，避免累積過多疲勞反而影響主要循環訓練的動作品質。

在主訓練結束後也會針對主要目標肌群編排適當的伸展動作，基本上建議每項伸展動作靜止停留約 10 到 60 秒左右，每個肌群重複一到三次完整的伸展流程，並針對特別緊繃的肌肉增加不同角度的延展，讓肌肉可以完整放鬆提升恢復效果。

接下來的 16 組範例課表已經涵蓋多數常見的運動項目，讀者可以從中找到適合自己的訓練處方，當然也可以依照個人體能水平與訓練習慣去調整課表中的動作順序，增加訓練的變化性與刺激強度。

足球

下列課表主要強化下肢肌力並提升周邊肌群對腰椎、膝關節與髖關節的保護能力。

- 每項反覆 20 到 50 下做 2 到 5 循環
- 每週 1 到 2 練，以課表 A 優先

課表 A

訓練前增強式準備運動
▶ p.185
反覆 3 到 4 組，
每組 5 到 10 下

1 靠箱深蹲
（底點暫停並配合減量技巧）
▶ p.168

2 腹捲 ▶ p.226

3 直腿硬舉
（配合減量技巧）
▶ p.189

4 坐姿髖外轉
（維持肌肉張力）
▶ p.219

5 坐姿髖內轉
（維持肌肉張力）
▶ p.219

6 坐姿髖內收
（維持肌肉張力）
▶ p.183

7 前抬腿
（維持肌肉張力）
▶ p.176

訓練後伸展 ▶ pp.155/180/183/203/194

課表 B

訓練前增強式準備運動
▶ p.185
反覆 3 到 4 組，
每組 5 到 10 下

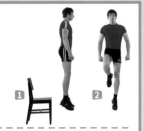

1 啞鈴上搏＆挺舉
▶ p.164

2 仰臥舉腿
▶ p.228

3 俯身側平舉
▶ p.122

4 腿部伸展
（維持肌肉張力）
▶ p.184

5 腹捲
▶ p.226

6 坐姿屈腿
（維持肌肉張力）
▶ p.191

7 斜向腹捲
▶ p.227

8 站姿舉踵
（維持肌肉張力）
▶ p.196

訓練後伸展 ▶ pp.124/155/196/194/219

自由車

下列課表主要強化下肢肌力與肌耐力，並提升核心肌群對腰椎的保護能力。

🔄 每項反覆 **10** 到 **20** 下做 **3** 到 **5** 循環
▪ 每週 **2** 到 **4** 練

賽道車手循環

訓練前增強式準備運動
▶ p.185
🔄 反覆 **3** 到 **4** 組，
每組 **5** 到 **10** 下

---

1 靠箱深蹲
(底點暫停並配
合減量技巧)
▶ p.168

2 直腿硬舉
▶ p.189

3 仰臥舉腿
▶ p.228

4 深蹲
(維持肌肉張力)
▶ p.167

5 站姿舉踵
(維持肌肉張力)
▶ p.196

6 前抬腿
(維持肌肉張力)
▶ p.176

7 啞鈴上搏 & 挺舉
▶ p.164

8 橋式 (維持肌肉張力)
▶ p.214

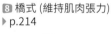

9 深蹲舉踵
(維持肌肉張力)
▶ p.200

10 腹捲 ▶ p.226

訓練後伸展 ▶ pp.155/180/196/219/186

🔄 每項反覆 **30** 到 **50** 下做 **2** 到 **4** 循環
▪ 每週 **3** 練

公路車手循環

1 深蹲
(維持肌肉張力)
▶ p.167

2 前抬腿
(維持肌肉張力)
▶ p.176

3 腹捲 ▶ p.226

4 屈腿硬舉
(配合減量技巧)
▶ p.161

5 斜向腹捲 ▶ p.227

6 腿部伸展
(維持肌肉張力)
▶ p.184

7 橋式
(維持肌肉張力)
▶ p.214

訓練後伸展 ▶ pp.155/196/194/219/186

持拍類項目

下列課表主要強化下肢與上肢肌力，並提升周邊
肌群對肩關節的保護能力。

- 每週 1 到 2 練，以課表A 優先

課表 A

訓練前增強式準備運動
▶ pp.185/142
🔄 反覆 3 到 4 組，
每組 5 到 10 下

1 二分之一深蹲
（維持肌肉張力）
▶ p.167

2 引體向上
▶ p.149

3 完整範圍
啞鈴上搏＆挺舉
▶ p.164

4 彈力帶肩外旋
（維持肌肉張力）
▶ p.129

5 坐姿髖外轉
（維持肌肉張力）
▶ p.219

6 坐姿髖內收
（維持肌肉張力）
▶ p.183

7 腹捲 ▶ p.226

8 站姿舉踵
（維持肌肉張力）
▶ p.196

訓練後伸展
▶ pp.124/155/109/105/203/180

課表 B

訓練前增強式準備運動
▶ pp.185/142
🔄 反覆 3 到 4 組，
每組 5 到 10 下

1 直腿硬舉
▶ p.189

2 站姿轉體
▶ p.234

3 划船
▶ p.152

4 側腹捲
▶ p.232

5 俯身側平舉
▶ p.122

6 斜向腹捲 ▶ p.227

7 坐姿屈腿
（維持肌肉張力）
▶ p.191

8 前抬腿
（維持肌肉張力）
▶ p.176

訓練後伸展
▶ pp.124/155/109/105/183/194

美式足球與英式橄欖球

下列課表主要針對下肢、核心與上肢的肌力與爆發力，並提升周邊肌群對頸部、背部與膝關節的保護能力。

🌀 每項反覆 10 到 30 下做 2 到 5 循環

■ 每週 1 到 2 練，以課表 A 優先

課表 A

訓練前增強式準備運動

▶ pp.185/142

🌀 反覆 3 到 4 組，
每組 5 到 10 下

1 啞鈴上搏＆挺舉
(配合減量技巧)
▶ p.164

2 引體向上
▶ p.149

3 深蹲
(維持肌肉張力)
▶ p.167

4 划船
▶ p.152

5 硬舉
(配合間斷休息技巧)
▶ p.161

6 頸部伸展運動
▶ p.145

7 聳肩運動
▶ p.158

8 頸部屈曲運動
▶ p.145

9 腹捲 ▶ p.226

10 頸部側彎運動
▶ p.146

11 站姿舉踵
(維持肌肉張力)
▶ p.196

訓練後伸展 ▶ pp.194/180/124/203/155

課表 B

訓練前增強式準備運動

▶ pp.185/142

🌀 反覆 3 到 4 組，
每組 5 到 10 下

1 靠箱深蹲
(底點暫停並配合減量技巧)
▶ p.168

2 站姿轉體
▶ p.234

3 胸推
(維持肌肉張力)
▶ p.134

4 直腿硬舉
(配合減量技巧)
▶ p.189

5 斜向腹捲
▶ p.227

6 俯身側平舉
▶ p.122

7 坐姿髖外轉
(維持肌肉張力)
▶ p.219

8 彈力帶肩外旋
(維持肌肉張力)
▶ p.129

9 坐姿屈腿
(維持肌肉張力)
▶ p.191

10 仰臥舉腿 ▶ p.228

訓練後伸展 ▶ pp.194/180/124/203/155

籃球、排球與手球

下列課表主要針對下肢、肩部與上肢肌群，同時也能夠減少膝關節與腿後肌群受傷的風險。

🔄 每項反覆 20 到 50 下做 2 到 4 循環
■ 每週 2 到 3 練

課表 A

訓練前增強式準備運動
▶ pp.185/142
🔄 反覆 3 到 4 組，
每組 5 到 10 下

1 完整範圍啞鈴上搏 & 挺舉 ▶ p.164
2 引體向上 ▶ p.149
3 二分之一深蹲（維持肌肉張力）▶ p.167
4 斜向腹捲 ▶ p.227
5 直腿硬舉（配合減量技巧）▶ p.189

6 站姿轉體 ▶ p.234
7 俯身側平舉 ▶ p.122

8 站姿舉踵（維持肌肉張力）▶ p.196
9 坐姿髖外轉（維持肌肉張力）▶ p.219

10 坐姿屈腿（維持肌肉張力）▶ p.191
11 彈力帶肩外旋（維持肌肉張力）▶ p.129

訓練後伸展 ▶ pp.155/109/105/180

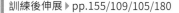

戶外運動：高山滑雪與越野滑雪

下列課表主要強化下肢肌力；提供腰椎與膝關節足夠的保護力，並減少腿後肌群拉傷的風險。

🔄 每次 2 到 4 循環，高山滑雪每項反覆 25 到 40 下；越野滑雪每項反覆 30 到 100 下
■ 每週 2 到 3 練

高山滑雪

訓練前增強式準備運動 ▶ p.185
🔄 反覆 5 到 6 組，每組 5 到 10 下

1 二分之一深蹲（維持肌肉張力）▶ p.167
2 俯身側平舉 ▶ p.122
3 硬舉（維持肌肉張力）▶ p.161
5 划船 ▶ p.152
4 坐姿髖內收（維持肌肉張力）▶ p.183
6 坐姿屈腿（維持肌肉張力）▶ p.191
7 仰臥舉腿 ▶ p.228
8 站姿舉踵（維持肌肉張力）▶ p.196

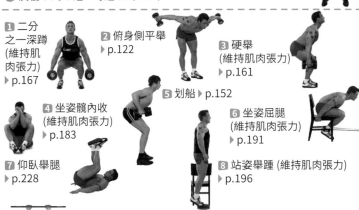

訓練後伸展 ▶ pp.155/203/196/180/183

越野滑雪

1 分腿蹲（左右腳輪替反覆）▶ p.178
2 俯身側平舉 ▶ p.122
3 硬舉（維持肌肉張力）▶ p.161
4 彈力帶肩外旋（維持肌肉張力）▶ p.129
5 坐姿髖內收（維持肌肉張力）▶ p.183
6 仰臥舉腿 ▶ p.228
7 坐姿屈腿（維持肌肉張力）▶ p.191
8 站姿舉踵（維持肌肉張力）▶ p.196

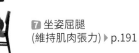

訓練後伸展 ▶ pp.124/180/183/203/155/196

技擊類項目

下列課表主要強化全身各大主要肌群肌力與爆發力，並提升周邊肌群對關節的保護力。

含摔技項目：角力、柔道與綜合格鬥

每週 1 到 2 練，以課表 A 優先

🌀 每項反覆 20 到 40 下做 3 到 6 循環

課表 A

訓練前增強式準備運動
▶ pp.185/142/185

🌀 反覆 2 到 3 組，
每組 5 到 10 下

1 啞鈴上搏 & 挺舉 (配合間斷休息技巧) ▶ p.164

2 站姿轉體 (左) ▶ p.234

3 二分之一深蹲 (維持肌肉張力) ▶ p.167

4 引體向上 (配合間斷休息技巧) ▶ p.149

5 站姿舉踵 ▶ p.196

6 錘式彎舉 ▶ p.84

7 斜向腹捲 ▶ p.227

8 站姿轉體 (右) ▶ p.234

9 頸部伸展運動 ▶ p.145

10 頸部屈曲運動 ▶ p.145

11 頸部側彎運動 ▶ p.146

訓練後伸展 ▶ pp.124/183/155/14/109

課表 B

訓練前增強式準備運動
▶ p.185

🌀 反覆 4 到 5 組，
每組 5 到 10 下

1 胸推 ▶ p.134

2 直腿硬舉 (配合減量技巧) ▶ p.189

3 划船 ▶ p.152

4 仰臥舉腿 ▶ p.228

5 二頭肌彎舉 (配合減量技巧) ▶ p.82

6 屈腕運動 ▶ p.106

7 腹捲 ▶ p.226

8 坐姿髖外轉 ▶ p.219

9 坐姿髖內轉 ▶ p.219

10 座姿髖內收 (維持肌肉張力) ▶ p.183

11 聳肩運動 (強度遞減從啞鈴在背後—>體側—>體前方) ▶ p.158

訓練後伸展 ▶ pp.124/203/155/109/14

拳擊

🔄 每項反覆 10 到 50 下做 2 到 5 循環
每週 2 到 3 練

訓練前增強式準備運動 ▶ pp.185/142
🔄 反覆 5 到 6 組，
每組 5 到 10 下

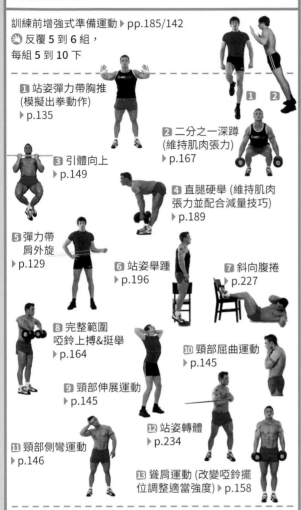

1 站姿彈力帶胸推
(模擬出拳動作)
▶ p.135

2 二分之一深蹲
(維持肌肉張力)
▶ p.167

3 引體向上
▶ p.149

4 直腿硬舉 (維持肌肉
張力並配合減量技巧)
▶ p.189

5 彈力帶
肩外旋
▶ p.129

6 站姿舉踵
▶ p.196

7 斜向腹捲
▶ p.227

8 完整範圍
啞鈴上搏&挺舉
▶ p.164

9 頸部伸展運動
▶ p.145

10 頸部屈曲運動
▶ p.145

11 頸部側彎運動
▶ p.146

12 站姿轉體
▶ p.234

13 聳肩運動 (改變啞鈴擺
位調整適當強度) ▶ p.158

訓練後伸展 ▶ pp.124/180/155/109/203

註：許多拳擊運動員會習慣使用啞鈴做負重出拳的練
習，但由於啞鈴提供的重力與出拳方向並不完全相同，
因此配合彈力帶所產生的彈性阻力，可以更貼近目標肌
群的收縮方向。

田徑項目：短距離、中長距與鉛球等

下列課表主要強化下肢肌力；提供下背、髖關節、膝
關節足夠的保護力，並減少腿後肌群拉傷的風險。

衝刺與競走

🔄 每次訓練做 2 到 5 循環：
- 短距離衝刺項目強度設定在反覆 10 到 20 下
- 完賽時間 1 到 5 分鐘的中距離項目強度設定在反覆
  20 到 40 下
- 長距離項目強度設定在反覆 50 到 100 下
每週 2 到 3 練

訓練前增強式準備運動
▶ p.185
🔄 反覆 5 到 6 組，
每組 5 到 10 下

1 二分之一深蹲
(配合減量技巧)
▶ p.167

2 前抬腿
(維持肌肉張力)
▶ p.176

3 啞鈴上搏&挺舉
▶ p.164

4 站姿舉踵
▶ p.196

5 斜向腹捲
▶ p.227

6 直腿硬舉
(維持肌肉張力)
▶ p.189

7 仰臥舉腿
▶ p.228

訓練後伸展 ▶ pp.124/155/180/183/203/219

註：在進行前抬腿訓練時盡量減少對椅子的依賴，讓
支撐腳可以主動維持身體重心平衡，增加臀中肌與闊
筋膜張肌的活化程度。臀中肌主要控制髖關節的外展
動作，當支撐腳接觸地面時則負責維持骨盆的穩定，
避免骨盆過度翻轉，可以增加身體移動過程中的穩定
性。位於大腿外側的闊筋膜張肌也有類似的功能，同
時也會輔助屈髖往前抬腿的動作。

鉛球

下列課表主要強化下肢、肩部與軀幹旋轉的肌力與爆發力，並增加周邊肌群對下背與肩關節的保護力。

- 每項反覆 1 到 6 下做 4 到 6 循環
- 每週 3 到 5 練

訓練前增強式準備運動
▶ pp.185/142
- 反覆 3 到 4 組，每組 5 到 10 下

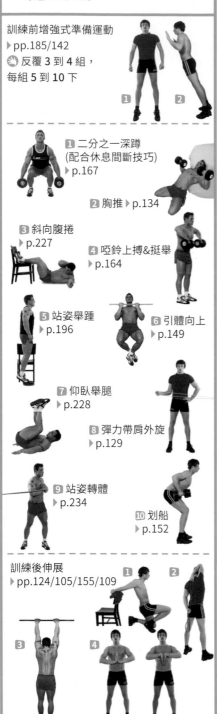

1 二分之一深蹲（配合休息間斷技巧）▶ p.167

2 胸推 ▶ p.134

3 斜向腹捲 ▶ p.227

4 啞鈴上搏&挺舉 ▶ p.164

5 站姿舉踵 ▶ p.196

6 引體向上 ▶ p.149

7 仰臥舉腿 ▶ p.228

8 彈力帶肩外旋 ▶ p.129

9 站姿轉體 ▶ p.234

10 划船 ▶ p.152

訓練後伸展
▶ pp.124/105/155/109

游泳

下列課表主要針對肩關節旋轉肌群、背部、胸部與下肢肌群並增加周邊肌群對關節的保護力。

- 每項反覆 25 到 75 下做 4 到 6 循環
- 每週 2 到 4 練

訓練前增強式準備運動
▶ p.142
- 反覆 4 到 6 組，每組 5 到 10 下

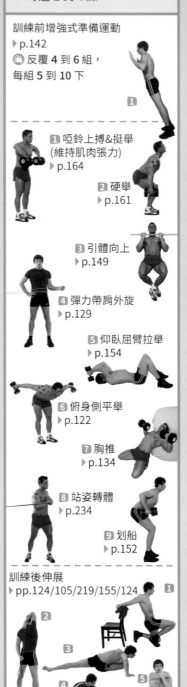

1 啞鈴上搏&挺舉（維持肌肉張力）▶ p.164

2 硬舉 ▶ p.161

3 引體向上 ▶ p.149

4 彈力帶肩外旋 ▶ p.129

5 仰臥屈臂拉舉 ▶ p.154

6 俯身側平舉 ▶ p.122

7 胸推 ▶ p.134

8 站姿轉體 ▶ p.234

9 划船 ▶ p.152

訓練後伸展
▶ pp.124/105/219/155/124

高爾夫

下列課表主要強化軀幹旋轉相關肌群，並提高周邊肌群對下背、肩關節與髖關節的保護力。

- 每項反覆 10 到 20 下做 2 到 3 循環
- 每週 1 到 2 練

1 站姿轉體 ▶ p.234

2 引體向上 ▶ p.149

3 斜向腹捲 ▶ p.227

4 俯身側平舉 ▶ p.122

5 深蹲（維持肌肉張力）▶ p.167

6 彈力帶肩外旋 ▶ p.129

7 直腿硬舉（維持肌肉張力）▶ p.189

8 腹捲 ▶ p.226

訓練後伸展 ▶
pp.124/180/109/105

冰上運動：競速溜冰或冰上曲棍球

下列課表主要強化腿部、臀部與軀幹旋轉肌群，提高周邊肌群對下背的保護力並降低腿後肌群拉傷風險。

🔄 每項反覆 10 到 40 下做 2 到 5 循環
■ 每週 2 到 3 練

單人溜冰項目

訓練前增強式準備運動
▶ pp.185/142
🔄 反覆 2 到 3 組，
每組 5 到 10 下

1 深蹲
（維持肌肉張力）
▶ p.167

2 站姿轉體 ▶ p.234

3 直腿硬舉 ▶ p.189

4 斜向腹捲
▶ p.227

5 坐姿髖外轉 ▶ p.219

6 坐姿髖內轉 ▶ p.219

7 坐姿髖內收
▶ p.183

8 站姿舉踵
（維持肌肉張力）
▶ p.196

訓練後伸展 ▶ pp.124/183/155/14/180

團隊溜冰項目

訓練前增強式準備運動
▶ pp.185/142
🔄 反覆 3 到 4 組，
每組 5 到 10 下

1 啞鈴上搏&挺舉
（維持肌肉張力）
▶ p.164

2 二分之一深蹲
▶ p.167

3 引體向上
▶ p.149

4 站姿轉體
▶ p.234

5 坐姿髖外轉 ▶ p.219

6 斜向腹捲 ▶ p.227

7 坐姿髖內轉 ▶ p.219

8 站姿舉踵
（維持肌肉張力）
▶ p.196

9 坐姿髖內收
▶ p.183

訓練後伸展 ▶ pp.124/155/109/14

水上運動：划船、輕艇或帆船項目

下列課表主要針對上肢、背部與下肢肌群 (輕艇除外)，
並提高周遍肌群對下背的保護力。

🔄 每項反覆 20 到 40 下做 2 到 5 循環
- 每週 2 到 4 練

划船與帆船

訓練前增強式準備運動 ▶ pp.185/142
🔄 反覆 3 到 4 組，每組 5 到 10 下

1 啞鈴上搏&挺舉
(維持肌肉張力)
▶ p.164

3 深蹲 (維持
肌肉張力)
▶ p.167

4 俯身側平舉
▶ p.122

2 引體向上
▶ p.149

5 直腿硬舉
(維持肌肉張力)
▶ p.189

6 彈力帶
肩外旋
▶ p.129

7 斜向腹捲
▶ p.227

8 划船 ▶ p.152

訓練後伸展 ▶ pp.194/180/155/217/155

輕艇

訓練前增強式準備運動 ▶ p.142
🔄 反覆 4 到 5 組，每組 5 到 10 下

1 引體向上
▶ p.149

2 斜向腹捲
▶ p.227

3 划船
▶ p.152

4 彈力帶
肩外旋
▶ p.129

5 俯身側平舉
▶ p.122

6 胸推 ▶ p.134

7 站姿轉體
▶ p.234

訓練後伸展 ▶ pp.122/109/155/105

騎馬

下列課表主要提高周邊肌群對下背
部 (尤其是腰椎結構) 的保護力，並
強化髖內收與下肢肌群肌力。

🔄 每項反覆 20 到 50 下
做 2 到 3 循環
- 每週 1 到 2 練

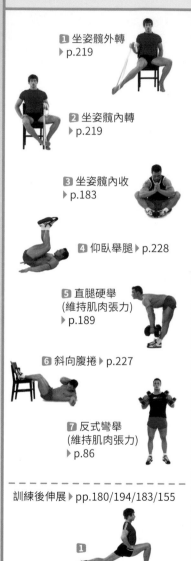

1 坐姿髖外轉
▶ p.219

2 坐姿髖內轉
▶ p.219

3 坐姿髖內收
▶ p.183

4 仰臥舉腿 ▶ p.228

5 直腿硬舉
(維持肌肉張力)
▶ p.189

6 斜向腹捲 ▶ p.227

7 反式彎舉
(維持肌肉張力)
▶ p.86

訓練後伸展 ▶ pp.180/194/183/155

腕力競賽

下列課表主要強化上肢與肩關節旋轉肌群肌力，並提高周邊肌群對肩關節、肘關節與腕關節的保護力。

- 每項反覆 3 到 12 下
  做 4 到 6 循環
- 每週 2 到 4 練

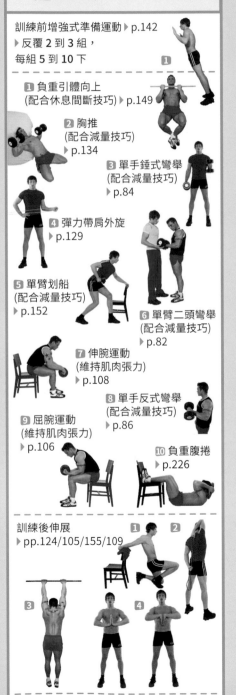

訓練前增強式準備運動 ▶ p.142
▶ 反覆 2 到 3 組，
每組 5 到 10 下

1 負重引體向上
(配合休息間斷技巧) ▶ p.149

2 胸推
(配合減量技巧)
▶ p.134

3 單手錘式彎舉
(配合減量技巧)
▶ p.84

4 彈力帶肩外旋
▶ p.129

5 單臂划船
(配合減量技巧)
▶ p.152

6 單臂二頭彎舉
(配合減量技巧)
▶ p.82

7 伸腕運動
(維持肌肉張力)
▶ p.108

8 單手反式彎舉
(配合減量技巧)
▶ p.86

9 屈腕運動
(維持肌肉張力)
▶ p.106

10 負重腹捲
▶ p.226

訓練後伸展
▶ pp.124/105/155/109

註：主要針對競賽時慣用側的上肢肌力。

攀岩

下列課表主要強化下肢、上肢、前臂與背部肌群肌力與肌耐力。

- 每項反覆 20 到 40 下
  做 2 到 3 循環
- 每週 1 到 2 練

建議配合減量技巧增加訓練量

1 引體向上
(配合減量技巧) ▶ p.149

2 深蹲
(維持肌肉張力)
▶ p.167

3 胸推
(維持肌肉張力)
▶ p.134

4 硬舉
▶ p.161

5 彈力帶肩外旋
▶ p.129

6 站姿舉踵
(維持肌肉張力)
▶ p.196

7 錘式彎舉
(配合減量技巧)
▶ p.84

8 伸腕運動
(配合減量技巧)
▶ p.108

9 腹捲 ▶ p.226

10 屈腕運動
(配合減量技巧) ▶ p.106

訓練後伸展
▶ pp.124/180/155/109/203

賽車或摩托車競賽

下列課表主要提高周邊肌群對下背部 (尤其是腰椎結構) 與頸部的保護力，並強化下肢肌群肌力與肌耐力。

- 每項反覆 20 到 30 下
  做 2 到 3 循環
- 每週 1 到 2 練

1 直腿硬舉 (維持肌肉張力)
▶ p.189

2 腹捲 ▶ p.226

3 腿部伸展 (維持肌肉張力)
▶ p.184

4 啞鈴上搏&挺舉
(維持肌肉張力)
▶ p.164

5 斜向腹捲
▶ p.227

6 俯身側平舉
▶ p.122

7 划船
▶ p.152

8 頸部伸展運動
▶ p.145

9 頸部
屈曲運動
▶ p.145

10 頸部
側彎運動
▶ p.146

訓練後伸展
▶ pp.124/155/109

▌階段 5：規劃個人課表

經過前面四個階段約 12 到 18 個月的訓練，基本上已經經歷從基礎肌力到專項化阻力訓練的完整流程，接著便可以在專項訓練的基礎上加入更多個人化的考量，你可能會好奇為何在個人規劃前要經歷那麼長的時間？理由在於前面的許多課表與動作是基於訓練的通則所規劃，讀者需要一定程度的時間，才能進一步驗證這些動作是否能夠對自己有正向的助益。

編排個人長期的訓練規劃，首先必須了解專項所需的目標肌群以及肌肉在專項中的表現特質，同時需要針對個人表現上的弱項作出調整與改善，最後再加上針對專項常見運動傷害的防傷訓練組成完整訓練規劃，下面會針對各項條件做更詳細的說明。

如何評估個人專項需求？

編排個人訓練規劃之前，必須先評估個案當下的體能狀態並理解專項運動的能力需求，基本上可以從下列三個部分做說明：

1. 專項目標肌群為何？

上一個階段我們針對不同專項整理出對應的範例課表，其中主要都是依據實際專項中最常使用到的肌群進行編排。然而這是針對多數人所制定的訓練通則，到了本階段個案必須更進一步地從自身專項訓練經驗中找出必須加入規劃的目標肌群。事實上許多可以不斷突破的運動員，對於自身肌肉狀態的感受都非常敏銳，當然每個人自我察覺的能力不盡相同，但客觀地評估與檢測技巧可以經由反覆的訓練養成，長期下來才能避免自己在無效的訓練方式上投入過多時間。

此外，良好的肌肉感受度也可以幫助個案以更細膩的角度理解專項動作的執行，使動作中每條肌肉收縮啟動的時序更加準確，而規律的阻力訓練正是提高肌肉感受度最直接有效的方式，這也是為何本書在動作指引中一再提醒，初學者必須以相對較慢的動作節奏去感受肌肉收縮延展的過程。

因此經由規律訓練增加個別肌群的肌力與感受度後，在專項表現中整體的控制與協調也會隨之進步，幫助個案在訓練中累積更多的回饋與經驗，再藉由階段 4 彙整的專項訓練技巧編排屬於自己的訓練規劃。

2. 目標肌群的表現特質為何？

整理出運動專項主要的目標肌群後，下一步就是針對這些肌群在運動過程中所呈現的收縮特質加以強化。以股四頭肌的訓練為例，在舉重運動中需要的是肌肉快速收縮的爆發力；但在自由車運動中則會強調長時間穩定輸出的肌耐力為主。此外還有更多的項目會同時需要具備多種混合的肌肉表現特質，因此藉由理解這些特質的定義與應用，可以幫助讀者做出更精準的訓練規劃，下面將依序詳細說明。

最大肌力 (Pure strength)：最大肌力代表特定肌群或動作所能舉起或推動的最大負荷，需要以高強度配合低反覆的編排方式進行訓練，由於多數項目需要兼具力量與速度間的平衡控制，以最大肌力為主的專項動作其實並不常見 (少數如健力項目)，但最大肌力仍是運動表現檢測中相當具有參考性的指標之一。

啟動肌力 (starting strength)：啟動肌力代表肌肉從完全靜止狀態瞬間收縮啟動的能力，對於百米衝刺起跑與游泳起跳入水都是非常關鍵的能力指標，在阻力訓練中可以配合前面提過的轉換停留技巧 (Stop-and-Go 參考 p.63) 來強化啟動肌力，例如在靠箱深蹲中便是透過中間一到兩秒短暫的坐姿停留，讓股四頭肌可以從放鬆狀態重新啟動。

速度肌力 (Acceleration strength)：速度肌力代表個案在快速動作中產生最大力量的能力，例如在百米衝刺過程中雙腳輪流推蹬地面所需的力量。訓練的概念與啟動肌力完全相反，必須以徒手或相對較低的阻力負荷，讓個案在高速反覆的過程中維持最大力量輸出。在進行阻力訓練時可以藉由減少向心與離心階段轉換間的停留，讓肌肉適應持續反覆收縮的力量感受 (例如在胸推或腿部推蹬動作中，避免肘關節與膝關節完全打直)。

爆發力 (Power and explosiveness)：爆發力是在短時間內產生最大力量與速度的能力，一般定義為力量與速度的乘積，例如鉛球或標槍等投擲項目與挺舉或抓舉等舉重動作，相較於速度肌力會使用更高的阻力負荷，同時也必須維持最快的動作速度，因此個案必須具備足夠的動作技術與專注力，才能減少相關的傷害風險。在阻力訓練中加入增強式動作的編排，是強化爆發力最有效的方式之一。

肌耐力 (Strength and endurance)：肌耐力代表肌肉重複完成某特定非最大阻力動作的能力，除了舉重與鉛球等極短時間爆發的項目外，多數的項目其實都需要透過反覆特定數個專項動作才能完成比賽，因此多數運動員都必須同時兼顧肌力與肌耐力的表現平衡，其中採取循環訓練編排就是達到這個目標最有效的做法之一，再適時搭配減量與持續張力技巧，就能夠提供目標肌群更完整的收縮刺激。

3.影響個人突破的因素為何？

理解專項的目標肌群與對應的肌力特質後，便能夠從更客觀的角度分析自己當下的體能水平與訓練規劃，哪些肌群需要進一步強化？哪些肌力特質可以幫助自己突破瓶頸？思考並解決這些提問，才能編排出對自己真正有幫助的訓練內容。多數人往往將目光集中在完美的訓練動作與課表上，然而真正的進步必須從不斷檢討改進中找到自己的弱項並加以改進突破。

傷害預防訓練

所有的身體活動都會伴隨潛在的傷害風險，任何微小的疼痛或不適都有可能影響運動表現與訓練的動作品質，因此防傷訓練的概念在於預先強化專項或阻力訓練動作中潛在的某些弱鏈區塊，藉此主動降低訓練過程中可能的傷害風險。下面我們會依照不同部位區分，從階段 4 的循環訓練中整理出有助於改善弱鏈區塊的防傷訓練方式。

肩關節傷害預防

肩關節的急性與慢性傷害，好發於需要肩關節反覆過頭伸展或快速迴旋的運動項目，例如投擲動作 (籃球、排球、手球與鉛球等)、技擊運動、網球、水上運動、游泳、腕力、攀岩與高爾夫等專項。訓練重點在強化肩旋轉肌袖與周邊肌群，來提升肩關節穩定度 (肩旋轉肌群、中下斜方與後三角肌等)。

每週至少訓練兩次；每項動作反覆 15 到 25 下完成 3 到 5 次循環；將循環安排在主訓練前做為暖身活化運動。

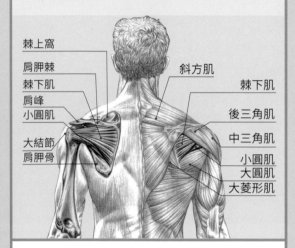

棘上窩
肩胛棘
棘下肌
肩峰
小圓肌
大結節
肩胛骨

斜方肌
棘下肌
後三角肌
中三角肌
小圓肌
大圓肌
大菱形肌

1 俯身側平舉
▶ p.122

2 彈力帶肩外旋
▶ p.129

3 划船 (軀幹前傾 30 度)
▶ p.152

下背部傷害預防

幾乎所有運動項目都會有下背痛與腰椎相關的傷害風險，尤其針對需要高負重強度、反覆跳躍落地與大量轉體動作的運動項目。訓練重點在於提升核心與背部肌群對脊椎的保護與支撐 (包含腹部表淺層肌群、下背部深層肌群、腹內外斜肌與背闊肌)。

每週訓練 2 到 3 次；
每項動作反覆 15 到 25 下完成 2 到 4 次循環。
將循環安排在主訓練結束後額外補強。

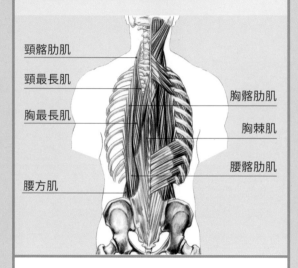

頸髂肋肌
頸最長肌
胸最長肌
腰方肌

胸髂肋肌
胸棘肌
腰髂肋肌

1 仰臥舉腿 ▶ p.228

2 直腿硬舉 (持續張力)
▶ p.189

3 腹捲 ▶ p.226

4 啞鈴上搏&挺舉
▶ p.164

5 斜向腹捲 ▶ p.227

頸部傷害預防

在接觸性項目中頸椎容易有較高的傷害風險 (例如技擊類運動、美式足球與英式橄欖球)，訓練重點在於強化頸部周邊肌群與肩部肌群對頸椎的保護力。

➲ 每次完成 2 到 4 次循環
- 聳肩運動與啞鈴上搏&挺舉反覆 8 到 12 下
- 其餘頸部屈伸與側彎運動反覆 20 到 30 下

每週至少訓練兩次並將循環安排在主訓練結束後。

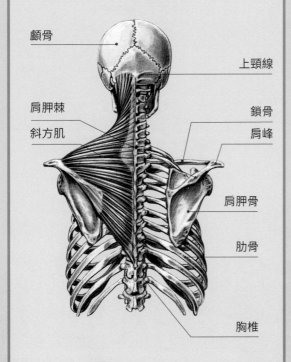

顱骨
上頸線
肩胛棘
鎖骨
斜方肌
肩峰
肩胛骨
肋骨
胸椎

1 頸部伸展運動
▶ p.145

2 頸部屈曲運動
▶ p.145

3 頸部側彎運動
▶ p.146

4 聳肩運動
▶ p.158

5 啞鈴上搏&挺舉
▶ p.164

髖關節傷害預防

訓練重點在於強化髖關節周邊大肌群柔軟度，與內外轉小肌群的控制能力，適用於球類運動、持拍類運動、技擊運動、滑雪、攀岩、騎馬與冰上運動等

➲ 每週至少訓練兩次；每項動作反覆 20 到 50 下完成 2 到 3 次循環；由於動作反覆次數較高，建議每項動作轉換間安排 30 秒的休息並伸展上一組動作中的主要肌群，將循環安排在主訓練前做為暖身活化運動。

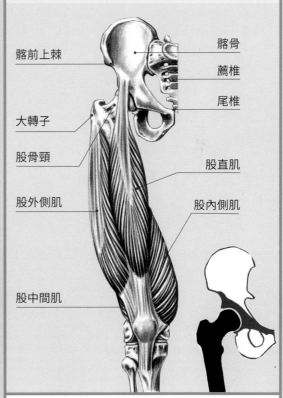

髂前上棘
髂骨
薦椎
尾椎
大轉子
股骨頸
股直肌
股外側肌
股內側肌
股中間肌

1 坐姿髖外轉
▶ p.219

2 內收肌伸展
▶ p.183

3 坐姿髖內轉
▶ p.219

4 內收肌伸展
▶ p.183

5 坐姿髖內收
(持續張力)
▶ p.183

6 內收肌伸展
▶ p.183

膝關節傷害預防

膝關節傷害是許多運動項目都會遇到的問題，常見於球類運動、持拍類運動、技擊類運動、田徑、滑雪、自由車、攀岩與划船等。

　　膝關節慢性傷害的機轉，主要與下列兩種肌肉失衡狀況有關：

1. **大腿前後側肌群肌力失衡**：當訓練編排過於強調股四頭肌，而忽略腿後肌群時常見的問題，容易增加前十字韌帶的損傷風險。

2. **大腿內外側肌群肌力失衡**：股四頭肌內外側肌肉的失衡，會影響髕骨在膝關節動作中的滑動軌跡，增加軟骨磨損風險。

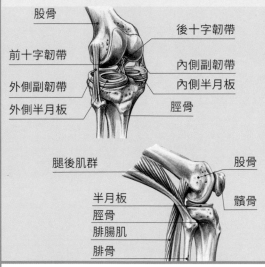

股骨 — 後十字韌帶
前十字韌帶 — 內側副韌帶
外側副韌帶 — 內側半月板
外側半月板 — 脛骨

腿後肌群 — 股骨
半月板 — 髕骨
脛骨
腓腸肌
腓骨

1 直腿硬舉 ▶ p.189
2 深蹲 ▶ p.167
3 坐姿屈腿 ▶ p.191
4 伸腿運動 ▶ p.184
5 股四頭肌伸展 ▶ p.186
6 腿後肌群伸展 ▶ p.163

腿後肌群傷害預防

腿後肌群的拉傷與撕裂好發於需要反覆變速衝刺的運動項目中，包含足球、橄欖球、網球、滑冰與田徑項目等。

　　過去針對足球運動員為期四年傷病史的統計研究指出，單純的伸展放鬆並無法有效降低腿後肌群的損傷機率，必須主動配合加強該部位肌群的離心減速能力，才能有效預防肌肉拉傷。因此下面動作會配合離心階段強化的技巧執行。

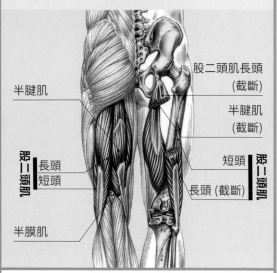

半腱肌
股二頭肌長頭（截斷）
半腱肌（截斷）
股二頭肌　長頭　短頭
短頭
長頭（截斷）
股二頭肌
半膜肌

 1 **直腿硬舉** ▶ p.189：
從站姿開始，先以單腳直腿硬舉的方式離心收縮腿後與臀部肌群，穩定控制髖關節屈曲到上半身與地面平行時放下後腳雙腳，同時向心硬舉回到站姿，接著換另一腳單腳直腿硬舉往下並重複上述流程。

　　透過單腳直腿硬舉的方式，加強腿後肌與臀部肌群在離心階段的收縮強度與肌肉控制。

🕑 每次訓練完成 3 到 5 組，每組單腳反覆 15 至 20 下（雙腳合計 30 至 40 下）。
剛開始建議以徒手方式執行，到可以穩定完成 20 下以上反覆後再增加啞鈴負重。

 2 **坐姿屈腿** ▶ p.191：
先以雙腳區腿方式延長彈力帶將腳掌收到椅子下方，接著以右腳單腳腿後的力量離心伸膝回到原點，過程中左腳輕靠在右腳上維持穩定不施力，反覆動作到完成目標次數後，換到以左腳腿後為主的離心訓練，以相同的方式雙腳同時向心收縮，並讓左腳獨立完成離心收縮階段。

🕑 每次訓練完成 3 到 4 組，每組單腳反覆 10 至 15 下。

作者簡介

Frédéric Delavier

他在巴黎高等美術學院學習五年的形態學和解剖學,並在巴黎醫學研究院研究三年的解剖學,不僅是健身專家,也同時是藝術家。他擔任過 PowerMag 總編輯,並為多家健身刊物撰稿,包括《Le Monde du Muscle》《Men's Health》和《Ironman》等。1988 年獲得法國舉重冠軍,並於 1999 年贏得體育作家協會頒發的體育技術與教學獎。

Michael Gundill

他已撰寫 16 本有關肌力訓練、運動營養的書籍,包括與 Frédéric Delavier 合作的解剖書系列已翻譯成多國語言,並為全世界知名健美和健身雜誌撰寫 500 多篇文章。1998 年獲得加州健美健身與運動學院頒發的年度文章獎。他自 1983 年開始練習舉重,接著學習生理學、解剖學和生物力學的知識。並持續為各健美和健身雜誌撰寫文章。

譯者簡介

林晉利 博士

長庚大學物理治療學系復健科學研究所博士
曾任體育大學運動保健學系 / 研究所系主任及專任副教授
美國有氧體適能協會 (AFAA) 榮譽顧問
體育署國民體適能指導員考試召集人
美國運動醫學會 (ACSM) 體適能教練檢定官
美國肌力與體能訓練協會 (NSCA) CSCS 及 CPT 大中華區培訓講師
美國肌力與體適能委員會私人教練課程 (NCSF-CPT) 培訓講師
台灣拳擊武術有氧體適能協會理事長
台灣運動保健協會理事長
台灣合格運動傷害防護師及檢定官

萬明岳

體育大學運動保健學系碩士
清華大學生醫工程與環境科學學士
合格運動傷害防護員
美國肌力與體能訓練專家 NSCA CSCS
武術專長
日本語檢定 JLPT-N1

旗標官方網站　　　　優質運動健身書

● FB 官方粉絲專頁：旗標知識講堂、優質運動健身書

● 旗標「線上購買」專區：您不用出門就可選購旗標書!

● 如您對本書內容有不明瞭或建議改進之處，請連上
　旗標網站，點選首頁的 聯絡我們 專區。

　若需線上即時詢問問題，可點選旗標官方粉絲專頁
　留言詢問，小編客服隨時待命，盡速回覆。

　若是寄信聯絡旗標客服email，我們收到您的訊息後，
　將由專業客服人員為您解答。

　我們所提供的售後服務範圍僅限於書籍本身或內
　容表達不清楚的地方，至於軟硬體的問題，請直接
　連絡廠商。

學生團體　　　訂購專線：(02)2396-3257 轉 362
　　　　　　　傳真專線：(02)2321-2545

經銷商　　　　服務專線：(02)2396-3257 轉 331
　　　　　　　將派專人拜訪
　　　　　　　傳真專線：(02)2321-2545

國家圖書館出版品預行編目資料

基礎肌力訓練解剖聖經 - 居家阻力訓練超過 200 種動作
與 50 套課表 (附訓練動作肌群解剖圖海報) /
Frédéric Delavier, Michael Gundill著 ;
林晉利, 萬明岳 合譯
-- 第一版. -- 臺北市 : 旗標, 2022.03　面 ;　公分

譯自 : La méthode delavier de musculation vol. 1

ISBN 978-986-312-709-3 (精裝)

1.CST: 運動訓練 2.CST: 體能訓練 3.CST: 肌肉

528.923　　　　　　　　　　　　　111002528

作　　者／Frédéric Delavier,
　　　　　　　Michael Gundill

插　　畫／Frédéric Delavier

翻譯著作人／旗標科技股份有限公司

發 行 所／旗標科技股份有限公司

　　　　　　台北市杭州南路一段15-1號19樓

電　　話／(02)2396-3257(代表號)

傳　　真／(02)2321-2545

劃撥帳號／1332727-9

帳　　戶／旗標科技股份有限公司

監　　督／陳彥發

執行編輯／孫立德

美術編輯／陳慧如

封面設計／陳慧如

校　　對／孫立德

新台幣售價：680 元

西元 2022 年 11 月 初版 3 刷

行政院新聞局核准登記-局版台業字第 4512 號

ISBN　978-986-312-709-3

Originally published in French under the title:
La Méthode Delavier de musculation vol. 1, 1st
edition by Éditions Vigot, Paris, France, 2009.

Copyright © 2022 Flag Technology Co., Ltd.
All rights reserved.

基礎肌力訓練
La méthode Delavier de musculation I
解剖聖經

肩背肌群

划船運動 ▶ p.152

直立上拉 ▶ p.116

胸鎖乳突肌

三角肌
前三角肌
中三角肌
後三角肌

肱二頭肌
肱肌
肱橈肌

大菱形肌
棘下肌
背闊肌
大圓肌

胸大肌

肱三頭肌
長頭
外側頭
內側頭

斜方肌
上斜方肌
中斜方肌
下斜方肌

肱肌
後三角肌

前三角肌
中三角肌

棘下肌

背闊肌

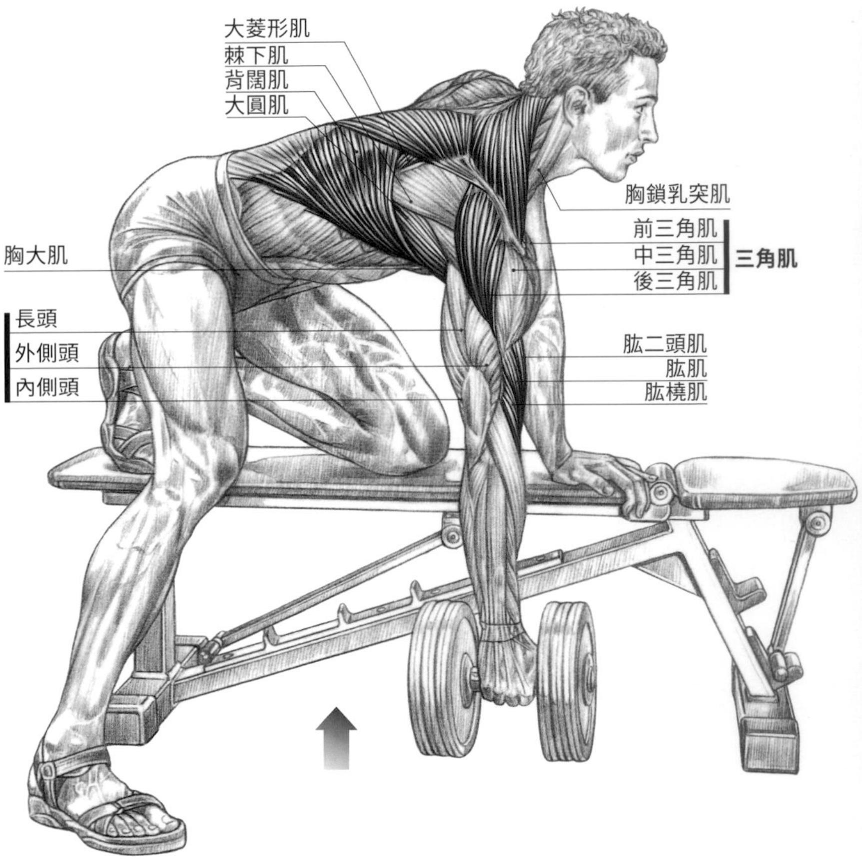

大圓肌
大菱形肌

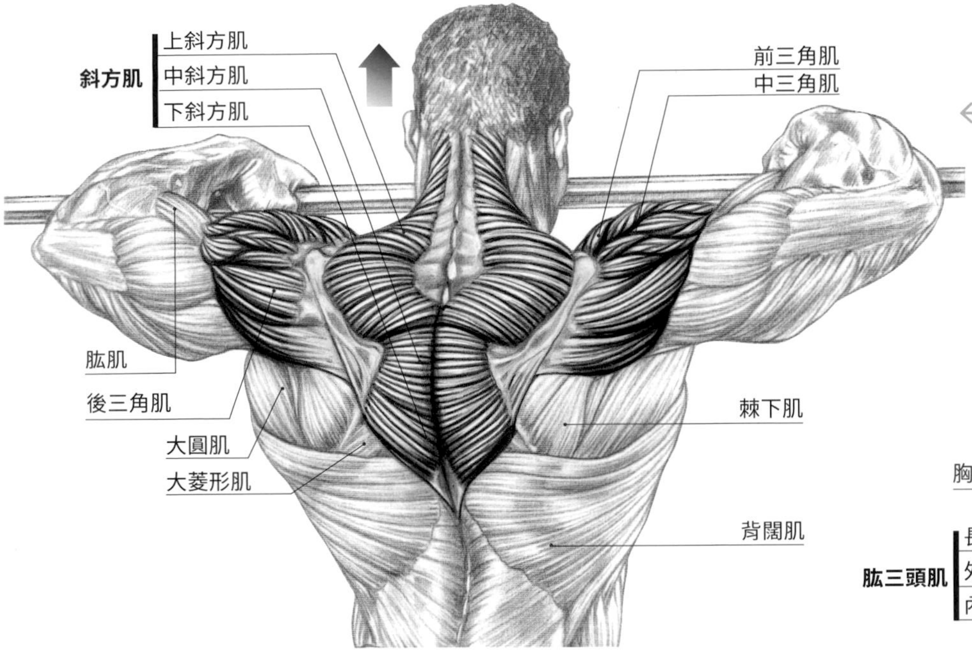

基礎肌力訓練解剖聖經